El Espíritu Santo en la tradición sinóptica

C. K. Barrett

editorial clie

EDITORIAL CLIE
C/ Ferrocarril, 8
08232 VILADECAVALLS
(Barcelona) ESPAÑA
E-mail: clie@clie.es
http://www.clie.es

Publicado originalmente en inglés bajo el título *The Holy Spirit and the Gospel Tradition* por © S.P.C.K., London, England, ⁶1975.

«*Cualquier forma de reproducción, distribución, comunicación pública o transformación de esta obra solo puede ser realizada con la autorización de sus titulares, salvo excepción prevista por la ley. Diríjase a CEDRO (Centro Español de Derechos Reprográficos) si necesita fotocopiar o escanear algún fragmento de esta obra (www.conlicencia.com; 91 702 19 70 / 93 272 04 47)*».

© 2022 Editorial CLIE, para la edición en español

EL ESPÍRITU SANTO EN LA TRADICIÓN SINÓPTICA
ISBN: 978-84-19055-00-2
Depósito Legal: B 9130-2022
TEOLOGÍA CRISTIANA
Neumatología
REL067090

Colección BTA
Biblioteca de Teología Actual

La naturaleza de la doctrina
George A. Lindbeck

Introducción a la teología cristiana
Thomas H. McCall

Las enigmáticas parábolas de Jesús
Ruben Zimmermann

El Espíritu Santo en la tradición sinóptica
C. K. Barrett

La trinidad en el Nuevo Testamento
Arthur W. Wainwright

Jesús y el Espíritu
James D. G. Dunn

Mujeres de la Biblia judía
Xabier Pikaza

Índice

Abreviaturas 9

INTRODUCCIÓN 13

    I. Introducción 15

PARTE PRIMERA 21

    II. La concepción de Jesús por el Espíritu Santo 23
    III. El bautismo de Jesús 51
    IV. El conflicto con los malos espíritus: tentación y exorcismo 79
    V. Jesús como taumaturgo: Los términos δύναμις y ἐξουσία 111
    VI. Jesús como profeta 143
    VII. Otros pasajes 151
    VIII. Conclusión de la parte primera: Jesús y el Espíritu 169

PARTE SEGUNDA 181

    IX. El Espíritu y la Iglesia 183
    X. ¿Por qué hablan los sinópticos tan poco del Espíritu Santo? 207

    Índice 237
    Sinopsis del contenido 249

ABREVIATURAS

Se hace uso de las siguientes abreviaturas, además de otras que no es necesario explicar.

Ap and Ps.	R. H. Charles, *The Apocrypha and Pseudepigrapha of the Old Testament in English*, Oxford, 1913.
BDB	Francis Brown, S. R. Driver, and Charles A. Briggs, *Hebrew and English Lexicon of the Old Testament*, Oxford, 1906.
ET	*The Expository Times*, Edinburgh, 1889 ss.
GST	R. Bultmann, *Die Geschichte der synoptischen Tradition*, 2.ª ed., Göttingen, 1931.
HRT	*The Harvard Theological Review*, Cambridge, Massachusetts, 1908 ss. *JTS, The Journal of Theological Studies*, London, 1899 ss.
LS	H. H. Liddell and R. Scott, *Greek-English Lexicon*, nueva ed. por H. Stuart Jones and R. McKenzie, Oxford, 1925 ss.
Moulton-Milligan.	J. H. Moulton and G. Milligan, *Vocabulary of the Greek New Testament*, London, 1930.
MPG	J. Migne, *Patrología, Series Graeca*, Paris, 1844 ss.
RE	*Realencyclopädie für protestantische Theologie und Kirche*, 3.ª ed., Leipzig, 1896 ss.
SBE	*Sacred Books of the East.*
SNT	*Die Schriften des neuen Testaments*, ed. J. Weiss, 3.ª ed.. Göttingen, 1917 ss.

Str. -B.	H. L. Strack and P. Billerbeck, *Kommentar zum neuen Testament aus Talmud und Midrasch*, Munich, 1922 ss.
Studies	I. Abrahams, *Studies in Phariseism and the Gospels*, Cambridge, 1.a serie 1917, 2.a serie 1924.
TWNT	*Theologisches Wörterbuch zum neuen Testament*, ed. por G. Kittel. Stuttgart, 1933 ss.
Wellhausen, *Einleittng*	J. Wellhausen, *Einleitung in die drei ersten Evangelien*, Berlin, 1.a ed. 1905, 2.a ed. 1911.

NOTA

El manuscrito de este libro estaba prácticamente terminado en el verano de 1943. Desde entonces ha sido leído y criticado por el Dr. Daube, el Rev. F. N. Davey, el Rev. Profesor F. S. Marsh, el Rev. N. H. Snaith y el Rev. Dr. V. Taylor. Estoy profundamente agradecido a todos estos especialistas, no solo por sus observaciones sobre este ensayo, sino por otras muchas cosas en indicaciones y en estímulo. Solo es preciso añadir que ninguno de ellos (según creo) está de acuerdo con todo lo que he dicho.

Estoy también en deuda con mi amigo el Rev. G. W. Underwood, que me ha ayudado en la lectura de las pruebas.

NOTA A LA NUEVA EDICIÓN

La composición de este libro, hace ya más de veinte años, me condujo ante todo a ver el papel central y decisivo de la escatología en los Evangelios y a comprender algunos problemas históricos y teológicos en los orígenes del cristianismo. Si volviera a escribirlo hoy, tendría que expresarme de modo diferente en cierto número de puntos, pero me parece que el argumento principal de la obra ha ganado fuerza y conserva su relevancia.

En esta edición ha sido posible hacer solo pequeñas correcciones.

C. K. Barrett
Durham
Diciembre 1965

INTRODUCCIÓN

Capítulo I

INTRODUCCIÓN

No puede hacerse afirmación más cierta acerca de los cristianos de la primera generación que esta: creían que ellos mismos estaban viviendo bajo la inmediata dirección del Espíritu de Dios. Después de algunos preliminares necesarios, el libro más antiguo de la historia de la Iglesia se abre con un relato formal de la inspiración de los discípulos para su tarea, cuando, el día de Pentecostés, el Espíritu Santo bajó sobre ellos en forma de lenguas de fuego (Act 2, 1-4). La marca que quedó fijada de un modo tan impresionante en el comienzo no tuvo cambios posteriormente. Apenas hay un capítulo del libro en donde no se represente al Espíritu en acción. Todo momento crítico en la historia de la Iglesia, tal como aquí se describe, se convierte en escenario de la intervención del Espíritu. Así, cuando fueron designados los siete «diáconos» se afirma que tenían que ser hombres llenos del Espíritu (Act 6, 3; cf. 6, 5). Cuando Pablo, en el proceso de conversión y preparación para su misión, esperaba obedientemente en Damasco, le fue enviado Ananías con el fin de que pudiese recibir el Espíritu Santo (Act 9, 17). Cuando Pedro predicaba por primera vez a los gentiles, lo hizo por mandato del Espíritu; y con la repetición del acontecimiento de Pentecostés en favor de Cornelio y los de su círculo se indica que entendió rectamente sus instrucciones (Act 10, 19 s., 44-47; 11, 12. 15 s.). El momento más crítico de toda la narración —la selección de Pablo y Bernabé con el objeto de emprender una labor misionera de alcance más amplio que cualquier otra que intentaran los primeros discípulos— está consignado en estos términos: «*El Espíritu Santo dijo: "Apartadme a Bernabé y Saulo..."*. *Con esta misión del Espíritu Santo, bajaron ellos a Seleucia*» (Act 13, 2. 4). De igual modo, los decretos atribuidos a los apóstoles y presbíteros en el concilio se introducen con la cláusula: «*Nos ha parecido bien al Espíritu*

Santo y a nosotros» (Act 15, 28); y la ruta de los viajes de Pablo en Asia Menor y su determinación para realizar el viaje decisivo a Jerusalén son atribuidos a la influencia del Espíritu (Act 16, 6 s.; 19, 21; 20, 22 s.). Está claro que el autor de los Hechos pensó en la historia de la Iglesia, al menos en sus primeros días, como dirigida de principio a fin por el Espíritu de Dios[1].

Esta descripción de los acontecimientos no pudo haber sido hecha por un escritor tardío de inclinación romántica, quien habría idealizado de un modo descarado una situación real completamente diferente, ya que en sustancia es la misma que sugieren muchos documentos más antiguos. El conocido relato paulino de las personas espirituales y de sus dones, en 1 Cor, lo confirma, como también, e incluso de modo más instructivo, lo hacen algunos otros pasajes suyos en los que el Espíritu no tiene una importancia especial. Por ejemplo, en Gálatas 3 se desvía momentáneamente de su discusión bíblica y teológica sobre la fe y las obras como alternativas para la salvación, para echar mano de un argumento práctico: «¿Recibisteis el Espíritu por la fe —les pregunta— o por las obras de la ley?» (Gal 3, 2). La prótasis de esta sentencia, que se da como supuesta por ambas partes y se deja por entendida, es que los Gálatas ciertamente han recibido el Espíritu, de la manera que sea. La experiencia de la Iglesia de Tesalónica con toda evidencia no era de signo diferente (p. ej., 1 Tes 5, 19).

No poseemos otros documentos cristianos tan antiguos como las cartas de Pablo; pero no tendría en absoluto justificación el sacar de este hecho la conclusión de que solo las Iglesias de fundación paulina estaban interesadas en el don y en la doctrina del Espíritu Santo, y que el autor de los Hechos, con algún conocimiento de las comunidades paulinas, atribuyó a toda la Iglesia un carácter que solo era propio de una parte de ella. Pues, aunque Pablo tuvo que entrar en controversia con cristianos de otras comunidades sobre asuntos muy variados, no consta que alguna vez tuviese que defender la validez de los dones espirituales de sus seguidores. Además, Efesios y 1 Pedro, aunque tienen su origen en el ala paulina de la Iglesia, con todo son lo suficientemente independientes del apóstol para que nos sirvamos de ellas como prueba de una preocupación

---

[1] «La más inmediata y sorprendente impresión con respecto al origen y progreso del cristianismo primitivo que se consigue del Nuevo Testamento es la fuerte conciencia de los primeros creyentes de estar bajo el poder y la dirección del Espíritu de Dios». Dr. Vincent Taylor, en «Headingley Lectures» on *The Doctrine of the Holy Spirit*, 41.

por el Espíritu que no era simplemente de Pablo[2]. Las cartas pastorales conservan el mismo énfasis; y, lo que es mucho más importante, sucede lo mismo con los escritos joánicos. Toda esta literatura pertenece al período más tardío de los escritos neotestamentarios y no pudo, en todo caso, estar terminada mucho antes del año 100 d. C.; pero representan una línea de tradición que en gran parte era independiente, aunque por otra parte estaba saturada de una profunda y bien meditada doctrina acerca del Espíritu. Tan marcadamente como en los Hechos, en el Cuarto Evangelio se apunta hacia una recepción comunitaria del Espíritu como comienzo del ministerio apostólico de la Iglesia (Jn 20, 22 s.).

No se puede, pues, discutir nuestra afirmación inicial de que la Iglesia del siglo primero creía que el Espíritu Santo había sido derramado sobre ella de un modo totalmente excepcional. Resulta, por tanto, sorprendente, si no fuese un hecho al que estamos muy acostumbrados, el encontrarnos con que los Evangelios sinópticos, de los que únicamente nos podemos fiar para conocer la vida y la doctrina de Jesús, guardan casi silencio acerca del Espíritu Santo, y que la enseñanza que en ellos se atribuye a Jesús contiene muy pocas palabras sobre esa materia, y estas, de autenticidad dudosa. Debemos preguntarnos si esto significa que se abre aquí un abismo entre Jesús y la comunidad que más tarde le profesó fidelidad. ¿De dónde sacó la Iglesia sus nociones acerca del Espíritu y su certeza de que estaba inspirada? ¿Es posible creer que su fe y experiencia estaban de algún modo conectadas con Jesús? ¿O debemos suponer alguna otra fuente en la religión helenística o en el misticismo oriental? Si estamos en condiciones de responder a esta cuestión habremos dado un paso importante, y quizá decisivo, hacia la solución del problema más general de la relación entre Jesús y la Iglesia primitiva, entre su predicación del Reino de Dios y el evangelio de la salvación personal y espiritual.

Con todo, esta es una cuestión a la que todavía no se le ha dado una respuesta satisfactoria, ni siquiera en las dos más recientes monografías sobre la materia. Estas son *Pneuma Hagion*, de Leisegang, y *Jesus und der Geist nach synoptischer Ueberlieferung*, de Windisch[3].

Leisegang examina por su orden un número de textos importantes referentes al Espíritu; por ejemplo, la concepción de Jesús por el Espíri-

---

[2] Parece que hay buenas pruebas en favor de la opinión de que Efesios no fue escrito por Pablo.

[3] En *Studies in Early Christianity*, editado por S. J. Case. Véase también *Reich Gottes und Geist Gottes*, por W. Michaelis.

tu, su bautismo en el Jordán y la bajada de la paloma, el pecado contra el Espíritu Santo. Su conclusión se revela en el subtítulo de su libro, *«El origen en el misticismo griego del concepto de Espíritu de los Evangelios sinópticos»*; y dice explícitamente: «En primer lugar se desprende claramente de la presente investigación que el Espíritu Santo como concepto ligado a la vida y enseñanza de Jesús, y los mitos y especulaciones que se le han adherido, son elementos extraños a los Evangelios sinópticos, que se han deslizado del pensamiento y de la creencia helenísticos a las narraciones de los hechos y palabras del Salvador»[4]. Se ha llegado a esta conclusión considerando sobre qué base debe de entenderse la enseñanza de los Evangelios, si sobre la del pensamiento palestino o sobre la de la piedad helenística. Leisegang aduce una gran cantidad de material helenístico, que según él pertenece al mismo círculo de pensamiento y creencia que la doctrina evangélica sobre el Espíritu.

Windisch se mueve en otra línea diferente para llegar a una conclusión más complicada. Primeramente prueba que puede demostrarse que las palabras de los Evangelios que se refieren al Espíritu no son auténticas[5]; todas ellas son inserciones que se deben a la actividad redaccional. Pero rehúsa el sacar la conclusión de que la pregunta *War Jesus Pneumatiker?* (*¿Era Jesús un "pneumático"?*) tenga que ser respondida negativamente. Pues, dice, no basta simplemente con examinar los pasajes que contienen la palabra πνεῦμα: hay que tener presentes otros muchos factores, y estos demuestran realmente una conexión muy estrecha entre Jesús y el Espíritu, y un alto grado de inspiración personal. Hubo, piensa Windisch, un doble proceso en la historia de la tradición. Al principio, en vistas a una cristología «más alta», fueron suprimidos muchos sucesos y palabras que revelaban a Jesús como una persona «espiritual»; más tarde la Iglesia releyó su propia experiencia y doctrina del Espíritu Santo en el espacio vacío que había quedado en la narración sobre Jesús. De este modo se explican ambas cosas: la escasez de referencias explícitas al Espíritu, un rasgo bastante sorprendente de la tradición, y el carácter tardío y helenístico de aquellas que aparecen. Como dice Windisch, el resultado positivo de su estudio (que podemos contrastar con el de Leisegang) es el demostrar una continuidad importante entre Jesús y la Comunidad.

---

[4] *Op. cit.*, 140.
[5] Trata de (a) el *logion* del Bautista, (b) el relato del bautismo, (c) el relato de las tentaciones, (d) la expulsión de los demonios por el Espíritu, (e) la blasfemia contra el Espíritu, (f) la promesa del Espíritu a los discípulos.

Introducción

Queda espacio para una discusión más amplia sobre la continuidad histórica (si es que la hay) entre Jesús y su Iglesia con respecto al Espíritu Santo, especialmente a la luz de la enseñanza escatológica de Jesús, que, según veremos, proporciona la pista para los problemas que se han suscitado. No se puede acentuar de un modo habitual o con demasiada insistencia el hecho de que el pensamiento de Jesús fue vaciado en un molde escatológico, y que no es posible entenderlo si se lo considera aparte de ese molde. El problema escatológico no ha sido tenido en cuenta por Leisegang y Windisch, quienes, al parecer, piensan que la doctrina del Espíritu es de las que se pueden desgajar y tratar por separado. Pero no es así.

En la investigación que sigue, se examinan en primer lugar las palabras y sucesos que relacionan a Jesús mismo con el Espíritu, y luego aquellos en los que se relacione la Iglesia con el Espíritu. Finalmente, se considerará la cuestión de la relación entre la escatología[6] y el Espíritu, y la cuestión de por qué las referencias de los sinópticos al Espíritu son tan pocas, y se dará una respuesta a las mismas a la luz de los análisis realizados previamente.

---

[6] Con esta palabra intentamos designar una visión del mundo y de la historia basada sobre la noción de dos edades, la Edad Presente y la Edad Futura, concibiéndose esta última más bien al alcance de la mano que remota.

PARTE PRIMERA

Capítulo II

LA CONCEPCIÓN DE JESÚS POR EL ESPÍRITU SANTO

INTRODUCCIÓN

El nacimiento de Jesús viene descrito solo en el primero y tercer Evangelio. Los relatos contenidos en estos Evangelios son completamente diferentes; si no son del todo contradictorios, se puede decir que presentan muy pocos puntos de contacto. Coinciden unos cuantos nombres —María, José, Belén— pero, por lo demás, los relatos divergen. Según Mateo, María y José viven en Belén, donde tuvo lugar el nacimiento de Jesús; a esto siguió la huida a Egipto, después de la cual la Sagrada Familia comenzó a residir en Nazaret. Según Lucas, los que eran considerados como padres de Jesús eran habitantes de Nazaret; estos, a causa del censo, se encuentran en Belén al tiempo del nacimiento del hijo de María. El primer evangelista narra la adoración de los Magos de Oriente, mientras que Lucas introduce en su lugar la descripción de los pastores, y ha entretejido con el relato del nacimiento de Jesús otro relato muy similar de Juan el Bautista. De hecho, los dos escritores solo concuerdan en negar que José (u otro ser humano) fuese el padre del niño y en afirmar que el embarazo de María tuvo comienzo por obra del Espíritu Santo (Mt 1, 18. 20; Lc 1, 35). Además, no hay prueba alguna que indique cualquier tipo de relación literaria entre los dos relatos.

En los tres capítulos de los que principalmente nos ocupamos (Mt 1; Lc 1-2) surgen algunos problemas de crítica textual. En Mt 1, 16 hay testimonios para una lectura que presupone un nacimiento natural de María y José. No tenemos necesidad de discutir esta lectura, no solo porque es improbable que represente lo que Mateo escribió, sino también porque, aun en el caso de que fuese la lectura verdadera, no implicaría sino que la genealogía mateana procedía de un círculo en donde no se creía que Jesús nació de una virgen; es bastante cierto que Mateo mismo creyese en ello. Se ha propuesto que en Lc 1, 34 se debería aceptar la lectura del manuscrito *b* de la *Vetus Latina*, que omite el v. 38, y en lugar del v. 34 lee: «Aquí está la esclava del Señor, hágase en mí según tu palabra», *b* está apoyado por *e*, en cuanto que *e* omite el v. 38. La variante de *b* elimina de hecho del tercer evangelio la necesaria implicación de un nacimiento virginal; pero el hecho de que solo un manuscrito de la *Vetus Latina* haya conservado el texto es tan improbable como para que sea casi increíble[1]. Se trata de algo distinto en Lc 2, 5, donde «deberíamos leer probablemente τῇ γυναικὶ αὐτοῦ con la *Vet. Lat.* (codd.) y la *Sir. Sin.*, siendo la lectura de SBD, etc., una modificación temprana por influencia de 1, 26 (véase 1, 27), y la lectura de la mayoría de los manuscritos una fusión de ambas variantes»[2]. Sin embargo, esta variante de ningún modo tiene más valor que las sencillas narraciones que atribuyen el nacimiento de Jesús al Espíritu Santo, ni está realmente en contradicción con ellas.

No tenemos necesidad de detenernos en estas lecturas variantes. Es posible que se puedan explicar enteramente como fruto de alteraciones accidentales. Si esto no es así, el origen de estas variantes hay que verlo en unos ambientes donde no se recibían las creencias contenidas en los Evangelios; esta explicación tiene un fundamento más sólido que la que ve en dichas variantes un estadio anterior de la tradición textual que la representada por los antiguos códices griegos.

Es importante señalar aquí que nuestra materia no requiere que tratemos el problema general que se plantea por los hechos narrados en los Evangelios, sobre si Jesús nació o no de una virgen, fuera del curso de la naturaleza. Tenemos que considerar solamente el aserto particular de que la concepción y el nacimiento de Jesús se debieron a la actividad del Espíritu Santo.

---

[1] Naturalmente hay que evitar el error de suponer que la mayoría de manuscritos tiene que tener razón; pero en este caso la variante puede explicarse satisfactoriamente como un desliz.
[2] Creed, *ad loc.*

LUGARES PARALELOS QUE SE ADUCEN PARA LOS RELATOS DEL N. T.

Para la creencia de que Jesús nació de una virgen por obra del Espíritu Santo se han aducido paralelos por parte de hombres eruditos. El proceso parece que comenzó en la parte cristiana por los apologistas del siglo segundo[3], que usaron los paralelos para demostrar que su doctrina no debería aparecer increíble a los paganos. Era un uso peligroso de la analogía. Por este camino siguieron, y siguen todavía, quienes sostienen que también el relato cristiano es un mito separado de la historia. Está fuera de duda que no pocos paralelos tienen cierta relación con la narración del nacimiento, tomada globalmente, si bien justamente aquello que viene a propósito constituye una cuestión difícil y enojosa. Ciertamente ayudan a situar nuestros relatos dentro del mundo helenístico, aunque no con mucha precisión. E. Meyer[4] dice del relato del nacimiento: «Este relato tiene su analogía y su modelo en la creencia popular del mundo helenístico». Pero con esto apenas si se puede decir más que el que el mundo helenístico creía en la existencia de no pocos seres que eran divino-humanos, y resultó conveniente y atractivo el encontrar para ellos su correspondiente origen mitológico mixto. Cierto número de paralelos alegados pueden ser rechazados como bastante poco importantes para nuestro propósito.

a) Tales son la mayor parte de los mitos paganos: por ejemplo, la procreación de Hércules, Perseo y Alejandro por Zeus; de Ión, Esculapio, Pitágoras, Platón y Augusto por Apolo. No hay necesidad de repetir detalladamente estas fábulas; una buena lista de las mismas puede encontrarse en Meyer (*loc. cit.*; cf. Toynbee, *A Study of History*, vol. VI, 267-275, 450 s., cf. 469). Es más importante señalar aquí las diferencias fundamentales entre estas narraciones y las de Mateo y Lucas. Ante todo, podemos observar el estilo claramente mitológico de la mayor parte de los cuentos paganos. Debemos tener cuidado de no insistir demasiado en este punto, pues sería erróneo el afirmar que los relatos evangélicos tampoco son mitológicos; pero a pesar de todo la diferencia es real. Compárese, por ejemplo, con la sencillez y (a pesar del milagro) la naturalidad de Lc 1-2, el relato de Suetonio (*Augustus*, 94) sobre la con-

---

[3] Así, p. ej., Justino, *Apol.* 1, 21 s., 54; cf. 33. 36; Tertuliano, *Apol.* 21; cf. Orígenes, *Contra Celsum* 1; 37.
[4] *Ursprung und Anfänge*, I, 54.

cepción de Augusto, con su serpiente y rayo, etc. La profusión de portentos físicos y de presagios da al documento pagano una atmósfera, no solo de mito, sino también de pura magia y taumaturgia. Que hay también una diferencia de tono moral entre los Evangelios y sus paralelos está naturalmente claro, pero en este contexto no es de nuestro interés, pues estamos comparando forma e historia, no la ética.

Un segundo y más importante punto es que en las fábulas paganas de nacimientos divinos no se insiste para nada en la virginidad de la madre. En unos pocos casos se presupone la ausencia de trato sexual antes de la fecundación por el dios[5]. Pero incluso en estos casos —y este es el punto que nos interesa— no hay indicación alguna de que la mujer concibió al niño como una virgen. Nunca se da a entender que la concepción sea debida a otra cosa diferente del acto sexual ordinario con la consiguiente pérdida de la virginidad, con la única circunstancia excepcional de que la hembra de la pareja es una mujer, y el macho un dios.

De este punto surge una tercera diferencia. La fuerza divina que causa el embarazo es siempre un dios personal, con nombre e individualidad, que actúa, a este respecto, exactamente igual que un hombre. Semejante idea de los dioses no era de ningún modo increíble o repulsiva para el mundo helenístico, como lo demuestra la historia de Paulina y Mundus, contada por Josefo en *Ant.* 18, 3, 4 (65-80). En contraste con esto, el N.T. habla en términos lo más impersonales y abstractos posible, y ello entre hombres que no eran dados al pensamiento abstracto. Es digno de notarse que los relatos de la infancia en Mateo y Lucas, mientras asignan un amplio papel a los ángeles, atribuyen el nacimiento de Jesús, no al Ángel del Señor, sino al Espíritu, la menos personal de las que podemos llamar hipostatizaciones de la presencia divina. No deja de ser significativo que la palabra «espíritu» es en griego (πνεῦμα) neutro, y en hebreo y arameo *(rûaḥ, rûḥā)* generalmente femenino. Los verbos usados en este contexto en Lc (1, 35) son también instructivos (ἐπέρχεσθαι y ἀπισκιάζειν); este último denota evidentemente una acción no-material, y de igual modo el primero, según el frecuente uso en los

---

[5] En los relatos de nacimiento de Platón (Diógenes Laercio, *Vidas de los Filósofos*, III, 1. 2; Plutarco, *Quaest. Conv.* 8, 1, 2) se dice que Aristón, el marido de su madre, vio a Apolo en una visión; el dios le prohibió tener relaciones sexuales con Perictione hasta que diese a luz a un niño. Dánae, la madre de Perseo, y Olimpíada, la madre de Alejandro, eran vírgenes hasta el momento de su unión con Zeus.

LXX, donde nunca se emplea en las relaciones sexuales, y en dos ocasiones aparece unido a πνεῦμα[6].

Se puede observar también una cuarta diferencia, como consecuencia de la que se acaba de analizar, a saber, que en los paralelos paganos el dios lleva a cabo el acto de la fecundación de una forma material, no-humana. Apolo engendró a Augusto en la forma de una serpiente; Olimpíada, la madre de Alejandro, vio caer un rayo sobre su seno; Zeus vino sobre Dánae en un chorro de oro. En el N.T. no hay ninguna indicación de contacto físico o acción de otra clase.

Los paralelos paganos aducidos demuestran que, en el mundo helenístico, los hombres sentían como necesario y conveniente el explicar la aparición de héroes y semidioses por medio de una historia de nacimiento milagroso, originado por la intervención física de un dios personal. Por tanto, son importantes para nuestro estudio, en cuanto que indican que, si los relatos de la infancia de Mateo y Lucas estuviesen influenciados y quizá originados por el problema de explicar la aparición en la carne de uno, que era creído ser Hijo de Dios, este problema se hubiera sentido ciertamente, y por tanto pudo quizá haberse formulado por primera vez en el mundo helenístico. Pero los casos que hemos considerado hasta ahora de procreación semidivina de individuos por un dios y una mujer, no tienen ningún contacto con los relatos de Mateo y Lucas en el punto que de ellos nos interesa, a saber, la afirmación de que la concepción de Jesús se debió, no a un acto de paternidad por parte de un dios, sino a la acción sobrenatural y no-material del Espíritu Santo.

b) Apenas sí tienen mayor importancia ciertas alusiones de los así llamados nacimientos milagrosos del Antiguo Testamento. Vamos a considerarlos separadamente.

Gen 17, 15-22; 18, 9-15; 21, 1-7. Abrahán tenía cien años y no habría tenido ningún hijo de su mujer Sara, que tenía noventa años. Tener un hijo a esa edad era físicamente imposible. Con todo, Dios se lo prometió, y la promesa tuvo su cumplimiento. Ciertamente esto está considerado por los escritores bíblicos como un milagro[7]; pero no hay ninguna huella

---

[6] Num 5, 14. 30, πνεῦμα ζηλώσεως; Is 32, 15, πνεῦμα ἀφ' ὑψηλοῦ (ἐπέλθῃ en S A Q; B tiene ἔλθῃ).

[7] Así lo consideraba Pablo, y, sin duda, también los judíos sus contemporáneos. Pasajes citados por Str.-B (I, 27. 49) demuestran que aunque se creía que el niño había nacido del semen de Abrahán, y no de otro, fue Dios mismo quien preparó el vientre de Sara. Del relato neotestamentario del nacimiento de Jesús, Str.-B dicen (I, 49): «A este respecto, en contra del pensamiento judío, Mt 1, 18 significa algo totalmente nuevo».

en los relatos del Génesis (y están extraídos de P y JE) de la idea de que Isaac era hijo de Sara y de un ser divino. El milagro consistió en capacitarles a Abrahán y a Sara para tener un hijo de un modo no milagroso.

Jue 13, 2-25. Este caso es sustancialmente el mismo que el de Abrahán y Sara. La mujer de Manoj era estéril. El ángel del Señor le anuncia el nacimiento de un hijo, lo cual tuvo lugar a su debido tiempo. Los únicos rasgos sobrenaturales de esta historia son las anunciaciones y la curación de la esterilidad de la mujer.

1 Sam 1. De nuevo las circunstancias son similares; Ana, la mujer favorita de Elcaná, es estéril; como respuesta a su oración se le concede tener un hijo. Aquí queda excluida toda posibilidad de paternidad, ya que el texto añade: «Y Elcaná conoció a Ana, su mujer, y el Señor se acordó de ella. Cuando se cumplió el tiempo, Ana concibió y dio a luz un hijo» (1, 19 s.).

Is 7, 14. Este es un pasaje muy diferente de los que se han discutido, y un tratamiento completo de esta profecía nos llevaría mucho tiempo. Baste aquí con señalar dos observaciones que demuestran que el pasaje no tiene interés para nuestro estudio: 1) la palabra *'almâ*, traducida por παρθένος en los LXX y por *virgen* en las versiones castellanas, no significa virgen, sino *doncella*, sea casada o no; 2) El profeta esperaba que el nacimiento tuviese lugar en sus propios días, y que el niño fuera un niño ordinario. Emplea el lenguaje de concepción y nacimiento, y más adelante (7, 15 s.) habla del conocimiento progresivo del niño como una indicación precisa del tiempo (cf. Miq 5, 2); pero no hay aquí ninguna noción de un nacimiento por el Espíritu.

c) Merecen más atención los paralelos de Filón sobre la noción de virgen. En primer lugar, y es lo más importante, existen pasajes en los que aparece que Filón trata algunos lugares del A.T., que acabamos de examinar, como ejemplos reales de nacimiento virginal. Si esta es realmente la opinión de Filón, resulta una cosa importante, pues significaría, no, como es natural, que los nacimientos virginales tuvieron lugar o que los escritores bíblicos creían que habían tenido lugar, sino que, al menos, en el s. I d. C. se creía en Alejandría que, en circunstancias excepcionales, el nacimiento virginal era posible e incluso se debía esperar.

El pasaje más importante de Filón es *De Cher.* 40-52. Si leemos solo 45-47 nos encontramos ciertamente con la noción de procreación divina, y en el contexto se habla mucho de virginidad. Filón menciona las esposas de los cuatro grandes héroes judíos. Sara, dice, concibió cuando nadie más estaba presente sino ella y Dios (μονωθεῖσαν, una deducción del hecho de que a Abrahán no se le menciona en Gen 2, 1); en consecuencia tuvo que ser Dios quien engendró su hijo, aunque fue en beneficio de Abrahán. Algo parecido sucedió con Lía, ya que Dios «abrió su matriz» (Gen 29, 31), acción que es propia del marido. Rebeca quedó embarazada ἐκ τοῦ ἱκετευθέντος, o sea, por la acción de Dios (Gen 25, 25). Moisés encontró a Séfora embarazada ἐξ οὐδενός θνητοῦ τὸ παράπαν (Ex 2, 22). Pero el tomar estos pasajes así, aisladamente, es comprenderlos mal. Filón, al comienzo de la sección, deja bien claro que él está alegorizando, como de costumbre: φαμεν εἶναι γυναῖκα τροπικῶς αἴσθησιν (n. 41). Cuán lejos está de pensar en nacimientos reales puede verse en el n. 50: «Cuando Dios comienza a asociarse con el alma, hace de lo que antes era una mujer de nuevo una virgen, pues quita pasiones degeneradas y viciosas que la afeminaban (αἷς ἐθηλύνετο) y planta en su lugar el crecimiento original de las virtudes impolutas». Y añade en el n. 51, arguyendo de Jer 3, 4, que estando una virgen siempre expuesta al cambio, se dice que Dios es más bien el marido de la virginidad que de una virgen. Por todo esto (y muchas cosas más) está bastante claro que Machen tiene razón cuando dice[8]: «Tan pronto como uno logra penetrar aunque sea ligeramente en el método alegórico del uso del A.T., ve con claridad que cuando Filón habla de un nacimiento virginal o de generación divina en los pasajes que son ahora objeto de nuestra consideración, está pensando en la generación divina del alma del hombre, o en la generación divina de ciertas virtudes en el alma del hombre, y de ninguna manera en la procreación divina de seres humanos de carne y sangre que vivieron realmente sobre esta tierra». Evidentemente, al margen de la cuestión del modo de obrar de Dios en su acción generadora, y del hecho de que Filón nada dice de un *nacimiento* virginal estrictamente entendido[9], no existe aquí ningún paralelo con los Evangelios, que naturalmente siempre hablan del nacimiento de una persona histórica.

Podemos despachar con más brevedad una segunda clase de pasajes que realmente no tienen ninguna clase de relación con el nacimiento virginal. En *De Fug. et Invent.*, 108 s., se dice que la palabra divina (λόγος θεῖος) tiene a Dios como Padre, y como madre a la Sabiduría. En *De Ebriet.*, 30, Dios engendra, por su conocimiento (ἐπιστήμη) el κόσμος αἰςθητός (συνών ὁ θεὸς οὐχ ὡς ἄνθρωπος ἔσπειρε γένεσιν). En *Leg. All.*

---

[8] *The Virgin Birth of Christ*, 303.
[9] La unión carnal de un dios con una virgen tiene tan poco de paralelo con el concepto de *nacimiento virginal* del N.T. como la de un hombre normal.

2, 49 se dice que el νοῦς tiene por padre a Dios, y por madre a la virtud y sabiduría de Dios (ἡ ἀρετὴ καὶ σοφία τοῦ θεοῦ). En estos pasajes nos encontramos en realidad con el concepto de generación por parte de Dios; pero estos dos hechos: que la generación pertenece por completo al mundo espiritual y que nada se dice acerca de la virginidad o del Espíritu de Dios, son suficientes para demostrar que no tienen importancia alguna para nuestro propósito.

Hasta ahora, pues, han fallado los paralelos para los relatos evangélicos del nacimiento de Jesús. No hay en verdad nada que se parezca a estos relatos en los cuentos paganos de nacimientos divinos, ni en el A.T., ni en los pasajes de Filón que hemos citado; y es digno de notarse que todos los paralelos fallan, si no en otra parte, al menos en el punto que más nos interesa, o sea, en el papel que desempeña el Espíritu de Dios[10]. Los paralelos paganos son personales y materialistas; en lugar del influjo del Espíritu tenemos la unión sexual por parte de un dios. En el A.T. tampoco se menciona al Espíritu, y en todos los casos se trata de una generación ordinaria realizada por un hombre (Is 7, 14 no entra en consideración por otros motivos); tampoco Filón dice nada del Espíritu, y en su obra la noción del nacimiento virginal (de cualquier manera que aparezca) contiene mucho de alegórico y poco o nada que sea histórico o milagroso[11]. Sin embargo, hay tres explicaciones del nacimiento virginal que tienen especialmente en cuenta el papel desempeñado por el Espíritu: son las que han sido dadas por Leisegang[12], Thomas Walker[13] y Norden[14].

Leisegang tiene una doble teoría, ya que se ocupa por separado de Mateo y Lucas. Mateo, según él, revela el trasfondo de la creencia popular semítica, mientras que a Lucas hay que entenderle en relación con la religión helenística.

Por lo que toca a Mateo, Leisegang comienza con la expresión (1, 18) ἐν γαστρὶ ἔχειν ἐκ... Sostiene que, según el uso griego, la fuerza de ἐκ implica necesariamente la acción de un espíritu *personal*. Cita en apoyo de su afirmación a Pausanias, *Descr. Graec.* 2, 64, 4, y Gen 38, 25. Es verdad que en cada caso de estos la preposición introduce una persona,

---

[10] Así también el nacimiento milagroso de Moisés, si esto es lo que quiere dar a entender la Haggadá de la Pascua; véase D. Daube, *The New Testament and the Rabbinic Judaism* (1959), 5-9.
[11] Machen, *op. cit.*, 302.
[12] *Pneuma Hagion*, 14-72.
[13] *Is not this the Son of Joseph?*
[14] *Die Geburt des Kindes.*

como dice Leisegang, no una mera fuerza. Pero, por desgracia, Leisegang no cita Gen 38, 24, donde tenemos ἰδοὺ ἐν γαστρὶ ἔχει ἐκ πορνείας. Si la expresión ἐν γαστρὶ ἔχειν ἐκ pudo emplearse con un nombre abstracto no hay razón alguna para suponer que no la pudo haber empleado un escritor griego para describir el embarazo debido a cualquier otra causa. El hecho de que se aplique generalmente a una persona no significa otra cosa sino que la mayor parte de los embarazos son atribuidos con razón a personas.

De esta fundamentación no muy segura en el uso del griego antiguo, Leisegang pasa a la moderna creencia semítica sobre el influjo de los *welis*, de los que se creía que habitaban en lugares sagrados, creencia testimoniada por S. I. Curtiss[15] para la Palestina moderna. Al parecer, se cree que estos demonios locales (Baales) son capaces de tener relación sexual con las mujeres, que de este modo les dan hijos. Es verdad que esta creencia moderna tiene grandes semejanzas con las prácticas que la moderna arqueología puede demostrar acerca de las costumbres de los semitas antiguos, y es bastante probable que incluso a través de milenios haya habido poco cambio en la fe y en el culto de un pueblo nómada aislado. Pero queda sin demostrar que esta fe y culto tuvo, o pudo haber tenido, cualquier influencia tanto en el ambiente real de la infancia de Jesús, o (lo que es más importante) en los círculos cristianos en los que se formó y fue contado el relato mateano del nacimiento. Y es improbable en sumo grado que esto sucediera así. Si el testimonio de Mateo y Lucas vale algo, José y María eran unos judíos piadosos. Es bastante probable que creyesen en los demonios; pero es una cuestión del todo diferente el saber si participaban de esa clase de superstición que inevitablemente conducía a la inmoralidad. Está también claro que no es posible confundir el carácter general del material peculiar del Evangelio de Mateo; mucho de él es claramente de origen judío, e impone una justicia que excede la de los escribas y fariseos; y es del todo incompatible con la clase de creencia que Leisegang pone como el trasfondo del relato mateano del nacimiento.

Leisegang compara con Mt 1, 18. 20, Gen 21, 1 s.; 29, 31; 30, 2. 22; y Jue 13, 1 ss.; pero estos versículos no tienen nada que ver con nuestro caso. En Gen 29, 31; 30, 22 se encuentra la expresión, Dios «abrió su matriz», y es verdad, como advierte Filón, que este acto es propio del

---

[15] *Primitive Semitic Religion Today*, 112-23.

marido (*De Cher.* 46). Pero si en hebreo tiene este significado, también lo tiene en griego[16]. Sobre Gen 21, 1 s. véase más arriba. Jue 13, 1 ss. tampoco hace referencia alguna a la clase de relación sexual de la que habla Leisegang. Se apoya en una base más firme cuando menciona Gen 6, 1 ss., donde los hijos de Dios tienen relaciones sexuales con las hijas de los hombres. Este pasaje en sí es probablemente mítico, pero sin duda influyó en el pensamiento tardío; p. ej., en dos pasajes referidos por Leisegang, 1 *Enoc* 106, 6, 12 y *Protoev. de Sant.* 14, 1. En *Enoc* (un fragmento del libro de Noé, Macabeos o anterior), Lamec sospecha que el extraño hijo que le ha nacido no es hijo suyo, sino el hijo de un ángel. Enoc admite que algunos ángeles están realmente pecando, pero dice a Lamec que el hijo es suyo (106, 18; 107, 2). En el *Protoev. de Sant.*, José, encontrando a María encinta, teme que «lo que hay en ella sea el semen de un ángel». Pero es importante notar que en cada uno de estos casos se mira con horror la posibilidad de tal nacimiento sobrenatural; y en realidad es muy difícil creer que se haya podido tomar una idea semejante para aplicarla sin más al Espíritu Santo[17].

La explicación que da Leisegang del relato mateano de la concepción virginal es inaceptable: presupone unas ideas que no podemos creer que las hayan tenido aquellos entre los que fue contado el relato del nacimiento. Dondequiera que haya podido tener su origen, no sugiere el ambiente del lugar sagrado de los árabes, ni evoca la leyenda de los ángeles de Gen 6.

Leisegang encuentra un origen muy diferente para el relato lucano. Aquí el Espíritu Santo no es, según él, personal, sino una fuerza impersonal. Se fija en el hecho de que en Lc 1-2 la actividad del Espíritu es doble: el Espíritu está en conexión con el embarazo de Isabel (1, 15; esto es dudoso) y de María (1, 35), y por otra parte es también fuente de la palabra profética (1, 41. 67; 2, 25-27). Leisegang une estos dos efectos del Espíritu y trata de explicar la una por la otra. Se detiene primeramente en el importante término ἐπισκιάσει (1, 38)[18], que evoca ante todo Ex 40, 29 (en los LXX; en el hebreo 40, 35), donde la nube de la gloria de

---

[16] *pātaḥ reḥem* («abrir el vientre») es paralelo a *sāgar reḥem* («cerrar el vientre»), 1 Sam 1, 5. Numerosos pasajes rabínicos (p. ej., *Ta'an.* 2a, *Midr. Ps.* 78, § 5 (173b); Str. -B. I, 737; III, 3) demuestran que la frase en cuestión no era interpretada como la interpreta Leisegang.
[17] Podemos añadir también *Hechos de Tomás*, 42 s. (James, *Apocryphal N.T.*, 385 s), donde un demonio tiene relaciones sexuales con una mujer durante cinco años.
[18] Sin embargo, esta palabra se usa con δύναμις ὑψίστου, no con πνεῦμα κυρίου.

Dios cubre con su sombra el tabernáculo. Pero evoca también los siguientes pasajes de Filón, *Q.R.D.H.* 265; *De Somn.* 1, 119; *Quod Deus Imm.* 3, en cada uno de los cuales Filón está hablando sobre la inspiración, que él considera como la deposición de la razón natural por el poder de Dios. En *Q.R.D.H.* 263-265, comentando Gen 15, 12, dice que el sol simboliza la mente humana (τὸν ἡμέτερον νοῦν); solo cuando este sol se pone (πρὸς δυσμὰς γένηται) brilla la luz de Dios y somos poseídos por Dios. Tal es la experiencia de los profetas (del προφητικὸν γένος). En *De Somn.* 1, 119 se ocupa del Gen 28, 11, y de nuevo las palabras significativas son ἔδυ ὁ ἥλιος. Esto significa la sustitución del νοῦς y de la αἴσθησις por la Palabra divina (θεῖος λόγος); las dos primeras tienen que pasar, como el sol, por un «ocaso» (κατάδυσις). Solo en *Quod Deus Imm.* 3 se emplea la palabra ἐπισκιάζω; aquí el pasaje en discusión es Gen 6, 4, y Filón arguye que la comunidad de las tinieblas (οἱ τοῦ σκότους ἑταῖροι) consigue su oportunidad cuando la luz del entendimiento está eclipsada (ὅταν ἀμυδρωθὲν ἐπισκιασθῇ τὸ διανοίας φῶς). Se observará que esta última cita es en realidad bastante diferente de las dos primeras, y ciertamente nada tiene que ver con el sombreamiento de la razón humana por el Espíritu divino; de hecho, como lo demuestra el punto anterior, el Espíritu aquí no «cubre con su sombra», sino ilumina.

De este modo, la conexión establecida entre Lc 1, 35 y la noción filoniana (¿helenística?) de inspiración profética no es estrecha; pero Leisegang pasa de aquí a indagar cómo el Espíritu, considerado como inspiración profética, puede ser también la causa de la concepción de María. Dice él[19]: «Nuestra cuestión puede considerarse resuelta si se llega a probar que en el pensamiento griego existía una asociación definida entre la donación del πνεῦμα προφητικόν y la concepción sobrenatural de una mujer precisamente por el mismo πνεῦμα, una concepción que conduce al nacimiento del hijo de un Dios». Hay que decir que Leisegang no logra establecer la necesaria relación. Es verdad que se creía que la Pitonisa de Delfos recibía el πνεῦμα μαντεικύν por medio de sus órganos sexuales[20], y que Ireneo[21] cita las palabras con las que el hereje Marcos promete a las mujeres el don de la profecía por medio de un acto sexual. Pero, como señala el mismo Leisegang, en este abismo todavía no ha

---

[19] *Op. cit.*, 32.
[20] Estrabón, *Geogr.* IX, 3, 5. 6. 11; Orígenes, *Contra Cels.* 7, 3; Crisóstomo, *Hom.* XXIX, 1 (2), *ad 1 Cor 12*; cf. también Esquilo, *Agamenón*, 1202-208.
[21] *Adv. haer.* 1, 13, 3.

sido trazado el puente entre la «gestación» de la palabra profética y la gestación real de un niño.

Hay una fase ulterior en este argumento en el que el eslabón principal es Filón. Leisegang cita los casos a los que nos hemos referido ya, donde Filón trata de Sara, Lía, Rebeca y Séfora; y los conecta con *De Migr. Abr.* 33 ss. y *Q.R.D.H.* 36, donde Filón describe su propia experiencia de inspiración. «Siempre se trata de la misma cosa: un acto sexual entre Dios y el hombre, solo que con múltiples variaciones, que se mueve entre un acontecimiento concreto y sensual, y un símbolo espiritualizado, reducido casi a una figura literaria»[22]. «Un lazo claramente reconocible une el mito del nacimiento de Dionisos[23], las nociones de la profecía de origen divino de la Pitonisa de Delfos, el relato lucano del nacimiento, y la metáfora religiosa de Filón»[24]. La experiencia mística de unión con Dios, que conocía Filón, por ejemplo, era proyectada, según Leisegang, al mundo celeste. Hemos dado ya los pasajes más salientes[25]; pero se puede preguntar si está justificado el paralelismo entre los acontecimientos terrestres y celestes, que es tan importante por constituir el punto culminante en el argumento de Leisegang. Aun en el caso de que los paralelos fuesen más próximos de lo que son, apenas podrían establecer la conexión requerida entre la inspiración profética por el Espíritu, la inspiración causada por un acto sexual, y la procreación real de un niño por la obra del Espíritu divino sobre una mujer. Habría que tener en cuenta que Filón, en *Leg. Alleg.* 2, 49, habla claramente de Dios como el padre del universo (τῶν ὅλων), y de su Majestad y Sabiduría como la madre de todas las cosas (τῶν συμπάντων).

Al margen de su fracaso en establecer una conexión satisfactoria entre el manticismo y la procreación de un niño, se pueden traer dos argumentos más contra la teoría de Leisegang. El primero está formulado de un modo muy simple, pero casi incontestable, por Bultmann[26], el cual señala que Lucas no describe ni a María ni a Jesús como profetas, aunque de hecho quizá pueda llamarse al *Magnificat* «profecía»; por tanto, toda posible conexión con Semele y Zeus, o con el manticismo helenístico en

---

[22] *Op. cit.*, 47.
[23] Dionisos, el dios profeta, nació de Semele y Zeus; al tiempo de su embarazo Semele se hallaba en un estado de entusiasmo, como Isabel y María.
[24] *Op. cit.*, 49.
[25] P. 30.
[26] *Theologische Literaturzeitung* (1922), p. 426.

general, falla por la base. En segundo lugar, está el hecho indiscutible del carácter completamente semítico de Lc 1-2. ¿Se puede creer que el autor de estos capítulos estaba íntimamente familiarizado con el folklore griego y con la especulación mística? Si hubiera tenido conocimiento de estas cosas, ¿habría sido capaz de aplicarlas «al Mesías, el Señor»? (Lc 2, 11). Y si, acaso sin saberlo, las hubiese aplicado, ¿habrían admitido estas especulaciones demoníacas dentro del canon los cristianos de su tiempo, que estaban capacitados para entender su significado, y cuya moralidad abominaban?[27].

En consecuencia, no estamos de acuerdo con Leisegang en su conclusión, cuando dice que «aquí el nacimiento de un profeta va precedido de la procreación por parte de un dios-profeta. El fruto de la palabra extática, que se observa en el manticismo, como consecuencia de una concepción por el πνεῦμα, se combina con la idea del nacimiento de un niño divino, dotado del don de profecía. De este modo, la mujer llega a ser al mismo tiempo profetisa y madre de un profeta»[28]. Tampoco tenemos por qué suponer que la idea de que un πνεῦμα engendre vida en los hombres sea griega, más bien que judía.

A continuación tenemos que analizar la teoría propuesta por Thomas Walker en *Is not this the Son of Joseph?*

Según Walker, las formas actuales del relato de la infancia, que implican la idea de una concepción y nacimiento virginal, se deben a una mala interpretación griega de una narración original judía, según la cual Jesús nació de acuerdo con el curso normal de la naturaleza, pero recalcando a la vez la creencia judía de que en todos los nacimientos en los hogares piadosos (y por tanto también en este) el Espíritu Santo estaba presente y activo. Esta creencia la describe él como sigue[29]: «Este pueblo (los judíos) había llegado a considerarse a sí mismo como la descendencia del poderoso Espíritu del Santo. En la concepción de los niños de su comunidad religiosa se reconocía una de las principales manifestaciones de su gloria en medio de ellos. En su acción de gracias ritual se daba a esto un lugar prominente muy significativo. Esta sublime idea de la providencia creadora de Yahvé en la vida de la familia fue en su tiempo natural

---

[27] Como un argumento de que Lc 1, 35 no es una inserción paganocristiana en una fuente judeocristiana, véase Gunkel, *Zum religionsgeschichtlichen Verständnis des N.T.*, 67 s.
[28] *Op. cit.*, 69.
[29] *Op. cit.*, 23 s.

a la mentalidad piadosa de la sinagoga. Entre ellos se daba por supuesto que no podía ni debía ser concebido macho o hembra sin la presencia de la *šekiná* en el hombre y en la mujer. Creían piadosamente que el Santo era un copartícipe esencial con el devoto padre y la devota madre en la generación del niño». En apoyo de su afirmación, Walker aduce tres citas de la literatura rabínica:

Gen. R. 8, 9. R. Simlai dijo... En el pasado, Adán fue creado del polvo de la tierra y Eva fue creada de Adán. En adelante, el hombre será «a nuestra imagen y según nuestra semejanza» —queriendo decir que el hombre no podrá venir a la existencia sin una mujer, ni la mujer sin un hombre, ni ambos sin la *šekiná*.

Soṭa 17a. Cuando el marido y la esposa son dignos, la *šekiná* está con ellos.

Niddah 31a. Son tres los que participan en la generación de un ser humano: el Santo, que sea bendito, el padre y la madre.

El relato original del nacimiento fue escrito con esta creencia, sin indicación alguna de milagro. El relato fue mal comprendido y reescrito con miras a un dogma de la Iglesia[30]. Walker concluye: «... una mente griega, con sus presupuestos con respecto a la naturaleza humana, tan diferentes de los de la mente hebrea, muy fácilmente entendió mal el relato semítico de la concepción, de una belleza realmente exquisita. La idea del nacimiento virginal fue un error de los dirigentes de mentalidad griega de la Iglesia primitiva del siglo segundo, quienes, a pesar de sus declaraciones de haberlo hecho así, nunca en realidad se vieron enteramente libres de la idea errónea propia de su cultura, de que el cuerpo humano era la sede del mal para el alma. Lamentablemente interpretaron mal un relato semítico de la concepción de un niño de padres hebreos»[31].

Hay mucho de atractivo en esta teoría; y puede ser que la doctrina del nacimiento virginal surgiese, o al menos consiguiese su forma actual, en la transición del evangelio del mundo hebreo al helenístico; pues, como ya hemos visto, el A.T. no nos ofrece ningún paralelo para la concepción sin el concurso de un padre humano, y el paganismo, dentro de unos límites, ofrece muchos. Con todo, se pueden hacer dos consideraciones que nos obligan a ir más allá de donde llega Walker.

---

[30] Walker, siguiendo a Streeter, hace una sugerencia muy poco probable (33) de que el texto original de Lc 1, 34 se conserva en *b*.

[31] *Op. cit.*, 34.

1) Walker no muestra para nada la acción del Espíritu Santo como se representa en los documentos que de hecho poseemos. Explica su puesto (no muy elevado) en el relato que supone está en la base de los textos actuales, pero no se da ninguna explicación de la parte que desempeña el Espíritu Santo en las narraciones milagrosas de Mateo y Lucas con que nos encontramos.

2) Es muy dudoso que haya existido alguna vez un relato de concepción no-milagrosa. Hay que recordar una y otra vez que los evangelistas eran evangelistas, y no historiadores. No estaban interesados en lo que sucedió, desde un punto de vista biográfico. Las narraciones y las palabras que escribieron las repetían con la finalidad de convencer, instruir y edificar, y en especial para promover la fe en Jesús como único vehículo de su revelación, en calidad de Hijo de Dios. No valía la pena decir tan por extenso que los padres de Jesús eran unos judíos piadosos: también lo fueron otros muchos padres. El motivo de combatir las calumnias contra la castidad de María pudiera, claro está, dar una suficiente explicación de cierta descripción del hogar de Jesús; pero no basta en absoluto para explicar los rasgos más característicos de los relatos de la infancia, que desde el principio hasta el fin, tanto por su lenguaje como por su contenido, proclaman que el tiempo del cumplimiento del A.T. ha llegado. Además, si hubo algo de extraordinario acerca del nacimiento del Mesías, las circunstancias pudieron ser narradas como una ayuda para la fe. El milagro, sea un hecho o no, con su ineludible trasfondo veterotestamentario, aparte de que no puede ser entendido, es el factor creador en la tradición, y por tanto no es científico presionar por detrás la forma actual de los relatos evangélicos (aquí y en otras partes) con la esperanza de encontrar algo menos milagroso y ofensivo[32].

Ahora tenemos que proceder a examinar las ideas expuestas por Norden en *Die Geburt des Kindes*. En la parte de esta obra que nos interesa (76-92), Norden cita un pasaje muy importante de Plutarco, *Numa* 4, 4. Las palabras más significativas son: γυναικὶ μὲν οὐκ ἀδύνατον πνεῦμα πλησιάσαι θεοῦ καί τινας ἐντεκεῖν ἀρχὰς γενέσεως; pero estará bien tener en cuenta todo el contexto.

---

[32] Habría que acentuar que la intención no es el sostener la completa credibilidad de los relatos de la infancia (u otros cualesquiera); su historicidad es una cuestión totalmente diversa del hecho de que la Iglesia estuviese interesada en ellos solo como historia milagrosa.

Plutarco trata de la leyenda de que Numa, después de la muerte de su mujer, se retiró a una soledad, no por mera desesperación, sino con la finalidad de tener relaciones sexuales con un ser divino, Egeria. Semejante cuento, dice Plutarco, no es único, pero no debe ser creído. Es natural que los dioses busquen familiaridad con los hombres más que con las criaturas inferiores, pero no es razonable el suponer que esto se extienda al comercio sexual con el cuerpo humano y a la preferencia por la belleza humana. Sin embargo, es verdad, añade Plutarco, que en este punto los egipcios hacen una distinción, y afirman (en las palabras citadas arriba en griego) que un dios (πνεῦμα) puede engendrar hijos de una mujer, pero que un hombre no puede tener relaciones sexuales con una diosa. Plutarco piensa que esta distinción no es válida.

Antes de servirnos de este pasaje para nuestro propósito, vamos a hacer dos observaciones. 1) El contexto, referido a Numa, deja bastante claro que Plutarco está hablando de unas relaciones sexuales reales y físicas. No se puede pensar otra cosa en el caso de Numa y Egeria, y este ejemplo domina todo el contexto. 2) Este hecho debe determinar el significado de la palabra πνεῦμα en este pasaje. πνεῦμα debe representar un ser divino personal, un dios; no solo una materia enrarecida (Plutarco no era ningún estoico), ni siquiera la esencia divina indiferenciada. Esto se confirma por otro pasaje de Plutarco *(De Is. et Os.)*, citado por Norden, donde se dice que los egipcios llaman a Zeus, o sea, a Amón, πνεῦμα, equivalencia que aparece también en los documentos egipcios. Notamos enseguida una importante diferencia entre Plutarco y los relatos evangélicos de la infancia.

Norden piensa que esta noción de concepción bajo la influencia del πνεῦμα se desarrolló en conexión con una exaltación helenística de la virginidad; esto no es imposible, aunque el uso filoniceno de la virginidad como símbolo alegórico, como hemos visto, no es una base fuerte para la cuestión de la virginidad real de una mujer que haya dado a luz a un niño verdadero.

El tratamiento ulterior de la anunciación por parte de Norden, poniéndola en relación con el mito egipcio de Horus, con sus posibles derivaciones en Is 7 y en la Égloga Cuarta de Virgilio, es muy interesante, pero no entra directamente en nuestro tema. Sin embargo, tenemos que reproducir su cita de Hefestion (p. 65, 17, ed. Engelbrecht), ὁ δὲ ἐπὶ τοῦ τρίτου γεννώμενος ἐκ θεῶν σπαρήσεται, καὶ ἔσται μέγας καὶ μετὰ θεῶν θρησκευθήσεται καὶ ἔσται κοσμοκρατωρ καὶ πάντα αὐτῷ ὑπακούσεται, a causa de las palabras ἐκ θεῶν σπαρήσεται. Con todo, por lo que a nuestro caso se refiere, el pasaje no va más allá de otras referencias a nacimientos divinos, de las que hemos demostrado arriba que fundamentalmente no vienen al caso como paralelos de los relatos de la infancia del N.T. Es preciso notar que Norden sigue a Leisegang en su explicación del término ἐπισκιάσει (Lc 1, 35).

Así pues, Norden parece prometer al principio sobre nuestra materia más luz de la que en realidad proporciona. Es verdad, y ello es muy importante, que ha fijado su atención en un pasaje en el que se dice realmente que el embarazo de una mujer ha sido causado por el πνεῦμα, y mucho más importante que la referencia solitaria a esta creencia en Plutarco es su afirmación de que se trata de una superstición popular de Egipto. Por cierto que esta creencia sorprende por su semejanza con el relato cristiano del nacimiento de Jesús, y no debemos dudar en admitir algún punto de contacto entre los relatos de la infancia y la superstición popular. Pero quedan dos puntos pendientes de explicación: el uso de πνεῦμα en los Evangelios para significar una fuerza impersonal y divina, y no un ser divino; y la relación, que se debe suponer que existe, entre la noción de Espíritu, que se encierra en la concepción «por el Espíritu Santo», y la que se contiene en el A.T., ya que tanto Mateo como Lucas están claramente imbuidos de las ideas del A.T. y dominados por ellas más que por el pensamiento helenístico. El relato mateano está señalando al A.T. por referencias directas. Se prepara una genealogía para Jesús βίβλος γενέσεως, *sefer tôledôt*, libro de las generaciones, (Gen 5, 1; cf. Gen 2, 4, *et al.*), que aparece descrito como hijo de David e hijo de Abrahán. La genealogía divide la historia judía netamente, aunque con inexactitudes, en tres secciones iguales, indicando con ello que con Jesús ha comenzado un nuevo período, que destaca frente a un pasado profético. El resto del relato se apoya en cinco textos probativos[33]. Lucas, aunque no aduce ningún texto probativo, da a entender, incluso de un modo más convincente que Mateo, que en los acontecimientos de la infancia estaba teniendo lugar el cumplimiento del A.T. Su estilo es muy semejante al de los LXX; y la mayor parte de las frases en los cánticos atribuidos a María[34], Zacarías y Simeón están sacadas directamente del A.T. Hay, en verdad, en todos estos cánticos una diferencia notable de perspectiva en relación con el A.T., ya que estos salmos lucanos no tienen la impronta de profecía ni de oración, sino la de una afirmación triunfan-

---

[33] Is 7, 14; Miq 5, 2; Os 11, 1; Jer 31, 14, y la fuente —sea cual fuere— de la profecía del «nazareo».

[34] O Isabel, si el *Magníficat* hay que atribuirlo a ella.

te de que el Señor ha visitado y redimido a su pueblo (1, 68), que ha derribado a los poderosos de sus tronos (1, 52) y que el siervo perseverante puede ya descansar, porque sus ojos han visto por fin al Salvador prometido (2, 29 s.).

CONCEPCIÓN POR EL ESPÍRITU SANTO

Al llegar a este punto, estará bien el recapitular brevemente los factores que hay que tener presentes si vamos a dar una explicación de la acción del Espíritu en los relatos de nacimiento. En primer lugar (y este es un punto que distingue lo que se dice aquí del Espíritu Santo de lo que se contiene en el resto del N.T.), se dice que el Espíritu actúa de un modo creativo sobre la materia; no solo para producir efectos visibles en el mundo físico, como expulsar demonios o hablar en lenguas, sino que él mismo es fecundo. Este elemento esencial en los relatos de la infancia está estrechamente asociado a la noción de generación divina, que, como hemos visto, florece en suelo pagano más que en el judío. Está, además relacionado con esto el énfasis no-judío sobre la virginidad. Finalmente debemos tener presente el hecho de que los relatos de la infancia están escritos (y este es en especial el caso de Lc 1-2) en un estilo que evoca el del griego del A.T., con alusiones frecuentes y referencias explícitas al A.T. Así, los relatos de la infancia producen una impresión contradictoria, ya que parecen a la vez judíos y helenísticos[35]. ¿Cuál es la explicación de esta doble apariencia?

Será necesario en primer lugar examinar el uso del término *rûaḥ* en el A.T., teniendo presente lo que acabamos de decir acerca del aspecto especial del Espíritu, tal como se observa en los relatos de nacimiento, o sea, su influjo creador sobre la naturaleza física. Los resultados de la investigación son escasos. En efecto, es verdad que el Espíritu aparece frecuentemente en conexión con fenómenos tanto físicos como psíquicos, especialmente en los escritores más antiguos del A.T.: Sansón y otros jueces llevan a cabo hazañas guerreras, los profetas se comportan de un modo sorprendente y misterioso, por influjo del Espíritu. Pero este influjo no es creador; las cosas materiales se ven afectadas por él, pero no vienen a la existencia como resultado de este influjo. Solo unos pocos

---

[35] Cf. Gunkel, *op. cit.*, 66 s.

pasajes entran estrictamente dentro del tema que es objeto de nuestra consideración.

Gen 1, 2 (p). Este es el pasaje más importante de todos. El término *merahefet* sugiere la acción de incubar o cubrir con las alas, propia de las aves (cf. Dt 32, 11)[36], pero probablemente es erróneo el querer encontrar aquí una huella, o al menos el querer encontrar más que una huella muy superficial, de la antigua y muy difundida creencia del huevo cósmico primitivo, del que procedieron la Tierra, el cielo, el Sol, la Luna y las demás cosas; pues esto implica que el germen de la vida del mundo estaba en el mundo. La idea bíblica es diferente. Aquello sobre lo que el Espíritu incuba no es la vida en potencia, sino el caos[37]. La vida no está en el caos; está en el Espíritu (o aliento, o viento). Milton parafrasea correctamente el texto del Génesis en un pasaje frecuentemente citado:

Sobre las aguas tranquilas
el Espíritu de Dios extendió sus alas como águila
e infundió vigor y calor vital
a toda la fluida masa.
(*Paraíso perdido*, VII, 234 ss.).

El *rûah 'elōhîm* (como quiera que se traduzca esa frase) era, junto con la palabra creadora de Dios, el agente por el cual el mundo actualmente existente fue sacado del primitivo caos inicial[38]. Al menos, así fue entendido el mito de la creación[39], como veremos, por los escritores de otras secciones del A.T., y por algunas obras tardías apócrifas y pseudepigráficas; si bien no es este el único modo posible de entender el *rûah 'elōhîm*; los LXX, por ejemplo, lo emplearon para significar el viento.

---

[36] El significado de «incubar» no puede demostrarse para el término hebreo; pero parece que no hay duda de ello en el caso del verbo siríaco de la misma raíz.

[37] Cf. otras alusiones al caos en el A.T., p. ej., Job 38, 8-11; Sal 65, 8; 77, 18 s. (con la referencia específica al Mar Rojo, pero el conjunto está escrito en un lenguaje cosmológico); 93. 31. Tienen especial importancia las alusiones a una vuelta a las condiciones de caos, tal como existían antes de la creación. Véase, p. ej., Jer 4, 23-26: no hay vida alguna en esta descripción, que (aunque no con carácter general) se toma con frecuencia para referirse al caos primitivo; véase, p. ej., BDB, s. v. *twhw*.

[38] No del no ser; del mismo modo que un niño, como es natural, no es creado de la *nada*.

[39] Tanto si se toma del Gen 1, 2 en su estado actual, como de alguna fuente anterior que no se ha conservado por escrito.

Gen 2, 7. Este versículo no contiene la palabra Espíritu, pero debe ser considerado aquí. No son las palabras *nišmat ḥayyim* (aliento de vida) las que son significativas, sino el hecho de que Dios infunda ese aliento (*wayyippaḥ*, y sopló), ya que lo que Dios sopla puede considerarse como *rûaḥ 'adōnāy* o *rûaḥ 'elōhîm*. Es el aliento de Dios lo que comunica al hombre el aliento de vida, y lo convierte en alma viviente *(nefeš ḥayyâ)*, distinta del polvo del que fue modelado (cf. 6, 17; 7, 15. 22). Por tanto, también aquí tenemos motivos para ver una referencia al Espíritu de Dios en acción creadora —en la creación del mundo.

Sal 33, 6: La palabra del Señor hizo el cielo:
el aliento *(rûaḥ)* de su boca, sus ejércitos.
Sal 104, 30: Envías tu aliento *(rûḥakā)*, y los creas.
Sal 147, 18: Envía una orden y se derriten,
sopla su aliento *(rûḥô)* y corren las aguas.

En dos de estos pasajes, al menos, *rûaḥ* tiene una connotación física, y ninguno de ellos tiene gran interés para nosotros, excepto que el Salmo 33, 6 evoca el comienzo del mundo como un tiempo en que el *rûaḥ* estaba activo de una manera creadora.

Job 27, 3; 32, 8; 33, 4. Estos versículos tienen mayor importancia. 27, 3 y 33, 4 se pueden tomar conjuntamente, sobre todo si adoptamos la sugerencia de Peak[40] y leemos 33, 4 después de 33, 6, que parece ser su lugar propio. Si hacemos esto, tenemos una posible alusión a Gen 2, 7, que el escritor trata de aplicarlo a todos los hombres, lo mismo que al primero. Pero probablemente concibe el aliento divino al modo de una posesión hereditaria que se va transmitiendo de generación en generación, más que de un don distinto de Dios a cada hombre. Esto está testimoniado en 32, 8, donde el don especial concedido a Elihú (descrito en términos semejantes) no es el que hace de él un hombre vivo, sino lo que es capaz de comunicarle sabiduría y palabra. Esto nos lleva de nuevo a la actividad del Espíritu en la creación del mundo y del hombre.

Prov 8, 22 ss.; Sab 7, 22 s.; 15, 11. En estos libros se dice que la Sabiduría, considerada como una hipóstasis distinta, ha participado en la obra de la creación. No hay alusión alguna al Espíritu en Prov 8, pero las dos concepciones de Espíritu y Sabiduría están íntimamente relacio-

---

[40] *Century Bible, ad loc.*

nadas. En el libro de la Sabiduría esta relación llega a ser a veces explícita, sobre todo en 7, 22 s. Está claro que, aunque se dice que el πνεῦμα, calificado con tantos adjetivos, está en la Sabiduría, sin embargo puede haber poca distinción entre los dos[41]. Sab 15, 11 parece una alusión más a la creación del hombre por Dios y por el Espíritu[42]. Así pues, la literatura sapiencial nos remite indirectamente a los relatos de la creación.

Judit 16, 14: Que te sirva toda la creación,
porque lo mandaste y existió,
enviaste tu aliento y la construiste,
(ἀπέστειλασ τὸ πνεῦμα σου, καὶ ᾠκοδόμησεν)
nada puede resistir a tu voz.

2 Baruc 21, 4: Oh tú, que has hecho la tierra, óyeme; tú que has fijado el firmamento por la palabra[43], y has hecho consistente lo alto de los cielos por el Espíritu, y has llamado al ser desde el comienzo del mundo las cosas que no existían todavía, y ellas te obedecen.

Estos dos pasajes son semejantes al Sal 33, 6, arriba citado. En cada uno de los casos, la actividad del Espíritu en la creación al comienzo del tiempo aparece estrechamente unida a la palabra poderosa de Dios.

Ez 37, 1-14. Este es un pasaje muy interesante para el estudio del uso del término *rûaḥ* en hebreo. Se emplea en plural en un sentido secundario para indicar las cuatro partes del cielo, y, además, para significar aliento, viento, espíritu vital del hombre, como también el Espíritu de Dios. El sentido del pasaje es muy claro. Los huesos secos tienen primero que reunirse y revestirse de carne y sangre. Cuando esto ha sido hecho, todavía siguen siendo unos cadáveres. No viven ni pueden sostenerse sobre sus pies hasta que el viento *(rûaḥ)* introduce su aliento *(rûaḥ)* dentro de ellos. El pueblo en el exilio se sentía en un estado de desolación, como un montón de huesos secos que marcan el sitio de una antigua batalla. Pero

---

[41] Cf. 7, 25, donde se dice que la sabiduría es ἀτμὶς τῆς τοῦ θεοῦ δυνάμεωςκαὶ ἀπόρροια τῆς τοῦ παντοκράτορος δόξης εἰλικρινής.

[42] Nótese la expresión πνεῦμα ζωτικόν, y compárese εμφυσήσαντα con ενεφυσησεν en Gen 2, 7.

[43] Aceptando (con Charles, *Apoc. and Pseud.*, II, 493) la corrección muy probable de Ryssel.

Dios promete restaurar la situación, sacar a su pueblo fuera de sus tumbas, reconstruir a Israel. «Y yo pondré mi Espíritu *(rûḥî)* en vosotros, y viviréis». Esta es una de las formas más llamativas de la profecía, constantemente repetida, de que Dios visitará y redimirá a su pueblo. La redención sería una nueva creación. Dios infundió al principio su aliento en el polvo e hizo del hombre un alma viviente; él iba a inspirar de nuevo su aliento a un pueblo que había perdido su vida, y hacer que viviesen de nuevo. La nueva vida del Israel redimido, del Israel de la nueva era, es la vida de Dios, porque es fruto del Espíritu creador de Dios.

Is 44, 3 s. Cuando se derrame el Espíritu de Dios en el tiempo prometido promoverá la expansión de su pueblo, como el agua contribuye al crecimiento de la hierba y de los sauces. No presenta tanto interés para nosotros este pasaje.

Del estudio de estos pasajes llegamos a la conclusión de que en el A.T. el Espíritu aparece para obrar de un modo creador[44] solo cuando se trata de la primera creación del mundo y del hombre, y de la redención del pueblo de Dios. Este es un hecho sorprendente y de gran importancia.

Parece, sin embargo, que esta idea de la actividad del Espíritu no se conservó en los períodos tardíos del judaísmo palestinense. Esto fue debido en parte a la esquematización y formulación del pensamiento que fue llevándose a cabo de modo progresivo en las escuelas rabínicas. Para los rabinos el Espíritu era de un modo preeminente el Espíritu de profecía, como está testimoniado, por ejemplo, en la frase *rûaḥ nebû'â* o *rûḥā' dānebû'â* que aparece constantemente en los targumín en lugar de la expresión bíblica *rûaḥ 'elōhîm* o *rûaḥ 'adōnāy*[45]. Por esta razón escriben Strack y Billerbeck[46]: «πνεῦμα ἅγιον, *rûaḥ haqqodeš*, significa en Mt 1, 18 el poder vivificante y creador de Dios; *rûaḥ haqqodeš* no parece que se encuentre empleado en este sentido en la literatura rabínica más antigua». De ahí que los rabinos hayan encontrado otros significados a Gen 1, 2, por lo general muy simples. En un lugar (al menos)[47] se establece un enlace evidente (por medio de *rḥf*) con Dt 32, 11; en otros lugares se sigue la interpretación que da el Targum de Onkelos: *werûḥā' min qodām yy menašbā' 'al-'appê mayyā'* (el viento [o aliento] de la presencia del Señor se estaba moviendo sobre la superficie de las aguas);

---

[44] Excepto Sal 104, 30, donde *rûaḥ* significa aliento más que Espíritu.
[45] En Str.-B. II, 129 se dan algunas referencias.
[46] I, 48.
[47] *T. Hag.* 2, 5 (234); véase Str.-B. I, 124.

el *rûaḥ* es simplemente el viento o el aliento. Tiene mucho mayor interés el dicho de R. Shim'on b. Lakiš, conservado en *Gen. R.* 2 (3b): «El Espíritu de Dios se movía (se cernía): esto designa al Rey, al Mesías, como muestra Is 11, 2: el Espíritu del Señor, etc.»[48]. Pero en ninguna otra parte (según Strack-Billerbeck) se concibe al Espíritu (en Gen 1, 2) como la actividad creadora de Dios.

Hay, con todo, unos cuantos pasajes en los que se habla del Espíritu como de una fuerza *re*-creadora y *re*-vivificante en los días del Mesías. Muy importante para nuestro propósito es el pasaje de *Exod. R.* 48 (102 d), donde se distinguen las funciones del Espíritu en esta edad y en la edad futura. «Dijo Dios a Israel: "En este mundo mi Espíritu ha infundido sabiduría en vosotros, pero en el futuro mi Espíritu os hará vivir de nuevo, como está dicho. Infundiré mi Espíritu en vosotros para que viváis", Ez 37, 14». La misma referencia bíblica se da para llegar a una conclusión idéntica en *Gen. R.* 96 (60 d)[49]. El Espíritu de Dios iba a ser la fuerza creadora de la vida en la edad futura; pero aquí la obra del Espíritu no parece que se extienda más allá de resucitar de la muerte a aquellos que, habiendo ya vivido, van a participar en las bendiciones de los días del Mesías.

Si volvemos ahora al judaísmo, que recibió la influencia del pensamiento helenístico, descubrimos que el mito de la creación es tratado de modo algo diferente del que hubiéramos esperado. *Por lo menos desde Anaxágoras,* los filósofos griegos habían encontrado en la mente (νοῦς) la causa de los movimientos y agregaciones presentes de las unidades elementales del universo físico; esta mente, sea que la llamemos sustancia espiritual o ser espiritual, era (al menos por comparación con la materia) espiritual y creadora, y ofrecía un claro punto de contacto con el Espíritu divino de Gen 1, 2.

Los LXX siguen la misma interpretación de Gen 1, 2 que hemos visto ya en el Targum, o sea, abandonan la metáfora del ave, que sugiere *meraḥefet,* y traducen: πνεῦμα θεοῦ ἐπεφέρετο ἐπάνω τοῦ ὕδατος. Esto sugiere la descripción de un viento impetuoso, pero nada más; deja, sin embargo, el camino abierto a otras interpretaciones de πνεῦμα. Filón se refiere a este pasaje en varios lugares, y, según su costumbre, sin ningún esfuerzo por una interpretación sólida. En *De Gigant.* 22 distingue dos

---

[48] Otros lugares paralelos (y uno en el que se dice que *rûaḥ* es el alma del primer hombre) aparecen en Str.-B. II, 351.

[49] Cf. *P. Keth.* 12, 35b, 5 (Str.-B. III, 828 s.).

significados del término πνεῦμα; el primero designa simplemente el tercer elemento, el aire, que se desliza de la tierra (a saber, hacia arriba)[50]; el segundo es el conocimiento puro (ἀκήρατος ἐπιστήμη), como el que recibió Besalel (Ex 31, 2 s.). Una perspectiva diferente aparece en *De Opif. Mundi* 29 s., donde, a pesar de que no se cita Gen 1, 2, lo tiene sin duda en la mente. Filón señala que los dos rasgos característicos del relato mosaico de la creación son el Espíritu (πνεῦμα) y la luz. Filón explica la importancia del Espíritu, y por qué se le llama Espíritu de Dios, del modo siguiente: τὸ μὲν γὰρ (sc. πνεῦμα) ὠνόμασε θεοῦ, διότι ζωτικώτατον[51] τὸ πνεῦμα, ζωῆς δὲ θεὸς αἴτιος. Aquí πνεῦμα es mucho más que el tercer elemento, que aparece en *De Gigant.* 22; es una fuerza divina vivificante. En *Leg. Alleg.* 1, 33 ss., Filón trata de Gen 2, 7 en relación con Gen 1, 2. ¿Por qué usa Moisés en Gen 2, 7 πνοή, mientras que en Gen 1, 2 emplea πνεῦμα?[52]. La respuesta (n. 42) es que πνοή es una fuerza más moderada y suave que el πνεῦμα, y más adecuada a la realidad del hombre, que está formado de la materia. Por otra parte, el πνεῦμα está concebido κατὰ τὴν ἰσχὺν καὶ εὐτονίαν καὶ δύναμιν. Así pues, Filón en el momento oportuno llega a concebir el πνεῦμα como un agente de Dios, poderoso y vivificante.

Es un hecho muy sorprendente que encontremos el mismo concepto de espíritu en el *Corpus Hermenticum*, en las partes en que esa literatura ha estado influenciada por el pensamiento judío. Dodd[53] ha probado que el primer tratado hermético, *Poimandres*, ha recibido la influencia de la cosmogonía del Génesis; se encuentra en él un paralelo muy cercano a la frase de los LXX πνεῦμα θεοῦ ἐπεφέρετο ἐπάνω τοῦ ὕδατος. En 5b tenemos κινούμενα δὲ ἦν (sc. γῆ καὶ ὕδωρ) διὰ τὸν ἐπιφερόμενον πνευματικὸν λόγον[54]. Este πνευματικὸς λόγος, en un contexto como el presente, donde la influencia judía es indudable, debe ser entendido en unos términos semejantes a Sal 32, 6; 147, 7 (LXX), donde πνεῦμα y λόγος, como hemos visto, están en paralelismo, para indicar la obra creadora de Dios, más que como un principio material y diseminado (al

---

[50] ὁ ῥέων ἀὴρ ἀπὸ γῆς, τρίτον στοιχεῖον ἐποχούμενον ὕδατι.
[51] Cf. *Sab* 15, 11, πνεῦμα ζωτικὸν.
[52] Josefo (*Ant.* 1, 1, 2) (34) dice πνεῦμα ἐνῆκεν αὐτῷ.
[53] *The Bible and the Greeks*, 99-248.
[54] Scott, *Hermetica*, I, 118, lee: διὰ τὸν <ἐπάνω> «τοῦ ὕδατος» ἐπιφερόμενον πνευματικὸν λόγον, que incluso se aproxima más al texto de los LXX. Pero τοῦ ὕδατος, que Scott deduce de la frase anterior, hace falta allí, donde, con Reitzenstein y Dodd, habría que leer: ὡς μὴ θεωρεῖσθαι <τὴν γῆν> ἀπὸ τοῦ ὕδατος.

modo de los estoicos). Encontramos, pues, en este tratado helenístico de influencia judía que el πνευματικὸς λόγος es un agente en la creación, representando al πνεῦμα de Gen 1, 2. Hay un pasaje similar en el Tratado Tercero, 1 b. Dice así: ἦν γὰρ σκότος ἄπειρον[55] ἐν[56] ἀβύσσῳ, καὶ ὕδωρ καὶ πνεῦμα λεπτὸν νοερόν, δυνάμει θείᾳ ὄντα ἐν χάει[57]. Toda la sección evoca fuertemente la versión de los LXX de Gen 1, 2 y la descripción de la sabiduría en Sab 7, 22 (en especial las palabras νοερόν, λεπτόν). Aquí, incluso con más claridad que en el *Poimandres*, vemos que el πνεῦμα de Gen 1, 2 fue entendido como una fuerza divina creadora, y que se la asociaba a la σοφία τεχνῖτις del libro de la Sabiduría.

Tenemos ya en nuestras manos datos suficientes para explicar los fenómenos que encontramos en el N.T. Los mismos relatos evangélicos nos ponen en una dirección determinada para que miremos al A.T. Haciéndolo así, reparamos en lo que parecen haber vislumbrado los cristianos de la primera comunidad: que, así como el Espíritu de Dios estaba activo en la creación del mundo, del mismo modo había que esperar a ese mismo Espíritu también en su renovación. Se saca fácilmente la conclusión de que la entrada del Redentor en el escenario de la historia era la obra del Espíritu, y esto explica la introducción del Espíritu en los relatos de nacimiento. No fue introducido porque fuese natural pensar en el Espíritu, según lo conocemos por el A.T., como un principio masculino, capaz (con la capacidad que la imaginación les atribuía a Zeus o a Apolo) de engendrar niños de mujeres mortales. *Rûaḥ* es generalmente femenino, y designa una actividad de Dios, no un semidiós personal. Como dice Gunkel, «el judaísmo que deriva del A.T. podía hablar —se ha dicho con toda razón— de la creación milagrosa de un niño, pero no de una *generación* milagrosa por un agente divino. Se recordará con qué horror se habla en Gen 6 de la unión de los hijos de Dios con las hijas de los hombres»[58]. Los motivos por los que se introdujo al Espíritu en los relatos de la infancia fueron más bien mesiánicos y escatológicos.

La tradición más antigua creyó necesario el expresar en estas categorías el significado de la obra y la enseñanza de Jesús, y parece probable que él mismo pensó en estos términos su propia misión. El continuo recurso al A.T. como comentario sobre los acontecimientos de la Nueva Alianza

---

[55] Scott traspone ἄπειρον, leyéndolo después de ὕδωρ.
[56] Quizá *haya que leer* ἐπ'.
[57] Scott sugiere con mucho acierto θείᾳ <διῆκ> ον τὰ ἐν χάει.
[58] *Op. cit.*, 66 s.

llevó a considerar la acción del Espíritu Santo como la fuerza creadora de Dios. Pero acabamos de ver que este concepto auténticamente bíblico de la acción del Espíritu en la nueva creación se mantuvo en vigor sobre todo en el judaísmo helenístico más que en el palestinense, y, por tanto, parece probable que la explicación del nacimiento de Jesús en términos de la acción creadora del Espíritu se verificó sobre la base de una interpretación helenística del A.T., más bien que palestinense.

Si esto es verdad, ya tenemos la respuesta dada a otra de las cuestiones. ¿Cómo pudo entrar en círculos cristianos la idea de una generación divina por el Espíritu, cuando esa idea era, según hemos visto, griega más que judía, y los círculos cristianos (en la medida en que nos es posible deducir su naturaleza de los mismos relatos de la infancia) fundamentaban su fe en el A.T.? Precisamente porque el ámbito en el que la interpretación cristiana del A.T. pudo surtir su efecto, en conformidad con lo que hemos sugerido, no fue el judaísmo palestinense, sino el judaísmo influenciado e impregnado por el helenismo. La idea fundamental que se encierra en los relatos de la concepción por lo que respecta a la acción del Espíritu Santo se deriva con todo derecho del pensamiento del A.T.: el Espíritu es *Creator Spiritus* en ambas creaciones. Pero en el siglo primero las circunstancias fueron tales que esta doctrina del A.T. prosperó en un ambiente helenístico, en el que fue posible su florecimiento también por otros conceptos helenísticos, por ejemplo, el de la generación por un dios.

De este modo encontramos por fin una reconciliación de los tres factores, de los que principalmente nos hemos ocupado: el trasfondo y la formulación veterotestamentaria del pensamiento representado en los relatos de la infancia, la base helenística, y no judía, de la idea de generación divina y las pretensiones únicas y específicamente cristianas de los relatos de nacimiento que poseemos. Al mismo tiempo, al encontrar en el judaísmo sincretista la explicación de la fuerza creadora y procreadora del Espíritu, descubrimos incidentalmente que se explica la importancia dada a la virginidad, que no puede provenir de ambiente judío. La idea bíblica central que debe interesarnos es que la entrada de Jesús en el mundo constituyó la inauguración de la nueva creación por parte de Dios, y por tanto tiene su única analogía verdadera en el Génesis; el medio por el que la Iglesia llegó a esta conclusión fue el judaísmo helenístico, y un efecto secundario de este medio fue la creencia en la virginidad de la madre.

Los autores de los relatos de la infancia comprendieron aquello que se expresaba de otra forma en el relato del bautismo, como veremos. El ministerio de Jesús solo pudo interpretarse de un modo adecuado a base del A.T., y esto incluía tanto la mesianidad de Jesús como la acción del Espíritu Santo. El saber si esta actividad del Espíritu excluye la posibilidad de procreación por José es una cuestión a la que nadie puede dar una respuesta, a no ser que haya excluido a priori toda posibilidad de milagro. Pero es natural suponer que si la transición de la creación a la generación se efectuó por el paso del evangelio del judaísmo palestinense al helenístico, a un ambiente en donde la paternidad divina era familiar, entonces con la mayor naturalidad el nacimiento se convirtió en nacimiento virginal, de acuerdo con el clima intelectual y religioso en el que se dio el cambio[59].

Se comprende de este modo que el papel desempeñado por el Espíritu Santo en los relatos de nacimiento representa el cumplimiento de la redención prometida por Dios en un nuevo acto de creación comparable al de Gen 1. Esta idea es fundamentalmente hebrea; pero antes de tomar su forma actual tuvo que estar sujeta a fuertes influencias helenísticas.

---

[59] Büchsel (*TWNT*, I, 667) sugiere una conexión específica entre el ποιεῖν de Dios y su γεννᾶν en Filón, fundándose en Leg. All. 3, 219. La misma cuestión es propuesta por W. F. Howard, *Christianity according to St. John*, 198 s. Pero el pasaje citado por Büchsel no tiene la fuerza que él le da. Filón está alegorizando Gen 21, 6, y dice que ἐποίησεν equivale a ἐγέννησεν. No dice que ἐποίησεν equivale siempre a ἐγέννησεν, como dice Büchsel: «Toda creación (ποιεῖν) por parte de Dios, puede él llamarla generación (γεννᾶν)».

Capítulo III

EL BAUTISMO DE JESÚS

Hemos visto en la sección precedente que la atribución de la concepción de Jesús a la actividad del Espíritu Santo no se basaba en un trasfondo común de la piedad judía, ni en una combinación de conceptos derivada del manticismo helenístico, sino que su nacimiento fue considerado como una acción única; única, porque era, en el amplio sentido de la palabra, mesiánica; o sea, era efecto de aquella actividad del Espíritu, que se esperaba iba a brotar en la inauguración de la nueva era, en el nuevo acto de la creación por parte de Dios. Si este es el caso con respecto al nacimiento de Jesús, o sea, si este era el motivo de los evangelistas Mateo y Lucas al registrar los relatos del nacimiento, ello nos lleva de la mano a proponer una cuestión semejante por lo que respecta a la segunda alusión al Espíritu en la vida de Jesús, o sea, el relato del bautismo. De hecho, la cuestión ha sido planteada por Hoskyns en su ensayo *The Christ of the Synoptic Gospels*[1]. Dice así: «Se afirma que el significado genuino del relato es que Jesús, consciente de la necesidad de conversión, y por tanto en posesión del sentido de pecado, vino para ser bautizado por Juan. En el momento de su bautismo pasó por una experiencia religiosa, de la que solo él fue consciente, y, en consecuencia, se sintió llamado para asociarse a la obra del Bautista. Así, a pesar de todo el desarrollo cristológico posterior, se ha conservado en el Evangelio de Marcos un recuerdo genuino de la consagración de Jesús para el ministerio profético, a cuya luz hay que interpretar la pretensión de mesianidad, si es que Jesús tuvo tal pretensión... Pero ¿es el relato de Marcos realmente apto para un tratamiento psicológico de este género?...»[2]. ¿O no está, de

---

[1] En *Essays Catholic and Critical*, ed. E. G. Selwyn, 151-78.
[2] *Op. cit.*, 169.

hecho, profundamente enraizado el significado del evento en el documento más primitivo que poseemos?

No es preciso considerar en este momento todos los elementos en la narración sinóptica sobre la obra de Juan Bautista; pero será necesario, como un preliminar para la discusión del bautismo de Jesús, examinar el significado del bautismo de Juan, aunque es importante observar que el bautismo de Jesús no puede considerarse en relación causal directa con la bajada del Espíritu sobre él, ya que otros muchos fueron bautizados por Juan y no oyeron una voz del cielo ni vieron una paloma.

He aquí las cuestiones que se suscitan para la discusión:

a) ¿Cuál era el significado del bautismo de Juan?
b) ¿Por qué lo recibió Jesús?
c) ¿Cuál es el significado de la bajada del Espíritu y el simbolismo de la paloma?
d) ¿Cuál es el significado de la voz del cielo?

a) ¿Cuál era el significado del bautismo de Juan?

Hay dos fuentes para responder a esta cuestión, *el N.T. y Josefo, Ant.* 18, 5, 2 (116-119); parece que son testimonios independientes. De hecho, se ha sostenido que el pasaje de Josefo es una interpolación cristiana en el texto original; pero esto es poco probable. Una interpolación cristiana hubiera sido más cristiana, y, en particular, se hubiera ajustado más de cerca a la tradición contenida en los Evangelios. Josefo usa los términos βαπτισμός, que es raro en el N.T.[3], y βάπτισις, que no aparece nunca en el N.T. Es verdad que Josefo emplea la palabra βαπτιστής sin explicación alguna; pero esto no va en contra de su costumbre, y, en todo caso, las circunstancias concurren para suponer que las palabras τοῦ ἐπικαλουμένου βαπτιστοῦ son una inserción explicativa cristiana. Josefo no usa la palabra característica del N.T., βάπτισμα, ni describe el bautismo de Juan como un bautismo de conversión (μετάνοια); y, aunque tiene un relato de la muerte de Juan por mandato de Herodes, es bastante diferente del que se encuentra en Marcos.

En consecuencia, hay que admitir en Josefo y en el N.T. dos fuentes distintas para nuestro conocimiento de Juan[4]. Algunos han defendido que

---

[3] Mc 7, 4; Heb 6, 2; 9, 10; nunca se usa del bautismo de Juan.
[4] Como es natural, son varias las fuentes existentes dentro del mismo N.T.

hay una tercera fuente, los escritos de los mandeos, que realmente contienen numerosas referencias a Juan. Pero puede demostrarse que todas ellas son secundarias, y derivan de fuentes cristianas nestorianas[5], de modo que para nuestro objetivo las podemos omitir sin peligro.

Cuando volvemos al relato de Josefo sobre Juan, encontramos solo unas pocas frases, introducidas a modo de paréntesis. El historiador advierte una explicación popular de la derrota que sufrió Herodes Antipas el año 36 d. C. por parte de Aretas, rey de Arabia. Muchos judíos (dice Josefo) consideraron esta derrota como un castigo bien merecido por el trato que dio Herodes a Juan[6]. Herodes había matado a Juan, aunque era un hombre bueno y exhortaba a la virtud[7]. El bautismo que él exigía no era un medio para perdonar los pecados, sino para la purificación del cuerpo (ἐφ' ἁγνείᾳ τοῦ σώματος) allí donde el alma había sido ya purificada por la práctica de la virtud, que Juan predicaba (τῆς ψυχῆς δικαιοσυνῃ προεκκεκαθαρμενης). El movimiento popular que surgió de la gran estima en que el pueblo tenía a Juan no llegó a su término, debido a su arresto; Herodes, temiendo lo que Josefo llama vagamente ἀπόστασίς y τι νεώτερον[8], había conducido al Bautista a Maqueronte, y lo ejecutó allí.

No satisface mucho esta parte de la narración. Suscita al menos tres cuestiones fundamentales, que de ningún modo son fáciles de responder, si nos fundamos solo en Josefo. Ante todo, viene la pregunta más obvia con respecto al mismo Juan. ¿Qué clase de persona era? ¿En qué categoría de hombres hay que colocarlo? ¿Cuál era el objetivo de su predicación y de su bautismo? Josefo menciona otros bautistas; estaba, por ejemplo, su propio maestro, Baus, que vivía en el desierto; usaba para alimento y vestido solo lo que la naturaleza le ofrecía, y se lavaba día y noche con agua fría a causa de la pureza[9]. Pero hay diferencias entre Juan y Banus. Banus se lavaba a sí mismo; Juan bautizaba a sus convertidos. Banus era un solitario que huía del mundo, a quien Josefo mismo se le juntó; Juan

---

[5] Véase Oepke, *TWNT*, I, 534 y la bibliografía allí citada, añadiendo S. A. Pallis, *Mandaean Studies*, Oxford 1926.

[6] Según el N.T. esto debió de suceder hacia el 29 d. C.; sin embargo, no es imposible que el resentimiento popular por este acto tiránico haya estado latente durante siete años.

[7] ἀρετή, significando tanto δικαιοσύνη como εὐσέβεια.

[8] Esto no tiene el significado de «algo nuevo que pudo ocurrírsele» (Klausner, *Jesus of Nazareth*, 240), sino una rebelión, según el uso ordinario de Josefo y otros autores (cf. LS, nueva edición, 1173a).

[9] πρὸς ἁγνείαν, Josefo, *Vita*, 2 (11); cf. ἐφ' ἁγνείᾳ en el relato del bautismo de Juan.

era también en cierto sentido un solitario, pero todo el mundo fue detrás de él, y así se convirtió en dirigente de un movimiento popular. Por otra parte, Josefo habla de las purificaciones de los esenios[10]; pero, a pesar de que alguien ha llegado a identificarlo como uno de ellos, Juan no era un esenio como los que describe Josefo. Pasamos por alto su carácter exclusivo, su comunismo, su exigencia de celibato, su culto al Sol[11]. Juan queda en Josefo como una persona aislada y enigmática.

Es bastante más fácil responder a la pregunta: ¿por qué mató Herodes a Juan? Una lectura ligera de Josefo sugiere solo que Juan era un hombre bueno, que exhortaba a los judíos a que fuesen virtuosos, y que los judíos lo cumplieron tal como se pedía de ellos. Nada había en esto que provocase la cólera de Herodes. Un examen más atento revela que detrás del temor de Herodes yace algo que Josefo ha callado, sin duda con plena conciencia, a saber, un movimiento mesiánico relacionado con la revolución. Solo una cosa podía haber provocado a los oyentes judíos de Juan a una instigación tan amenazadora que Herodes se vio impulsado a asesinar a su cabecilla; la exigencia de justicia por parte de Juan pudo haber parecido traicionera solo si estaba dirigida (como los Evangelios dicen que lo estaba) de alguna forma hacia un reino judío. Pero Josefo no dice esto; probablemente esperaba que los lectores bien informados lo entendiesen.

Por otra parte, podemos preguntarnos: admitiendo la predicación de Juan sobre la justicia, admitiendo también cierta forma de predicación sobre el reino de Dios, ¿por qué empleó el profeta el simbolismo del agua? De nuevo, Josefo no tiene respuesta alguna. El baño, dice, no confiere el perdón de los pecados, sino que era ἐφ᾽ ἁγνείᾳ τοῦ σώματος. Realizaba, pues, una purificación de las manchas de carácter ritual. Pero ¿de qué clase de manchas? Para todas las formas de impureza ritual en que se podía incurrir existía un remedio en las prescripciones del sistema legal en uso. Un profeta no tenía ninguna necesidad de inaugurar un rito completamente nuevo de lustración con una finalidad que estaba ya suficientemente atendida. También en este caso la oscuridad del relato de Josefo apunta al hecho de que ha omitido un factor esencial en su narra-

---

[10] B. J. 2, 8, 5 (129); también a estas llama ἁγνεία. No habla de este uso cuando describe a los esenios en *Ant.* 18, 1, 5 (18-22).

[11] Si es este el significado de πρὶν ἀνασχεῖν τὸν ἥλιον οὐδέν φθέγγονται τῶν βεβήλων, πατρίους δέ τινας εἰς αὐτὸν εὐχὰς ὥσπερ ἱκετεύοντες ἀνατεῖλαι (B. J. 2 8, 5 [128]).

ción, el elemento judío-mesiánico en la enseñanza y actividad de Juan, con lo cual únicamente cobra sentido el resto. El público helenístico de Josefo no hubiera entendido —y en la medida en que lo hubiese entendido no lo hubiese aprobado— nada que tuviese sabor a nacionalismo judío; de este modo, el nacionalismo judío tuvo que desaparecer del relato de Josefo; pero era un rasgo tan importante de la historia de que se ocupaba Josefo, que (aquí y en otras muchas partes) no pudo menos que dejar huellas de que la narración había sido manipulada. Juan Bautista lleva una túnica griega, cosa que resulta de mal gusto; y en casa está con el manto de profeta. Pero, así como no podemos explicarnos por qué Herodes tuvo que dar muerte a un predicador estoico de justicia (y el Juan de Josefo responde a esta descripción), tampoco podemos explicar el hecho de la purificación nacional que proclamaba este extraño personaje, a no ser que admitamos motivaciones e inspiraciones más profundas que las que Josefo nos permite ver. Está claro que toda la narración de Josefo sobre Juan solo imperfectamente llega a ensamblarse, y no resulta de fácil comprensión; la razón de ello es que Josefo ha quitado la piedra clave del arco y el rastro del enigma.

De Josefo, volvemos a nuestra segunda fuente, el N.T. Hemos visto que el trasfondo de la misión de Juan, que Josefo casi ha encubierto, aunque no totalmente, es el de la esperanza nacional judía, y confiamos poder ver más claramente este trasfondo en el N.T. Pero es preciso tener en cuenta que, aunque los temores de Herodes indudablemente hacían referencia a las intenciones políticas de sus indóciles súbditos, las esperanzas judías no eran en absoluto solo de signo político. Aunque desde los tiempos más antiguos se habían forjado y estaban condicionadas por circunstancias políticas, esas esperanzas eran esencialmente religiosas. No resulta correcto hablar de la expectación mesiánica (usando este término en su sentido más amplio) como si tuviese dos caras o aspectos, uno político y otro religioso. La esperanza política era religiosa; pues la esperanza tenía siempre por objeto lo que Dios iba a realizar. Es verdad que en las fuentes de que disponemos hay huellas frecuentes de una expectación de que Dios iba a intervenir por medio de su pueblo, incluso por medio de sus ejércitos, pero la obra era suya, no de ellos, y, en consecuencia, aun cuando la meta esperada estaba expresada con mucha crudeza, era esencialmente una meta religiosa. Con todo, en el N.T. la esperanza mesiánica, tal como se polariza en la persona de Juan Bautista, aparece descrita desde un punto de vista religioso[12]. Esto se echa de ver de varios modos. El Bautista es introducido por una cita de la Escritura (Mc 1, 2 s., a quien siguen Mt y Lc); es el mensajero de Dios, la voz en el desierto. La descripción que se hace de él[13] es como para evocar los profetas del A.T. (cf. Zac 13, 14; 2 Re 1, 8). Su predicación contiene las dos notas características de los profetas, la amenaza del juicio, y la consiguiente exigencia de una conversión radical y confianza en la misericordia de Dios.

En concreto, a Juan se le representa (en Mc, Q y Lc) como Elías. Varias fuentes judías revelan la expectación de que el retorno de Elías precedería a la venida del Mesías[14]. Al tiempo en que se escribieron los Evangelios se aceptaba la ecuación de Juan con Elías, y ello aparece en todas las fuentes que están a nuestro alcance. En los versículos iniciales de Marcos viene esto sugerido por la cita de Mal 1, 3. Más tarde, en el Evangelio se hace incluso más explícita esta identificación (9, 11-13). Mt 11, 10 (Q = Lc 7, 22) hace la misma cita de Mal 3, 1 con respecto a Juan, al que se le llama al mismo tiempo «más que profeta» (Mt 11, 9 = Lc 7, 26). En el mismo contexto, Mateo (11, 14) declara explícitamente que Juan es el prometido Elías, pero este versículo es redaccional, y no aparece en Lucas, aunque el *logion* al que está añadido (Mt 11, 12 s. = Lc 16, 16) aparece en ambos Evangelios y es importante. El relato lucano de la infancia (L) relaciona a Juan con Elías con arreglo a Mal 1, 23 s. y 2 Re 2, 9. 15 (Lc 1, 13-17).

En la predicación de Juan se pueden distinguir dos partes. Uno de estos elementos, de modo genérico, es común a todos los profetas. Juan exige conversión en vistas a un juicio que se acerca, el día del Señor, que será tinieblas y no luz. Los temas de la conversión y del juicio no están acentuados en Marcos, aunque naturalmente se reflejan en la narración marcana de la muerte de Juan (6, 17-20). Aparecen, sin embargo,

---

[12] Se habla de Juan en Marcos, en el material de Q, en el material propio de Lucas, como también en el Cuarto Evangelio y en los Hechos. Mt 11, 14 no tiene ningún paralelo, y probablemente hay que considerarlo como redaccional.

[13] Quizá el texto genuino de Mc 1, 6 se conserva en D y en la *Vetus Latina*; en cuyo caso tendríamos que decir que en Mateo.

[14] Véase un *excursus* detallado en Str.-B. IV, 779-98. Hay que advertir que, como indica Billerbeck, la expectación de la venida de Elías pertenece a la literatura rabínica más que a los deuterocanónicos y apocalíptica (pero véase *Eccli* 48, 10; 4 Esdr 6, 26; Justino, *Diál. con Trifón* 8, 49). No obstante, las profecías de Mal 3, 1; 3, 23 s. (LXX 4, 4 s.) siempre habrán estado presentes para influir, sea cual fuere la atención que se les haya prestado.

subrayados en el material no marcano, que Mateo y Lucas tienen en común. Mt 3, 7-10. 12 (= Lc 3, 7-9. 17) exige la conversión con sus frutos correspondientes, y anuncia el juicio como inminente. No hay defensa alguna en el linaje ni en otra parte; cada árbol será juzgado por sus frutos, y los que no consigan superar la prueba serán arrojados al fuego. El elemento distintivo en la predicación de Juan es su profecía del que va a venir después de él con mayor poder y dignidad. Esta profecía parece haber estado tanto en Marcos como en Q, como indican unos cuantos puntos de contacto secundarios de Mateo y Lucas contra Marcos. Un pasaje de Q trae más tarde la pregunta: «¿Eres tú el que va a venir?», hecha por Juan a Jesús (Mt 11, 3 = Lc 7, 19)[15].

Estos dos elementos de la predicación de Juan están en relación con el rasgo más llamativo y característico de su misión: su bautismo. La conversión que exigía en vistas a un juicio anunciado como inminente tenía que sellarse con el acto del bautismo[16]. Pero la profecía sobre el que iba a venir estaba también concebida en términos de bautismo, y la diferencia entre su bautismo y el de Juan era el grado de superioridad sobre el precursor. El *logion* sobre el bautismo del que iba a venir se conserva de dos formas (Mc 1, 8; Mt 3, 11 = Lc 3, 16): probablemente ninguna de las dos es la original[17].

Entonces, ¿qué era el bautismo de Juan? ¿Cuál fue su origen?

No es preciso hacer un examen detallado de los ritos helenísticos de lustración, que se han aducido como paralelos y fuentes del bautismo de Juan. Oepke ha dado una admirable descripción de muchos de esos

---

[15] Probablemente la fuente de la que tomaron Mateo y Lucas sus informaciones sobre Juan usó en ambos casos el participio ἐρχόμενος, y debemos suponer que con respecto a esta palabra Mateo (3, 11) reproduce la fuente con más exactitud que Lucas.

[16] Por razón de que el bautismo se apoya sobre este arrepentimiento único ante una sentencia inminente, se acepta generalmente que ha sido un rito singular e irrepetible, y por ello distinto de las lustraciones de otros bautistas, como el Banus de Josefo. Sobre esta base, la suposición parece justificada; pero hay que poner en claro que no hay ningún testimonio directo ni en el N.T., ni en Josefo, ni en otra parte, para probar que el bautismo de Juan no podía recibirse en varias ocasiones. Es interesante aventurar la hipótesis de que los mandeos, cuyos bautismos se diferenciaban de los de los cristianos nestorianos solo en que se repetían, pudieron haber conservado en solo este rasgo un vestigio genuino del bautismo de Juan. Pero en conjunto esto es poco probable, ya que no valora el argumento del arrepentimiento especial exigido por Juan. Los mandeos pudieron haber tomado fácilmente la práctica de los bautismos repetidos de muchas fuentes de su entorno religioso.

[17] Véase la discusión más adelante, pp. 187 s.

ritos (*TWNT*, I, 528-532), y no hay ninguna necesidad de repetirlo, especialmente a la vista de su conclusión, que parece no se puede discutir: «Con este medio (es decir, porque el bautismo de Juan introdujo un renacimiento mesiánico) queda definido su lugar exacto en la historia de las religiones: el judaísmo palestinense. No hay una sola sílaba en los Evangelios para insinuar que se trata de una derivación del sincretismo oriental»[18]. Sin embargo, por esta misma razón es más necesario el considerar los ritos bautismales judíos.

Las partes más antiguas del A.T. contienen una amplia prueba de la conexión, vieja ya y por otra parte natural, entre la ablución, que quita la suciedad ordinaria, y la remoción de la impureza ritual. Sin embargo, no nos interesa este hecho, sino el desarrollo de esta idea primitiva que aparece en el judaísmo tardío. Brandt[19] resume las lustraciones postexílicas bajo once apartados: todos ellos se refieren a circunstancias que provienen de funciones naturales o de enfermedad —como relaciones sexuales, parto, lepra—. Es decir, que la ablución es todavía estrictamente ritual; no tiene en realidad ningún significado ético. Lo mismo sucede con la realización de los ritos lustrales, que aparece en las fuentes rabínicas. Como es fácil comprender, resulta imposible ofrecer aquí un resumen de los ritos que aparecen en la Mishnâ. La exigencia de lavarse *(tebîlâ)* aparece en innumerables ocasiones; se dedica un tratado especial (Miqwāôt) al baño *(miqwê)*, en el que tiene lugar el acto de la purificación. Con todo, a pesar de unos pocos lugares donde se reconoce que la ejecución mecánica del rito es ineficaz sin una verdadera conversión[20], el uso del bautismo tiene por completo un carácter ritual y de ningún modo ético. Pero el bautismo de conversión de Juan no está del todo sin precedentes. La metáfora de la lustración se usa con cierta frecuencia en el A.T. para significar una purificación ética. Así, por ejemplo, se encuentra al comienzo de la profecía de Isaías; el contexto de Is 1, 16 hace poco menos que imposible el pensar que se trate de un acto ritual. Una exhortación muy semejante hace también Jeremías (Jer 4, 14); podemos añadir Sal 51, 4. 9. La misma forma de lenguaje se emplea escatológicamente

---

[18] *Op. cit.*, I, 534.
[19] *Die jüdichen Baptismen*, 20-22.
[20] T. *Ta'an.* 1, 8 (215, 23): Un hombre que tiene en su mano un reptil (que causa impureza), aunque se lave en las aguas de Siloé y en todas las aguas de la creación, nunca quedará puro. Pero si arroja el reptil de su mano, entonces será eficaz para él un bautismo en 40 *seah*. El texto probativo es de Prov 28, 13. Cf. lugares paralelos citados en Str.-B. I, 171b.

en Is 4, 4 y Ez 36, 25. En todos estos casos se trata de una transformación moral, no de un baño físico. Pero podemos dar un paso adelante en la dirección del bautismo ético de Juan por medio del uso profético del simbolismo. Parece probable que las acciones llamativas realizadas por algunos profetas tienen cierta relación con una fase más arcaica y mágica de la religión. Cuando, por ejemplo, Joás, con sus manos reforzadas por las de Eliseo, dispara una flecha en dirección a Siria, y da con las flechas en aquella tierra (2 Re 13, 15-19); o cuando Jeremías rompe su vasija de barro (Jer 19) y adquiere un campo en Anatot (Jer 32, 6-15); o cuando Ezequiel dibuja en una teja la ciudad asediada (Ez 4, 1-3), nos acordamos de los ritos de la magia mimética. Esto no quiere decir que los grandes profetas pensaban realmente que controlaban «la acción a distancia», pero es probable que para ellos el simbolismo significase más que una mera ilustración. No es preciso que intentemos determinar aquí cuánto sobrepasaba de ese punto; con su profecía puesta en acción los profetas proporcionan un eslabón entre su enseñanza de pureza moral y la adopción por parte de Juan de una práctica, que a menudo no era más que una parte de aquel ritualismo formal que él condenaba[21].

Otro rito bautismal, único en su clase, debe ser ahora objeto de nuestra consideración, a saber, el que se administraba a los prosélitos al judaísmo. Se puede dar, por supuesto, que la antigüedad del bautismo de los prosélitos[22] sea suficiente para garantizar su comparación con el bautismo de Juan y para probar que no surgió por imitación del rito cristiano[23]. Tres requisitos se le exigían al prosélito varón: la circuncisión, el bautismo y el sacrificio. Los dos últimos eran también obligatorios para las mujeres. El origen de la ceremonia del bautismo de los prosélitos se basa claramente en el ámbito de la impureza ritual. Si el que nació judío tenía que someterse continuamente a varias lustraciones con objeto de encontrarse en un estado apto para desempeñar las funciones de su religión, era inevitable que uno que viniese al judaísmo del mundo impuro

---

[21] Es sorprendente que uno de los pocos lugares (cuatro en total) de los LXX donde se usa el verbo βαπτίζω es aquel que describe la inmersión a la que se sometió Naamán en obediencia al mandato del profeta 2 Re 5, 14: κατέβη Ναιμὰν καὶ ἐβαπίσατο ἐν τῷ Ἰορδάνῃ. Las otras referencias de βαπτίζω son Judt 12, 7; Eccli 30, 31; Is 21, 4.

[22] Véase la cuidadosa discusión en BRANDT, *op. cit.*, 57-62.

[23] Los cuatro argumentos (basados en Epicteto, *Diss.* 2, 9, 19 ss.; *Sib. Or.* 4, 165; *Mish. Pes.* 8, 8; Ed. 5, 2; b. *Yeb.* 64a) que da Oepke (*op. cit.*, I, 533) me parecen decisivos.

del paganismo fuese obligado a quitar la mancha de su vida anterior por medio de semejante bautismo. Pero, por su propia naturaleza, el bautismo de los prosélitos era (como parece haber sido el bautismo de Juan) un acto irrepetible; un hombre solo podía pasar una vez del paganismo al judaísmo. Así pues, el bautismo de los prosélitos aparece como un acontecimiento único, cuyo significado debió de incluir tanto la purificación como la santificación para ser admitido al pueblo de Dios.

A la luz de los hechos que acabamos de considerar, el significado del bautismo de Juan se puede resumir en los cuatro puntos siguientes:

1) Está en estrecha relación con el bautismo de los prosélitos. Oepke[24] se coloca en esta perspectiva, mientras que Lietzmann[25] la niega. Es ciertamente necesario estar sobre aviso en este punto para no tomar la analogía como genealogía; pero la objeción de Lietzmann parece a todas luces mal fundada. Dice él: «Esto último (o sea, la comparación del bautismo de Juan con el bautismo de los prosélitos) se ha defendido, pero nos encontramos con la extraña paradoja de que Juan exigía que el israelita, orgulloso de su nacionalidad, tuviese que bautizarse y purificarse, del mismo modo que un pagano impuro, antes de poder presentarse a Dios; esto resulta demasiado paradójico para que sea convincente». Pero, de hecho, tal paradoja es uno de los axiomas fundamentales de la predicación de Juan. «No os digáis a vosotros mismos, tenemos como padre a Abrahán; pues os digo que Dios puede suscitar de estas piedras hijos de Abrahán»; el linaje judío no es garantía de seguridad en el día del Señor; el ser judíos meramente de raza no les coloca en una situación más favorable que los gentiles, ni que las mismas piedras. De ahí la necesidad de algún acto, por el cual los que habían perdido el derecho de ser miembros del pueblo elegido de Dios, pudiesen recuperar su posición. Si Juan pensaba realmente (como parece ser el caso) que los judíos de linaje no eran por ello verdaderos israelitas y herederos del reino de Dios, parece que no hay ninguna paradoja nueva en opinar que exigiese el bautismo, un bautismo de iniciación, también por parte de ellos. Por el contrario, la predicación de Juan se ajusta perfectamente con la opinión de que su bautismo constituía un paralelo con el rito por el que (junto con la circuncisión y el sacrificio) los prosélitos se convertían en miembros plenos del judaísmo.

---

[24] *Op. cit.*, I, 535.
[25] *The Beginnings of the Christian Church*, 51.

2) Es justo que consideremos el significado de las palabras que emplea Josefo en su descripción de Juan[26], βαπτισμῷ συνιέναι. Esta frase puede significar, y parece con bastante probabilidad que es esto lo que significa, no «juntarse con objeto de ser bautizados», sino «asociarse por el bautismo»[27]. Si esta es una traducción correcta, y si Josefo estaba bien informado, Juan consideraba su bautismo no como un acto referido solo a los individuos que se sometían al mismo, sino como un acto por el que se unían estrechamente entre sí. Por supuesto que esto es perfectamente comprensible, si es verdad lo que acabamos de decir: que el bautismo de Juan tenía relación con el bautismo de los prosélitos porque se proponía como el medio para entrar en el verdadero Israel. Esto concuerda también con el modo con que Lucas afirma la misión de Juan como *Elías redivivo*, ἑτοιμάσαι κυκρίῳ λαὸν κατεσκευασμένον (1, 17).

3) Hay que considerar el bautismo de Juan como un ejemplo de simbolismo profético. No puede haber duda (si es que nuestras fuentes merecen algún crédito) de que Juan hubiera rechazado por completo un bautismo que fuese solo un rito ejecutado de modo mecánico y recibido sin ninguna intención seria; no era este el fruto digno de conversión que él exigía. La conversión misma era su exigencia real. Pero, por otra parte, debió de haber insistido fuertemente en la ejecución del rito; solo una tal insistencia puede explicar la relevancia con que aparece en todos los relatos de su obra, y el nombre βαπτιστής que se le aplica, y no otro. Josefo no llama βαπτιστής a su propio maestro Banus, a pesar de sus lustraciones regulares[28]. Juan no pudo haber cargado tan fuertemente el acento sobre una cosa que fuese solo desarrollo o variación del ritual legal. Su bautismo pertenece a la misma clase que las acciones simbólicas de los profetas, antes mencionadas (p. 58 s.). Probablemente no llevaría a ningún resultado convincente el especular sobre la relación entre el hecho de lavarse y el perdón de los pecados, porque es muy dudoso que Juan o algún otro lo hayan jamás formulado; en efecto, parece incorrecto el separar los varios componentes de un único evento complejo que incluía conversión, confesión, inmersión y perdón. Por medio de bautismo, el penitente se convertía en

---

[26] *Ant.* 18, 5, 2 (117).

[27] Cf. EISLER, *The Messiah Jesus and John the Baptist*, 269; MARSH, *N.T. Baptism*, 64; sin embargo, véase H. ST. J. THACKERAY, *Josephus, the Man and the Historian* (1929), 132.

[28] Naturalmente, es posible, como se ha sugerido más adelante (p. 69), que las palabras τοῦ ἐπικαλουμένου βαπτιστοῦ sean una inserción cristiana en el texto de Josefo; pero la prueba cristiana de por sí es bastante convincente.

un miembro del pueblo preparado para Dios, capaz de esperar el próximo juicio sin el miedo de ser arrojado al fuego. Juan, como hemos visto, disponía de abundantes citas en la predicación de los profetas para adoptar la metáfora de la lustración como un símbolo de la purificación, y antecedentes adecuados para convertir la metáfora en una acción simbólica.

4) La motivación del bautismo de Juan estriba en la necesidad escatológica que le impulsó a su ministerio profético, o sea, su convicción de que era breve el período que quedaba de la historia del mundo. El conjunto de su obra descansaba (para él) bajo la sombra del juicio inminente, cuando todo árbol que no diera fruto iba a ser cortado. Era necesario actuar, y actuar rápidamente; sacar del fuego, si era posible, al menos algunos tizones; reunir un resto de Israel, fielmente preparado para ir al encuentro de su Dios. La pureza que predicaba, y a la que contribuía su bautismo, no era una común exigencia de bondad; era una urgente necesidad de los últimos tiempos. Como advierte con razón A. Schweitzer, el rito del bautismo en este contexto es muy semejante al acto de marcar a los creyentes en Ez 9, 4-11 y en varias partes del N.T.[29]. Tendríamos que recordar también los pasajes del A.T. antes mencionados[30], donde se promete una purificación del pueblo con agua antes de la última venida de Dios para el juicio y la vindicación.

Resulta fácil sintetizar los puntos que acabamos de tratar. El bautismo de Juan era, en el sentido que se acaba de definir, escatológico; podríamos llamarlo con A. Schweitzer[31] un sacramento escatológico. Fue concebido bajo el influjo de una expectativa vívida del fin, de la venida de Dios para el juicio. Precisamente por esta razón tiene que ver con el pecado, e incluye un aspecto comunitario. La única clase de Israel que podía hacer frente al juicio era un Israel que había sido purificado de su pecado; y Juan conocía del A.T. que había razón para esperar que, antes que llegase el tiempo, Dios purificaría a su pueblo con agua. Para uno que recordaba las acciones de los profetas, o mejor, que vivía él mismo dentro del mundo de ideas en que esas acciones eran todavía una cosa natural, resultaba un paso fácil el traducir la purificación profetizada en un acto nacional de conversión y de lustración. No es exagerado afirmar que Marcos tiene toda la razón cuando dice que el bautismo de Juan era εἰς ἄφεσιν ἁμαρτιῶν (Mc 1, 4); si el bautismo no hubiera tenido que ver con

---

[29] *Mysticism of Paul the Apostle*, 229 s.
[30] Is 4, 4; Ez 36, 25. Cf. pp. 57 ss.
[31] *Op. cit.*, 233.

el pecado, hubiera fracasado por completo en su objetivo de preparar a los hombres para el juicio, en el cual el pecado, o su ausencia, iba a ser el factor decisivo. Al mismo tiempo, aquellos que por este medio cobraron seguridad frente al futuro escatológico fueron alistados en las filas del verdadero Israel; o mejor, su seguridad residía en ser miembros del pueblo de Dios purificado, en el que entraron de un modo semejante al del prosélito que era iniciado en el judaísmo ordinario de la época.

b) ¿Por qué recibió Jesús el bautismo de Juan?

Es ya sabido cómo esta cuestión causó alguna perplejidad en los primeros días de la teología dogmática. Para tratarla, Mateo insertó dos versículos (Mt 3, 14 s.); Juan mismo se dio cuenta de que la situación era anómala. Lucas también, aunque sin añadir nada a este respecto, por su retoque sobre las palabras de Marcos[32], parece quitar el acento del bautismo de Jesús para ponerlo en otra parte, en el hecho de que Jesús estaba orando[33]. El cuarto evangelista, aunque se ocupa por extenso del Bautista, no nos dice nada acerca del bautismo de Jesús[34]. El Evangelio de los Hebreos[35] trataba incluso más explícitamente este problema. La razón de esta actitud evasiva, de tal argumentación y reticencia está clara. Es natural suponer que una persona inferior sea bautizada por otra de más dignidad, quien con ese acto confiere un beneficio a la otra; y la confesión y el arrepentimiento en una persona, que se supone estar sin pecado, son, en el mejor de los casos, innecesarios; y en el peor de ellos, falsos. Esta objeción debe ser examinada, ya que Mateo y otros la han presentado. Otra cuestión es si hicieron bien en presentarla.

El relato marcano de bautismo pareció a los evangelistas posteriores que se prestaba a la falsa interpretación de que Jesús era un pecador, inferior al Bautista; en consecuencia, tomaron sus precauciones contra semejante malentendido. Pero parece probable que ellos mismos en primer lugar entendieron mal a Marcos, y leyeron en la narración de bautismo

---

[32] El resultado es el mismo si suponemos que Lucas está usando aquí una fuente independiente de Marcos.

[33] Las referencias a Jesús en actitud de oración son especialmente características del tercer Evangelio.

[34] Supone, sin embargo, el relato del bautismo en su forma sinóptica (cf. Jn 1, 32-34), y su silencio es, por tanto, más sorprendente.

[35] Citado por Jerónimo, *Coment. a Isaías*, 11, 2.

más de lo que en realidad quería decir. Resulta arriesgado suponer que el relato del bautismo pueda emplearse como prueba para la condición psicológica de Jesús; Marcos no lo describió como un momento de experiencia religiosa. Según parece, este relato fue colocado al comienzo del Evangelio para afirmar que la persona de Jesús solo podía ser entendida en términos de mesianidad y del Espíritu de Dios; con otras palabras, Marcos usó el relato como una afirmación cristológica.

El uso marcano de bautismo era cristológico; con todo, el bautismo era también un acontecimiento histórico, ya que parece sumamente improbable que los teólogos de la Iglesia hayan creado la dificultad en la que les ponían los relatos del bautismo. Pero, aun cuando tengamos que suponer una tradición más antigua que conservó el recuerdo del bautismo como un acontecimiento histórico, es imposible, a partir de los testimonios que poseemos, reconstruir el estado de ánimo de Jesús cuando vino al Jordán. En vez de intentar lanzar conjeturas sobre los motivos que pudieron haber llevado a Jesús al bautismo, sería más provechoso sacar sencillamente la única consecuencia cierta que ofrece la relación establecida de este modo entre Jesús y Juan.

La aceptación por parte de Jesús del bautismo de Juan significaba que se movía en el mismo círculo de conceptos proféticos y escatológicos que el Bautista. Ya hemos advertido que el bautismo de Juan podría definirse con bastante propiedad como el sacramento de la nueva era, por cuyo medio se convocaba al pueblo santo de Dios y era preparado para tomar parte en el futuro reino. Según Marcos, Jesús se presentaba al bautismo en la misma forma que cualquier otro hijo de Abrahán que deseaba romper con la desobediencia e infidelidad, que habían traído sobre ellos la destrucción en el pasado, y que ahora retenían el reino prometido, y que al mismo tiempo estaban dispuestos a comprometerse en una nueva alianza con Dios. Esto significaba que también Jesús (y sabemos que de hecho fue así) estaba afectado por la cercanía y proximidad del reino de Dios y por las exigencias éticas que comportaba su inminencia[36].

---

[36] Las variantes de Mateo en el relato del bautismo y los versículos añadidos por él son secundarios; pero el motivo propuesto para el bautismo πληρῶσαι πᾶσαν δικαιοσύνην es, a pesar de esto, digno de consideración. La expresión quiere dar a entender la completa obediencia a todo precepto (como si se hubiese empleado el término δικαίωμα —véase Klostermann *ad loc.*), que según algunos dichos rabínicos era necesaria antes de la venida del Mesías (p. ej., *Sanh.* 97a: «El Mesías no puede venir hasta que el pueblo se arrepienta y cumpla perfectamente la ley». SCHÜRER, *Jewis People in the Time of Christ*, II, 2, 163).

c) ¿Cuál es el significado de la bajada del Espíritu y del simbolismo de la paloma?

Todos los evangelistas insisten en que durante el bautismo de Jesús el Espíritu descendió sobre él en forma de paloma[37], y es razonable suponer que este simbolismo tenía un significado particular para aquellos que lo emplearon. Por desgracia, resulta imposible ahora el descubrir con certeza cuál era ese significado. En 1910 escribía Gunkel[38] sobre la paloma en el bautismo: «Este rasgo no ha tenido una explicación hasta el momento». Después de más de treinta años permanece todavía sin una explicación. Gunkel mismo parece haber creído que la explicación podría encontrarse en el campo de las religiones profanas, pues añade[39]: «También aquí puede haber influencia mítica. Hay pinturas antiguas de los dioses con una paloma sobre sus cabezas», y se remite a Schliemann, *Mykenae*, p. 209, y a Ohnefalsch-Richter, *Kypros*, pp. 229 s. Con todo, parece poco probable que tengamos que mirar en esa dirección para comprender el significado de la paloma en el relato evangélico, aunque es verdad que la paloma era considerada como una creatura santa más cerca del Jordán que de Chipre; también entre los sirios y fenicios era considerada como mensajera y auxiliadora divina. No es probable que los escritores cristianos dependan directamente de fuentes paganas; la tensión existente entre los cristianos y la sociedad pagana no era nada propicia para fomentarla. No hay ninguna prueba de que tales ideas hayan pasado al cristianismo por la vía del judaísmo. Leisegang[40] relaciona la bajada del Espíritu con la idea helenística de la generación divina, que, como hemos visto, él encuentra en los relatos del nacimiento[41]. Su opinión puede resumirse como sigue. En correspondencia con el relato de la generación misteriosa del cuerpo de Jesús (que se encuentra en Mateo y Lucas) se da también una equivalente generación del alma, asociada al bautismo. De este tenemos en conjunto seis relatos, en Mateo, Marcos, Lucas, Juan, el Evangelio de los Ebionitas y el Evangelio de los Hebreos. En cada uno de ellos, el Espíritu aparece ya en forma de paloma o como una luz, o surtidor, y

---

[37] Mc 1, 10; Mt 3, 16; Lc 3, 22, *en forma corporal como una paloma*.
[38] En la segunda edición de su *Zum religionsgeschichtlichen Verständnis des N.T.*, 70.
[39] *Loc. cit.*
[40] *Op. cit.*, 80-95.
[41] Pp. 30-33.

en cada caso la presencia del Espíritu se aduce como prueba, o al menos en relación con la afirmación de que Jesús es el Hijo de Dios. El significado de la forma de paloma es mostrar claramente el hecho de que el Espíritu (en hebreo *rûaḥ*) es un principio femenino, en contraposición con Dios Padre como principio masculino[42]. «En todo caso se puede demostrar que el Espíritu, precisamente bajo la forma de paloma, fue pensado como principio femenino»[43]. Esto se deduce también del género de περιστερά, y también de los *Hechos de Tomás* 50 (47); cf. *Protoevangelio de Santiago*, 8, 1. En los evangelios canónicos se ha suprimido la mitología, y en consecuencia la paloma ha quedado como un símbolo sin explicar (y tal como se encuentra inexplicable). Los evangelios apócrifos indican que el substrato primitivo del relato era la generación en el mundo celeste del eón Jesús. El *Evangelio de los Hebreos* hace hablar a Jesús directamente de «Mi Padre, el Espíritu Santo». «Así, pues, de acuerdo con la especulación helenística tendríamos que suponer: Dios y el Espíritu engendran en el cielo al Jesús espiritual *(pneumatischen)*, y el Jesús espiritual baja volando desde el cielo al Jesús corporal después de su bautismo en el Jordán, lo cual constituye una ilustración mítica de las palabras καὶ ὁ λόγος σὰρξ ἐγένετο»[44]. Es verdad que hay aquí una confusión, ya que en esta cita se dice que la paloma representa al «Jesús espiritual», no al Espíritu. Pero, advierte Leisegang, una confusión semejante se puede notar en Filón. En *Q.R.D.H.*, 126, la paloma (τρῦγών) representa a la sabiduría divina (θεία σοφία), y en el mismo libro (234) la paloma (τρυγών) significa el Logos (ὁ θεοῦ λόγος). Además, el bautismo evoca la muerte y la resurrección: esta es una prueba confirmativa para la interpretación del don del Espíritu como un acto de generación: podemos cotejar Act 13, 33 donde aparece citado el Sal 2, 7 («Tú eres mi hijo, hoy te he engendrado») en conexión con la resurrección (si en Act 13, 33 ἀναστήσας se refiere a la resurrección, una suposición difícil de justificar). «De este modo, el misticismo helenístico teje sus hilos igualmente en el nacimiento, en el bautismo y en la resurrección de Jesús. Cada uno de estos tres acontecimientos es interpretado en el mismo sentido: como un acto místico de generación, a través del cual es creado el hombre nuevo y espiritual *(pneumatische)*, un acto que se cumple por el influjo del πνεῦμα divino en un ser humano escogido, y al mismo tiempo acompañado por

---

[42] Así concibe al Espíritu Santo el *Evang. según los Hebreos*.
[43] *Op. cit.*, 88 s.
[44] *Op. cit.*, 90.

la aparición del entusiasmo inspirado por el espíritu. Sin embargo, es precisamente el motivo *(Motiv)* de la generación, tan íntimamente ligado con la concepción neotestamentaria del Espíritu, lo que distingue aquí radicalmente el πνεῦμα ἅγιον del Espíritu de Dios del A.T. En el A.T. pueden atribuirse al Espíritu todos los actos imaginables, pero ciertamente no el de la generación»[45]. Así procede Leisegang en su prueba de que la concepción neotestamentaria del Espíritu derivó de fuentes paganas, no bíblicas.

Hemos reproducido sus ideas con bastante amplitud, porque, por una parte, son valiosas y verdaderas; pero, por otra, están descaminadas y son imposibles de aceptar[46]. La conexión que se establece entre el nacimiento, el bautismo y la resurrección, recalcando en cada uno de estos casos la filiación de Jesús, es importante[47]. Pero el encontrar en estos acontecimientos, en los dos primeros, un acto sexual mitológico, que los enlace con las ideas helenísticas, es ir más lejos de lo que los testimonios garantizan. Implica el introducir en los relatos de los evangelios canónicos materia y pensamiento derivado de otras fuentes; ahora bien, el interpretar los evangelios canónicos por medio de los apócrifos históricamente resulta del todo injustificable, pues se puede demostrar que las obras apócrifas son más tardías. El *Evangelio de los Ebionitas*, por ejemplo, el único evangelio apócrifo (por lo que conocemos) que hace referencia a la paloma, depende claramente de Lucas, y quizá también de uno o más de los otros evangelios. El proceso de manipulación de los evangelios canónicos puede verse con toda claridad en la *lectio conflata* de la voz del cielo[48], en la ampliación que se hace de la superioridad de Jesús sobre Juan[49] y en la confusión en el uso del simbolismo de la paloma, a la que se refiere el mismo Leisegang[50]. Es del todo imposible fundamentar un argumento serio sobre las palabras de la oración epiclética de los tardíos *Hechos de Santiago*, 50: «Ven, oh co-

---

[45] *Op. cit.*, 95.
[46] Cf. pp. 98 s.
[47] Ya lo había señalado antes Harnack, *Date of Acts*, 142-48.
[48] Una voz del cielo que decía: «Tú eres mi hijo amado, en ti me complazco»; y de nuevo: «Hoy te he engendrado».
[49] «Y entonces Juan se postró ante él y le dijo: "Te ruego, Señor, bautízame tú a mí"».
[50] «El Espíritu Santo en forma de una paloma...; fue llamado Hijo de Dios, por razón del Cristo que entró en él desde lo alto en la semejanza de una paloma». Para estas citas véase James, *Apocryphal N.T.*, 9 s.

munión con el varón... Venga la que manifiesta las cosas ocultas y explica las cosas inefables, la santa paloma que da a luz a los jóvenes gemelos». Estos *Hechos* son gnósticos en su origen, y en los círculos gnósticos se fantaseaba erradamente sobre el Espíritu Santo y sus relaciones con Jesús[51]. No hay ninguna indicación en el N.T. de que se considere al Espíritu (ya sea simbolizado como paloma o representado de cualquier otro modo) como principio femenino comprometido en un acto sexual; en verdad, en los relatos del nacimiento, si tuviésemos que pensar en algo semejante a la unión sexual, al Espíritu le correspondería la función del varón. En consecuencia, debemos de calibrar el alcance de las especulaciones gnósticas tardías, y buscar otra explicación para los datos de los Evangelios sinópticos.

Al exponer la teoría de Leisegang, ha sido preciso hacer una digresión de cierta extensión de la cuestión del simbolismo de la paloma. Con todo, aparecerá claro que la fuente de este rasgo de la tradición ha de buscarse, no en el paganismo, sino en el judaísmo.

El judaísmo helenístico nos ofrece poco material. Hemos hecho ya mención de dos pasajes de Filón (*Q.R.D.H.* 162 s., 234); en ellos la paloma aparece como la alegoría de la Sabiduría y del Logos. Pero hay que observar que en cada caso Filón distingue entre τρυγών y περιστερά (término empleado en los Evangelios). La primera de estas aves, dice él, ama la soledad, y en consecuencia representa la Palabra o Sabiduría divinas; la segunda está domesticada y frecuenta las ciudades de los hombres; por este motivo, representa la razón humana. Por consiguiente, no podemos suponer que los evangelistas tengan ninguna dependencia directa de Filón; tampoco es probable cualquier contacto indirecto.

---

[51] Cf., p. ej., *Pistis Sophia*, 120: (La madre de Jesús le dijo): «Cuando eras pequeño, antes de que el Espíritu viniese sobre ti, vino el Espíritu desde lo alto, mientras estabas con José en la viña. Vino a mí en mi casa en tu figura, y no lo había reconocido, y pensé que eras tú. Y el Espíritu me dijo: "¿Dónde está Jesús, mi hermano, para que lo pueda encontrar?". Y cuando dijo esto, estuve en duda y pensé que un fantasma había venido a tentarme. Así lo cogí y lo até a un pie de la cama en mi casa, hasta que salí al campo a donde vosotros, donde estabais tú y José, y os encontré en la viña colocando estacas. Y sucedió que cuando me oíste decir estas cosas a José, tú entendiste, te regocijaste y dijiste: "¿Dónde está, para que lo vea, pues estoy esperándole en este sitio?". Pero cuando José te oyó decir estas palabras, se turbó, y al momento volvimos, entramos en casa y encontramos al Espíritu atado a la cama. Y nosotros te miramos a ti y a él, y te encontramos como él; y el que estaba atado a la cama fue desatado, te abrazó y te besó, y tú le besaste: llegasteis a ser uno». Esto borra muy hermosamente las referencias del *Ev. según los Hebreos* al Espíritu Santo como la madre de Jesús.

El uso metafórico de la paloma en el judaísmo palestinense se encuentra bien resumido en Str.-B.[52] como sigue: «En la literatura rabínica la paloma representa varias veces la comunidad de Israel; que fuese también tomada como símbolo del Espíritu de Dios parece probable solo en un grado muy limitado». Sin embargo, las pocas referencias rabínicas relevantes son muy importantes y sugestivas; y son presentadas de un modo más convincente por Abrahams[53] que por Str.-B. Podemos citar los siguientes pasajes:

> *Targum al Cant* 2, 12 (la voz de la tórtola-paloma), «la voz del Espíritu Santo de salvación».
> *Bad. Hag.* 15a[54]: Rabbí Yoshua, el hijo de Hananías, estaba en una subida al monte del templo, y Ben Zoma le vio, pero no se puso ante él. Le dijo: «¿De dónde vienes, y a dónde van tus pensamientos?». Este respondió: «Estaba contemplando el espacio entre las aguas de arriba y las aguas de abajo, y entre ellas no hay más que tres dedos de aliento, como está dicho, y el Espíritu de Dios estaba incubando sobre la faz de las aguas como una paloma que cobija a sus polluelos, pero no los toca».

Rashi dice sobre *Gen 1, 2*: «El Espíritu de Dios se movía: el trono de gloria estaba en el aire y se movía sobre la superficie de las aguas por el Espíritu de la boca del Santo, que sea bendito, y por su Palabra como una paloma que incuba sobre el nido».

El pasaje de Rashi, que suele representar la opinión rabínica «ortodoxa», es citado por Abrahams en contra de los que han entendido en el Talmud desaprobando en general la idea de Ben Zoma. «Si alguno entendió el espíritu del Talmud, ese fue Rashi, y el hecho de que él (como otros comentadores judíos) adopte el símil de la paloma es de por sí suficiente para mostrar que el símil de Ben Zoma no era considerado como censurable[55].

La conexión entre el Espíritu Santo y la paloma es así quizá más íntima de la que sugieren Str.-B.; aunque ciertamente es verdad que la

---

[52] I, 123.
[53] *Studies* I, 47-50.
[54] Para otras referencias paralelas véase Str.-B. I, 124.
[55] *Op. cit.*, 49.

paloma suele tener un significado diferente, y, como dicen Str.-B.: «En todo caso, no hay en la literatura más antigua ningún pasaje en el que la paloma aparezca claramente como *símbolo* del Espíritu Santo» (el subrayado es mío). En consecuencia, no podemos sostener que ha sido determinado con certeza el significado preciso del simbolismo de la paloma. Pero es muy importante el que los textos, tal como aparecen, apuntan al pasaje que hemos considerado fundamental en nuestra discusión de los relatos del nacimiento, al Gen 1, 2; es decir, que también aquí nos encontramos con la actividad creadora del Espíritu; algo nuevo se estaba realizando en las aguas del bautismo, comparable con la creación de cielo y tierra a partir del caos primitivo.[56]

Es imposible llevar más adelante nuestra discusión sobre la bajada del Espíritu sin considerar las palabras de la voz del cielo, de las que estaba acompañada, y que proporcionan una interpretación parcial de la misma. Según esto, tenemos que abordar ahora nuestra cuarta cuestión[57].

d) ¿Cuál es el significado de la voz del cielo?

La idea que encierran las palabras φωνὴ ἐκ τῶν οὐρανῶν es similar a la que se describe frecuentemente en la literatura rabínica con las palabras *bat qôl*: en arameo, *berat qālā'* o *berat qāl*. La expresión significa literalmente «hija de la voz», y denota la audición indirecta de una voz proferida en el cielo[58]. Acerca del uso del término *bat qôl* hay que hacer

---

[56] I, 125.

[57] Eisler (*The Quest*, 1912) sugirió que el Mesías era considerado como un segundo Noé, que iba a inaugurar la nueva era con un castigo y realizar una purificación por un segundo diluvio; la paloma de los relatos del bautismo cobra en esta teoría una clara alusión mesiánica. Telfer (*JTS*, 39, 238 ss.), refiriéndose a Mt 10, 16, considera la paloma como «un emblema adecuado (no de Dios Espíritu Santo, ni de una fuerza celestial que se derrama, sino) del carácter moral único del ministerio de Jesús». En una sugerencia parecida dice Büchsel (*Geist Gottes*, 170): «Quizá valga la pena notar que Jesús aparece como el cordero y su espíritu como una paloma; ninguno de estos dos animales ataca, sino que son indefensos y destinados al sacrificio; ambos son lo contrario del león y del águila, animales belicosos y reales. En Mt 10, 16 la simplicidad es la cualidad de la que la paloma es un modelo para los discípulos de Jesús».

[58] La expresión se explica claramente en Str.-B. I, 125, donde se cita al Tosafista sobre *Sanh.* 11a: se oiría no el sonido que procedía del cielo, sino otro sonido que procedía de este sonido; como cuando un hombre pega un golpe fuerte se oye un segundo sonido que procede de él (del golpe) en la lejanía. Se oiría un sonido semejante a este; de donde se le llamó «hija de la voz». O sea, la *bat qôl* es un eco.

mención de dos cuestiones preliminares, antes de examinar las palabras mismas de la voz.

1) La revelación dada por medio de *bat qôl* es un sustituto de la palabra de Dios directa, e inferior a la misma, que fue dada en tiempos antiguos por el Espíritu Santo a un profeta (es muy frecuente en las fuentes rabínicas el Espíritu Santo de *profecía*). Desde los días de los últimos profetas, el Espíritu no había hablado directamente; Israel tenía solo el *bat qôl*. Str.-B (I, 125-128) proporcionan abundantes testimonios para estas afirmaciones. Véase, por ejemplo, *T. Soṭa* 13, 2 (318): Cuando murieron Ageo, Zacarías y Malaquías, los últimos profetas, el Espíritu Santo cesó en Israel; con todo él (o sea, Dios) le permitió oír el *bat qôl*. *Targum a Lam 3, 38*: El mal nunca procede directamente de la boca de Dios, sino que viene expresado por una *bat qôl* a causa de las acciones violentas de las que está llena la tierra; pero cuando Dios está decidido a hacer un bien al mundo, entonces procede de su santa boca. De este modo, la idea corriente de *bat qôl* o voz del cielo es la de un sustituto de menor calidad en lugar de la inspiración por el Espíritu Santo.

2) El sonido de una *bat qôl* se compara a veces con el gemido de un ave. En Str.-B. I, 124 s. se encuentran algunos testimonios a este respecto, pero un tratamiento más completo del tema aparece en Abrahams, *Studies*, I, 47-49. No es necesario multiplicar las citas, pero quisiéramos anotar el *Midr. Qohélet Rabba* sobre el *Eccl* 12, 7 (explicando 12, 4): «Dijo R. Levi: "Durante 18 años un *bat qôl* estaba avisando con sus gorjeos[59] sobre Nebukadnezzar"». *T. b. Berach.* 3a: «He oído un *abat qôl* quejándose como una paloma y diciendo: "¡Ay de los niños, por cuyas iniquidades devasté mi templo!"».

Estos dos puntos ayudan para explicar el uso del simbolismo de la paloma, y al propio tiempo ponen en claro que la bajada del Espíritu es un elemento único en el relato del bautismo; muchos rabíes habían oído una voz del cielo, pero el Espíritu Santo no había sido enviado desde los días de los profetas[60]. De esta forma, a Jesús se le coloca a la vez fuera de la categoría de los rabíes y dentro de la de los profetas.

La voz es transmitida de diversas maneras en los Evangelios sinópticos. Tenemos:

---

[59] *Mesafsefet*, que se usa de un ave.
[60] Cf. el dicho en *j. Sota* 9, 12 sobre Hillel: «Salió una *bat qôl* y dijo: "Hay entre vosotros un hombre digno del Espíritu Santo, pero esta generación no es digna de él"».

Mc 1, 11:   *Tú eres mi hijo, el amado, en ti me complazco*[61].
Mt 3, 17:   *Este es mi hijo, el amado, en quien me complazco.*
Lc 3, 22:   *Tú eres mi hijo, el amado, en ti me complazco*[62].

En esta frase se atribuyen a Jesús dos títulos: él es el *hijo*, el único, el hijo elegido de Dios; y el *siervo* elegido de Dios. El segundo título procede de la alusión inequívoca a Is 42, 1; 44, 2[63]. No es relevante para nuestro propósito discutir el uso y significado de estos títulos en el N.T. Lo que hay que intentar aquí es poner en claro la conexión entre esos títulos y el don del Espíritu que se indica en el relato del bautismo. Esto resulta bastante fácil en el caso del *siervo*, pues en Is 42, 1 se lee: «Mirad a mi siervo, a quien sostengo; mi elegido en quien se complace mi alma: sobre él he puesto mi Espíritu»[64]. Junto con este pasaje habría que tomar Is 11, 2; 61, 1, que venían sin duda referidos a la misma persona por aquellos para los que no había un Proto-, Déutero- y Trito-Isaías, sino solo un Isaías, el hijo de Amós. La declaración de que Jesús es el siervo de Dios viene acompañada de un modo fijo por el don del Espíritu, ya que el siervo tiene que estar equipado con el Espíritu para desempeñar su oficio.

---

[61] Algunos manuscritos leen «en quien» en lugar de «en ti», pero esta lectura se debe solo a la asimilación a Mateo. Aquí, y en los paralelos de Lucas y Mateo, tomo ἀγαπητός como un título mesiánico; véase J. A. ROBINSON, *Ephesians*, 229-33; cf. R. H. Charles (citando a Robinson) sobre *Ascens. Is.* 1, 4.

[62] También aquí la lectura «en quien» en lugar de «en ti» se debe a la asimilación a Mateo. Hay una variante mucho más importante conservada en D a b c ff² 1 r y un considerable número de Padres antiguos. Estos testimonios contienen como voz del cielo: «Tú eres mi hijo, hoy te he engendrado» (o sea, una cita del Sal 2, 7). Como hemos visto arriba (pp. 52 s.), el *Ev. de los Ebionitas* testimonia la existencia del dicho en esta forma, recurriendo a la *lectio conflata* de la voz del cielo. Se ha argüido con frecuencia que la lectura Occidental es la verdadera, y que la otra se debe a una asimilación; pero en este caso se podría muy bien preguntar por qué el texto de Lc se ha asimilado al de Mc y no al de Mt, como es corriente el caso en las asimilaciones. Ambas formas del dicho son susceptibles de una interpretación adopcionista, y por tanto no podemos desechar a ninguna como una «corrección» ortodoxa de la otra. En consecuencia, nuestro juicio en este caso debe regirse por nuestra opinión global sobre el texto Occidental; mi opinión coincide con la de Dibelius (*From Tradition to Gospel*, 231 n.): «Considero esta forma (la Occidental) como antigua, pero precanónica e introducida injustamente en D desde una tradición no regulada».

[63] ὁ ἀγαπητός es equivalente a ὁ ἐκλεκτός, como lo demuestra la comparación de Is 42, 1 y 44, 2, y las variantes en Lc 9, 35.

[64] Deberíamos ver probablemente la influencia de este «sobre» (LXX ἐπί) en el cambio marcano del εἰς en ἐπί, que tiene lugar tanto en Mt como en Lc.

No es tan fácil encontrar una conexión entre el Espíritu y el título de «Hijo de Dios». Se recordará cómo Leisegang[65] intentaba establecer tal conexión echando mano de la hipótesis de que el relato del bautismo significaba la generación del Cristo celestial por Dios y el Espíritu, y la bajada de este Cristo celestial sobre el hombre Jesús. Ya hemos adelantado algunas consideraciones que hacen poco probable esta opinión; pero la más importante de ellas es la que vamos a exponer a continuación. Las palabras que se refieren a Jesús como al Hijo de Dios lo hacen en un lenguaje que está íntimamente relacionado no con el acto de la generación, sino con el proceso de adopción. Esto es lo que sugiere con mucho acierto Gunkel[66]. La declaración «Tú eres mi hijo» es una fórmula de adopción. Se sabe que semejantes fórmulas estuvieron en uso en otros pueblos semíticos[67]. La frase siguiente del Salmo (que cobra cierto relieve si aceptamos la variante de D en Lc) «Hoy te he engendrado», en su contexto y por razón del uso de la palabra «hoy», debe ser referida a la adopción, no a un nacimiento real. Gunkel dice: «El poeta ha dado un significado nuevo *(umgebogen)* a la palabra *generación*. De "hoy" en adelante, es decir, desde el día de la accesión, el gobernante será tratado por Dios como si fuera su propio hijo. El poeta quiere dar a entender que hasta el presente había un hombre que era su padre: desde hoy va a ser Yahwé mismo»[68]. Esto quiere decir que, en el Salmo, el gobernante se convierte en hijo de Dios, no por un acto de generación o por un proceso divino análogo, sino por la adopción con ocasión de su elevación al trono de David[69]. De modo semejante, en el evangelio, Jesús, en el momento del bautismo, llega a ser, o es revelado, como Hijo de Dios, no como resultado de una generación divina, sino porque entonces es cuando toma posesión como el Mesías Rey, el verdadero sucesor de David. Según esto, no tenemos necesidad de andar descubriendo, como Leisegang, ninguna alusión a la idea helenística de una generación real en el mundo celeste. Nuestra opinión, de que el significado del bautismo es mesiánico, tiene de este modo su confirmación[70].

---

[65] *Op. cit.*, 47-9.
[66] *Die Psalmen* (1925) 6 s.
[67] P. ej., *Código de Hammurabi*, 170: «Si el padre dice a los hijos que le ha dado la sierva, "mis hijos", los ha contado en el número de los hijos de su esposa...; los hijos de la esposa y los hijos de la sierva recibirán partes iguales». Otras referencias en GUNKEL, *loc. cit.*
[68] *Op. cit.*, 7.
[69] Cf., p. ej., 2 Sam 7, 14.
[70] El Sal 2, 7 era aplicado al Mesías por los rabinos; véase Str.-B. III, 15-22, en especial, 19.

Si, pues, las palabras «Tú eres mi hijo» se dirigen a Jesús en virtud de la función mesiánica que asume desde el momento del bautismo, resulta más fácil de entender la conexión de las mismas con la bajada del Espíritu. Son varias las consideraciones que sugieren esto.

La palabra *māšaḥ* (de donde se deriva *mesías*) significa *untar*, y de aquí, *ungir*[71]. Su uso metafórico es raro[72]; la unción se realiza siempre con un medio físico, el aceite, y la expresión «ungir con el Espíritu Santo» es desconocida en el A.T. Con todo, el uso de tal expresión debió de estar muy al alcance para los lectores del A.T., al menos por un pasaje como Is 61, 1: «El Espíritu del Señor está sobre mí, porque *(ya'an)* el Señor me ha ungido». Además, en las partes más primitivas del A.T. se encuentra la misma conexión. Cuando Saúl y más tarde David son ungidos (con aceite), la consecuencia inmediata es que el Espíritu del Señor comienza a actuar en ellos (1 Sam 10, 1. 6. 10; 16, 13). En estrecha relación con la unción literal con aceite está la unción (metafórica) con Espíritu[73]. En consecuencia, no resulta extraño encontrar en Act 10, 38 (al parecer con una alusión directa al bautismo) que Dios ungió (ἔχρισεν) a Jesús con el Espíritu Santo (cf. Act 4, 26 s., donde las palabras χριστός, χρίω están estrechamente unidas a la descripción de Jesús como Siervo, precisamente como en el relato del bautismo).

Algunos pasajes de la literatura judía tardía demuestran que no se omitió el paso obvio de enlazar la persona del Mesías, el Ungido, con el don «mesiánico» del Espíritu. Se pueden citar los siguientes pasajes[74]:

1. *Enoc* 49, 3:
   En él (el Elegido) habita el Espíritu de Sabiduría,
   y el Espíritu que da discernimiento,
   y el Espíritu de inteligencia y de fuerza,
   y el Espíritu de los que se han quedado dormidos en la justicia
   (cf. 62, 2 e Is 11, 1 s.).

Este pasaje se encuentra en las Parábolas de Enoc. En el mismo libro (52, 4) se usa el término «el Ungido».

---

[71] Véase DBD 602 s.
[72] Sal 45, 8.
[73] Cf. 1 Re 19, 16 —la unción de Eliseo para ser profeta.
[74] No hay por qué suponer que los autores de todos estos pasajes intentasen referirse al Espíritu Santo, en un sentido como el cristiano, o incluso como el del A.T. Su importancia reside en el sentido que le pudieron haber dado, y le dieron, sus lectores.

Salmos de Salomón 17, 42:
> Y confiando en su Dios, no tropezará a lo largo de sus días; pues Dios le hará poderoso por medio de (su) Espíritu Santo, y sabio por medio del Espíritu de inteligencia, con fuerza y justicia (cf. 18, 7).

Fragmentos Sadoquitas 2, 10:
> Y por su Mesías les hará conocer su Espíritu Santo[75].

El texto más llamativo de todos se encuentra en *Test. Lev.* 18, 2-14, un himno mesiánico, datado según Charles entre el 109 y el 108 a. C. Estos versos son tan importantes que será necesario transcribirlos enteros.

2. Entonces suscitará el Señor un sacerdote nuevo
y a él serán reveladas todas las palabras del Señor;
y llevará a cabo un juicio sobre la tierra por largos días.
3. Y su estrella surgirá en el cielo como la de un rey,
iluminando la luz de conocimiento como el sol el día.
Será engrandecido en el mundo.
4. Continuará brillando como el sol sobre la tierra,
y quitará toda oscuridad debajo del cielo,
y habrá paz en toda la tierra.
5. Los cielos exultarán en sus días,
y la tierra se alegrará,
y las nubes se regocijarán;
y el conocimiento del Señor seguirá derramándose sobre la tierra
como las aguas de los mares;
y los ángeles de la gloria de la presencia de Dios se alegrarán en él.
6. Los cielos serán abiertos,
y del templo de gloria vendrá sobre él la santificación, con la
voz del Padre como de Abrahán a Isaac.
7. Y la gloria del Altísimo será pronunciada sobre él,
y el Espíritu de inteligencia y de santificación descansará sobre
él en el agua.
8. Pues él dará la majestad del Señor a sus hijos en verdad para siempre;
y no habrá nadie que le suceda por todas las generaciones por
siempre.

---

[75] Bacher propone leer «por su Espíritu Santo».

9. Y durante su sacerdocio los gentiles serán multiplicados en
conocimiento sobre la tierra,
e iluminados por la gracia del Señor.
Durante su sacerdocio el pecado llegará a su fin,
y los malvados cesarán de obrar el mal,
y los justos descansarán en él.
10. Y él abrirá las puertas del paraíso,
y apartará la espada que amenaza contra Adán.
11. Y dará a comer a los santos del árbol de la vida, y el Espíritu de
santidad estará sobre ellos.
12. Y Beliar será atado por él,
y dará fuerza a sus hijos para caminar sobre los espíritus malignos.
13. Y el Señor se regocijará en sus hijos,
y se complacerá en sus preferidos por siempre.
14. Entonces axultarán Abrahán, Isaac y Jacob,
y yo me alegraré,
y todos los santos se vestirán de gozo.

Podemos comparar con este pasaje otro del *Test. Jud.* 24, 2 s. El último pasaje se ha conservado en dos textos[76]:

αβ *S* 1:
2. Y los cielos serán abiertos para él,
para derramar el Espíritu (e incluso), la bendición del Padre Santo;
3. y él derramará el Espíritu de gracia sobre vosotros,
y seréis para él hijos en verdad,
y caminaréis en sus mandamientos desde el primero al último.
A:
2. Y los cielos serán abiertos para él,
y las bendiciones del Padre Santo serán derramadas sobre él.
3. Y él derramará sobre vosotros el espíritu de gracia,
y vosotros seréis sus verdaderos hijos por adopción,
y caminaréis en sus mandamientos desde el primero al último.

Estos pasajes de los *Testamentos de los Doce Patriarcas* parecen guardar una estrecha relación con los Evangelios, no solo por lo que toca al

---

[76] Véase la nota al final de este capítulo.

relato del bautismo, sino también en otros particulares. Sin embargo, Charles en su comentario no cree que los versos citados sean una interpolación cristiana (a excepción de las palabras «en el agua» del *Test. Lev.* 18, 7 b, que son omitidas por un manuscrito). Es verdad que no hay nada en ellos que no lo hubiera podido escribir el autor de los *Testamentos*. Si hay que considerarlos precristianos, debemos ver aquí una prueba importante de que el ministerio del Mesías estaba asociado a una dotación particular del Espíritu; y al mismo tiempo tendríamos que reconocer un documento que, así como influyó ciertamente en la literatura cristiana, pudo también haber servido para moldear los relatos de bautismo en su forma actual[77].

Podemos también anotar aquí la frase atribuida por Justino al judío Trifón, que el Mesías no llegaría a ser conocido hasta que fuese ungido por Elías[78].

Ahora se puede decir que hemos establecido una conexión entre la filiación de Jesús y la bajada del Espíritu. A Jesús se le dirige la palabra como al recién constituido Hijo de Dios en virtud de su investidura como Mesías; esta función mesiánica lleva consigo una dotación personal del Espíritu Santo, que según la creencia común iba a derramarse en los últimos días. Según esto, aparece claro que la mesianidad (ya que es el fundamento del ministerio de Jesús como el Siervo del Señor, de su dignidad como Hijo de Dios y de la bajada sobre él del Espíritu) es la clave para entender el relato del bautismo, y fuera de esto, todo el acontecimiento, tal como está consignado en los Evangelios, no tendría ningún sentido. Es imposible quitar este elemento y descubrir un relato coherente del bautismo; o una inspiración, si lo concebimos de otro modo. Incluso en la forma, como Bultmann ha demostrado, el relato es diferente de las vocaciones proféticas que se encuentran tanto en el A.T. como en el N.T.[79].

---

[77] Véase CHARLES, *Ap. and Ps.* II, 324, para los símbolos empleados.
[78] JUSTINO, *Diálogo*, 8.
[79] BULTMANN, *GST*, 263 s.: «No se debería, sin embargo, psicologizar y hablar de relato de vocación *(Berufungsgeschichte)* ni tampoco describir su contenido como una vocación dada a través de una visión *(Berufungsvision)*. Sus rasgos característicos lo distinguen de los relatos de vocación tales como Is 6, 1-13; Jer 1, 5-19; Ez 1 y 2; Act 9, 1-9; Lc 5, 1-11; Apoc 1, 9-20; Jn 21, 15-17; no solo no se encuentra una palabra sobre el estado interior de Jesús, sino que falta también por completo una expresión que refleje el encargo dado a la persona llamada, y una respuesta por parte de esta, rasgos tan característicos en los relatos reales de vocación. Ni se da de hecho una referencia a la misión real de Jesús, que es la predicación del arrepentimiento y de la salvación, sino su mesianidad o filiación divina, que no pueden caber dentro del esquema de la misión por parte de Dios... La leyenda narra la iniciación de Jesús a la mesianidad, y así no es fundamentalmente una leyenda biográfica, sino una leyenda de fe.

Quizá sea demasiado esperar el que demos respuestas definitivas a las cuestiones que se han suscitado aquí. Sin embargo, hemos examinado los testimonios pertinentes, que apuntan hacia unos resultados. Estos, a modo de tanteo, pueden enunciarse como sigue:

La obra del Espíritu consiste en llamar a la existencia una parte de la Nueva Creación de los tiempos mesiánicos, a saber, la inauguración del ministerio del Mesías; esta concepción mesiánica está en la base de toda la intención y significación del relato del bautismo, y se halla envuelta en una unidad íntimamente trabada con la concepción del Espíritu. Aquí, como en los relatos del nacimiento, el Espíritu es la actividad creadora de Dios, que produce los condicionamientos de la era mesiánica. Si, con Marcos, vamos en busca de los orígenes del Mesías al comienzo de su ministerio, hay que describirlos con los términos del bautismo: la bajada del Espíritu sobre Jesús y con ello la inauguración de su función como Mesías. Si, con los evangelistas posteriores, consideramos una etapa anterior en la carrera del Mesías, su nacimiento como un ser humano, encontramos precisamente los mismos rasgos esenciales, la bajada del Espíritu (Lc 1, 35) y la formación, por el poder del Espíritu, del Mesías, Hijo de Dios (Lc 1, 35 b; Mt 1, 20)[80].

---

[80] El cuarto evangelista comienza su Evangelio en un estadio todavía anterior, y habla de la preexistencia de la Palabra en un lenguaje que evoca la especulación sobre el Logos, la Sabiduría y el Espíritu.

Nota.—El problema de la redacción cristiana de los *Testamentos de los Doce Patriarcas* es más complicado de lo que parecía en la primera edición de este libro. Sin embargo, no es posible tratarlo aquí con la seriedad que merece.

CAPÍTULO IV

EL CONFLICTO CON LOS MALOS ESPÍRITUS: TENTACIÓN Y EXORCISMO

Hemos considerado hasta ahora la actividad del Espíritu de Dios en la concepción y en el bautismo de Jesús. Hemos visto las razones para creer que aquí la obra del Espíritu tiene un significado teológico profundo, es decir, era considerado como un factor importante en las relaciones de Dios con el mundo, y tenía su parte en la era escatológica; pero los efectos del Espíritu no eran los que comúnmente se le atribuían, y que se podían expresar como actividades de la mente humana. Esto es totalmente cierto por lo que toca al nacimiento de Jesús; no podemos decir que el niño recién nacido estaba inspirado[1]. Es también verdad en el bautismo; pues, como hemos sugerido, el bautismo hay que entenderlo como la investidura del Mesías más que una vocación profética con la correspondiente comunicación del Espíritu. Sin embargo, ahora que procedemos al examen del ministerio de Jesús, se presentan a nuestra consideración expresiones psicológicas de posesión del Espíritu. En la Iglesia primitiva, el don del Espíritu estaba ciertamente acompañado de actividades psicológicas en el lenguaje o en la acción, tales como profecía, glosolalia y otros dones descritos por San Pablo[2]. Era de esperar que con Jesús sucediera lo mismo; y de hecho así fue.

Quizá haya que decir, para ser más precisos, que en esta sección del material evangélico, que trata del conflicto entre Jesús y las fuerzas del mal, las dos categorías de pensamiento, la psicológica y la teológica, se

---

[1] Contrástese la inspiración de otros personajes en los relatos del nacimiento, quienes, estando llenos del Espíritu, profetizan y alaban a Dios.
[2] Véase 1 Cor 12, 14.

superponen, ya que el conflicto se presenta desde ambos puntos de vista. Por una parte está el conflicto entre Dios y Satán, entre el reino de Dios y el poder de Beelzebul; y por otra, los desórdenes manifiestos del espíritu humano atribuidos en tiempos de Jesús a la posesión diabólica. La tensión entre el bien y el mal se expresa de estas dos formas, en la primera teológicamente, y en la segunda psicológicamente, y ambas aparecen en los pasajes evangélicos que ahora vamos a considerar. El aspecto teológico del conflicto viene acentuado en el relato de la tentación; el psicológico, en los exorcismos.

A. LA TENTACIÓN

(Mc 1, 12 s.; Mt 4, 1-11; Lc 4, 1-13. Cf. el *Ev. según los Hebreos* en Orígenes, *Sobre Juan* 2, 12, y *Sobre Jeremías, hom.*15, 4).

Aparece claro que son dos los relatos de la tentación que tenemos que tratar; uno, el de Marcos, y otro, el que se contiene en una fuente común que usaron Mateo y Lucas. El relato marcano es mucho más corto que el que tienen en común Mt y Lc, y se ha sostenido alguna vez que lo que presenta Marcos es solo una versión abreviada de lo que los otros evangelistas contienen *in extenso*. Pero esto parece poco probable a la vista de los siguientes hechos: a) Mt y Lc usan el término (ἀν) ἄγω, contra el ἐκβάλλω de Marcos (que en el griego helenístico no tenía por qué tomarse como una palabra fuerte e impropia); b) Mc no tiene ninguna alusión al ayuno y al hambre que son parte integrante del relato en Mt y Lc[3]; c) Mc no usa el término διάβολος, que aparece en las frases introductorias tanto de Mt como Lc; d) Mc incluye dos rasgos de Cristo: su estancia con los animales salvajes y el hecho de que le sirvieron los ángeles; el primero de ellos no se encuentra ni en Mt ni en Lc; el segundo solo en Mt.

De estos hechos debemos concluir[4] que tenemos dos relatos independientes de la tentación, uno el de Marcos y el otro perteneciente al material de Q; aunque Mateo pudo haber tomado de Marcos el ministerio de los ángeles, y Lucas, quizá la frase (4, 2) πειραζόμενος ὑπό τοῦ...

No hay diferencia alguna en el motivo y en la significación entre los

---

[3] Téngase presente la primera tentación.
[4] Con STREETER, *Four Gospels*, 187 s.

dos relatos de la tentación, y es particularmente llamativo que ambos comiencen con una referencia al Espíritu Santo; a menos que, de hecho, Mt y Lc hayan tomado este rasgo de Mc y no de su fuente común. En todo caso, Mateo y Lucas debieron pensar que tal referencia no era incoherente con su material no marcano. Vamos a comenzar por examinar el relato más largo y explícito, el de Mt y Lc.

Las tentaciones de Jesús se han explicado con frecuencia como debidas a una natural reacción mental a los hechos sucedidos anteriormente en el bautismo. Así (para escoger un ejemplo entre muchos) Plummer[5] dice: «Es una experiencia común de la humanidad que momentos de especiales gracias espirituales o de exaltación vayan seguidos de ocasiones de especial tentación. El Mesías no es ninguna excepción. Tan pronto como ha sido ungido con el Espíritu para la obra del ministerio, tiene que experimentar un fiero combate con la gran fuerza personal del mal». En el relato de Q hay una aparente justificación de esta opinión, ya que varias tentaciones se describen en forma pictórico-psicológica.

Para otros especialistas[6], las tentaciones serían algo similares a las que en otras literaturas religiosas se atribuyen a hombres santos. Así Abrahán es tentado (Gen 22, 1); Buddha es tentado por Mara[7]. El motivo para incluir el relato de la tentación en la tradición evangélica pudo entonces haber sido el de una narración ejemplar: los cristianos tienen que resistir y vencer la tentación como lo hizo el Señor (y de la misma forma, por el uso de la Escritura, Sant 4, 7; 1 Pet 5, 9). Otro motivo que no hay que ignorar es el apologético. La Iglesia tuvo que hacer frente a cuestiones tales como: ¿por qué el que se afirmaba ser el Mesías era pobre y se encontraba en necesidad física? ¿Por qué no dio signos inequívocos de su poder y autoridad? ¿Por qué no unió a su nación con objeto de conquistar el mundo? El relato de las tentaciones ofrecía las respuestas adecuadas a estas cuestiones.

A pesar de esto, no hemos llegado todavía a una comprensión suficiente de las tentaciones tal como se contienen en la tradición sinóptica. El considerar las tentaciones como una reacción mental a una iluminación espiritual, un fondo de duda y desesperación que sigue a una cima de certeza, es una visión que se ajusta muy poco a la intención de los evangelistas. Estos no eran novelistas de la escuela psicológica, y muy rara

---

[5] *Exegetical Commentary on St. Matthew*, 35.
[6] P. ej., BULTMANN, *GST*, 270 ss.
[7] *SBE*, X, 2, 69-72.

vez o nunca se detienen a pintar el interior de Jesús o a examinar sus sentimientos. Por otra parte, cuanto más fuertemente concibamos el bautismo como un acontecimiento del que se han servido los evangelistas para interpretar la persona de Jesús, o sea, con un objetivo teológico, más que un cénit de experiencia religiosa, tanto menos se puede justificar el considerar las tentaciones como el correspondiente nadir. Además, parece poco probable que las tentaciones fuesen registradas simplemente como una exhortación moral. No se adecúan bien a este fin. La instrucción ética de los primeros cristianos solía adaptarse con gran precisión a las situaciones particulares a las que se dirigía; y aunque algunos creyentes, como se ha sugerido, puedan haberse inclinado a sobreestimar la importancia de lo milagroso, es poco probable que estuviesen tentados a convertir las piedras en panes, o a echarse abajo desde el pináculo del templo. Además, en el A.T. (y esto, más que la literatura budista, es lo decisivo para la interpretación del N.T.) los justos, o el pueblo de Dios, son probados, no por cualquiera de las fuerzas del mal, sino por Dios mismo[8]. La idea de que en los relatos de la tentación se encierra un motivo apologético tiene mayor consistencia, y es posible que represente parte de la verdad[9]; pero difícilmente proporciona una motivación completa, y deja sin explicación los rasgos más característicos de estos relatos.

Montefiore expresa así sucintamente la verdadera interpretación de las tentaciones[10]: «Tanto en Mc como en Q la tentación es "mesiánica", es decir, la tentación del Mesías, no de un individuo ordinario». La forma psicológica del relato es solo superficial, y es el vehículo de un mito (en sus elementos esenciales no raro en el lenguaje religioso) cuyo tema es la batalla de los seres divinos para un dominio sobre el mundo. El protagonista victorioso es el Mesías recién designado. Él es el que sufre los ataques de Satán más que ningún otro; solo él podía ser tentado para enfrentarse contra Dios como un ser divino independiente. Su adversario

---

[8] Véase, por ejemplo, Gen 22, 1; Ex 15, 25; 16, 4; 20, 20; Dt 8, 2; 13, 4; Jue 2, 22; 3, 1.4; el caso de Job, donde no se usa la palabra «tentar» ($nissâ$, πειράζω) no es ninguna excepción, pues Satán viene ahí considerado no como una fuerza independiente del mal, sino como un ministro subordinado al mismo Dios; en otras partes, la «prueba» es realizada por una fuerza del mal, p. ej., en Jue 3, 1 ss., los cananeos, pero aun así, esto entra dentro de los planes de Dios.

[9] La sugerencia tendría mayor peso si los relatos de la tentación hubieran sido usados alguna vez con intención apologética por los primitivos autores cristianos; pero, según parece, no fue así.

[10] *Synoptic Gospels*, 2.ª ed., I, 20.

viene descrito de varias formas, como ὁ διάβολος, ὁ πειράζων y ὁ Σατανᾶς. El primero y el tercero de estos términos (y sin duda también el segundo) son sinónimos en el uso tanto del N.T. como de los LXX, donde διάβολος, siempre que aparece (excepto en dos lugares) traduce a *śāṭān*. No hay ninguna necesidad de seguir detalladamente la historia de esta palabra, ni de decidir si su derivación y significado de «acusador», comúnmente aceptados, han de preferirse o no a la etimología dada por Torczyner[11], que lo explica originariamente como el ojo errante de Dios, o sea, su agente de policía móvil que informa sobre la lealtad política de sus súbditos[12]. Baste con advertir que al comienzo Satán era un miembro de la corte celestial, o sea, un ser espiritual, y que en el decurso del tiempo su oficio evolucionó de fiscal público a enemigo público. En la literatura judía tardía aparece Satán, o el príncipe del mal, bajo diferentes nombres (Beliar, Sammael, Mastema) como un adversario de Dios o como un Anticristo[13].

Si es verdad (y se traerán ulteriores testimonios para probar que lo es) que las tentaciones de Q son esencialmente mesiánicas, esto mismo es verdad *a fortiori* de la tentación marcana, que no tiene ninguna motivación psicológica o ética. Es verdad que Wellhausen decía[14]: «La tentación de Jesús tiene en Q un carácter definidamente mesiánico... En Marcos la tentación en este contexto (1, 12. 13) no es mesiánica. La tentación mesiánica, según Marcos, no viene después del bautismo, sino solo después de la confesión de Pedro». Pero, aunque hay un paralelismo importante entre la tentación de Q y Mc 8, 32 s., no puede sostenerse esta postura; si la tentación marcana no fuese mesiánica, sería en absoluto imposible de entenderla[15].

A continuación vamos a examinar los detalles de los dos relatos de tentación, atendiendo primeramente a su composición y luego a las tentaciones en sí (en Q).

a) En los tres Evangelios, Jesús al tiempo de la tentación está bajo el influjo del Espíritu. Mc tiene τὸ πνεῦμα αὐτὸν ἐκβάλλει; Mt ἀνήχθη... ὑπὸ τοῦ πνεύματος; Lc πλήρες πνεύματος ἁγίου... ἤγετο ἐν τῷ πνεύματι. Las expresiones en Mt y Lc parecen indicar que Jesús actuaba forzado

---

[11] *ET*, 48, 563 ss.
[12] Justino (*Diál. c. Trif.*, 103) tiene una etimología muy curiosa.
[13] Véase R. H. CHARLES, *Revelation* (I.C.C.), 2, 76-87.
[14] *Einleitung*, 1.ª ed. 74; 2.ª ed. 65 s.
[15] Cf. HARNACK, *The Sayings of Jesus*, 195, n. 2.

por el Espíritu, quizá hasta dando a entender una «condición extática», como dice Easton[16]. Jesús se enfrenta a su adversario completamente equipado con la fuerza divina[17].

b) El escenario de la tentación es el desierto, la morada favorita de los demonios[18]. Las tentaciones llevadas a cabo por el jefe de los demonios tienen de este modo su punto de contacto con los exorcismos.

c) Jesús (según Marcos) estaba con los animales salvajes. Este rasgo del relato ha sido explicado de varios modos[19]. 1) Puede ser una reminiscencia de la relación amigable entre Adán y los animales en el jardín del Edén antes de la caída[20]. El Mesías en su victoria sobre Satán restaura la condición feliz de los tiempos primitivos, antes de que el pecado entrase en el mundo. 2) La presencia de los animales salvajes puede entenderse simplemente para dar énfasis a la soledad del lugar; la lucha tuvo lugar en la completa ausencia de seres humanos, ante la sola presencia de los irracionales (cf. Is 1, 21; 2 Mac 5, 27). 3) El dominio sobre las bestias se asocia algunas veces (véanse los pasajes que se citan abajo) con la victoria sobre Satán; este puede ser aquí el caso. Las profecías mesiánicas en Is 11, 6; Ez 34, 25 tienen su importancia aquí, y debemos comparar también Sal 41, 11-13 y Job 5, 23. En todos estos pasajes, las bestias salvajes, de diferentes formas, han dejado de ser peligrosas. En los *Testamentos de los Doce Patriarcas,* cuyo influjo parece haber sido muy amplio en el N.T., encontramos a la par la derrota de los malos espíritus y la sumisión de los animales.

Test. Issacar 7, 7:
   Todo espíritu de Beliar huirá de vosotros,
   y ninguna acción de hombres malvados os dominará;
   y toda bestia salvaje se os someterá.

Test. Benj. 5, 2:
   Si obráis el bien, hasta los espíritus inmundos huirán de vosotros,
   y las bestias tendrán miedo de vosotros.

Pero quisiéramos notar de modo especial:

---

[16] *Gospel according to St. Luke,* 46.
[17] πλήρης πνεύματος es una frase característica de Lucas.
[18] Véanse los textos en Str.-B. IV, 516d.
[19] Cf. Klostermann sobre Mc 1, 13.
[20] Cf. Joachim Jeremias en *TWNT,* I, 141, s.v. Ἀδάμ.

Test. Neft. 8, 4:
>Si obráis lo que es bueno, hijos míos,
>tanto los hombres como los ángeles os bendecirán;
>y Dios será glorificado entre los gentiles por medio de vosotros,
>y el demonio huirá de vosotros (cf. Sant 4, 7),
>y las bestias salvajes tendrán miedo de vosotros,
>y el Señor os amará,
>y los ángeles se abrirán paso para vosotros.

Charles omite la última línea por razones de paralelismo; pero la asociación de ángeles, bestias y demonios es muy sorprendente; cf. Sal 91, 11-13.

No hay razón ninguna para no combinar 1) y 3) en la exégesis de esta referencia a las bestias salvajes. Es precisamente en calidad de Segundo Adán, de Hombre celestial, como Jesús consigue la victoria escatológica sobre Satán, que termina en una salvación que lleva consigo la restauración de la felicidad primitiva. Esta interpretación es interesante, pero sería peligroso el pronunciarse definitivamente en su favor en contra de 2).

d) Con respecto a los ángeles, la esencia de la verdadera interpretación fue dada por Clemente de Alejandría[21]: ὡς ἂν ἤδη βασιλεὺς ἀληθὴς ὑπ' ἀγγέλων ἤδη διακονεῖται. Como Mesías Rey, Jesús es asistido en su guerra con Satán por los ángeles; cf. Mt 26, 53. Marcos, que no habla para nada del ayuno, y cuyo tiempo imperfecto διηκόνουν parece dar a entender un constante servicio a lo largo de los cuarenta días, es fácil que tuviese en la mente un ministerio semejante; cf. Mc 8, 38; 13, 27, y los pasajes del A.T. y de los apócrifos citados arriba en *c)*. Por su parte, Mt, que coloca el servicio de los ángeles al final de los cuarenta días (4, 11), pudo haber pensado en una comida milagrosa servida por los ángeles, como la que tuvo Elías (1 Re 19, 5). Podemos también confrontar el don del maná, al que se refiere el Sal 78, 25 como el alimento de ángeles *(ʾabbîrîm)*. Los ángeles son el polo opuesto de los demonios del desierto.

e) Jesús (según Mt y Lc) ayuna durante las tentaciones. El detalle se añade probablemente como una motivación para la primera tentación; también se pudo haber intentado evocar los ayunos de Moisés (Ex 34, 28; Dt 9, 9) y de Elías (1 Re 19, 8).

f) El período de cuarenta días (en todo caso, un número redondo en la Biblia) es probablemente una referencia más a los ayunos que acabamos

---

[21] *Exc. Theod.* 85.

de mencionar, que también duraron cuarenta días. Se pudo también intentar un paralelo con los cuarenta años de tentación que Israel soportó en el desierto[22].

g) Todos los Evangelios concuerdan en el uso del término πειράζω para describir la tentación de Jesús. Esta palabra se emplea en los LXX como equivalente de *nișșâ*. Las palabras hebrea y griega se corresponden con precisión. Ambas significan «hacer prueba de», «tentar», «probar» a una persona. El último de estos significados es, naturalmente, el que mejor se aplica en los relatos de las tentaciones. En el A.T. debemos distinguir dos clases principales entre los pasajes en los que se usa esta palabra. En primer lugar, vienen los pasajes en los que Dios tienta, o sea, prueba a los hombres. Podemos mencionar como ejemplos Gen 22, 1, donde Dios prueba a Abrahán pidiéndole el sacrificio de su hijo, que era el único vehículo de la descendencia prometida; Dt 8, 2, que hace referencia a los cuarenta años de prueba en el desierto y al maná; Sal 26, 2, donde el salmista, consciente de su propia integridad, apela a Dios para que le pruebe. En la segunda clase se invierten los papeles, y es el hombre (con presunción) quien pone a prueba a Dios. Podemos citar Ex 17, 2; Num 14, 22; Dt 33, 8; Sal 78, 41. 56; 95, 9; 106, 14, todos los cuales hacen referencia a la peregrinación por el desierto. Probablemente no es erróneo el ver una referencia a estas dos formas de tentación en los cuarenta días de prueba de Jesús en el desierto. Como hombre, es tentado por un agente de Dios, de modo que se pueda poner en evidencia su fidelidad y su dependencia de Dios; al mismo tiempo, al tentar a Jesús, Satán está tentando a Dios (Mt 4, 7 = Lc 4, 12, ἐκπειράζω). En el uso veterotestamentario de πειράζω y de πειρασμός no hay ninguna referencia escatológica. Pero en el mismo N.T. se encuentra alguna insinuación de que esta palabra tenía una connotación apocalíptica. Esto resulta claro especialmente en 2 Pet 2, 9, donde πειρασμός se usa en paralelismo con ἡμέραν κρίσεως; cf. Apoc 3, 10. Pero si es que hemos de encontrar un significado escatológico en el relato de la tentación, tiene que ser sobre la base de lo que está sucediendo, no solo por el uso de la palabra πειράζω.

No hay necesidad de examinar por extenso los detalles de las tentaciones que realmente se le presentan a Jesús. Son indudablemente mesiánicas. La primera (como se deduce de la respuesta) evoca el milagro

---

[22] El paralelo entre la prueba de Israel, hijo de Dios, y la de Jesús, también hijo de Dios, es subrayada por DUBOSE, *The Gospel in the Gospels*, 35-41.

del maná como alimento del pueblo de Dios; y se esperaba que en el reino mesiánico tendría lugar de nuevo el suministro del maná[23]. Para explicar la segunda tentación (según el orden de Mateo) se ha señalado otra tradición, de que «cuando se manifieste el Mesías Rey, vendrá y se colocará sobre el tejado del templo»[24]. Pero no hay necesidad de suponer que el evangelio dependa de esta tradición. La tentación tiene simplemente el objeto de realizar un signo que induzca a poner fuera de duda el hecho de la mesianidad. La tercera tentación (según el orden mateano) es también de un modo particular mesiánica. El monte alto no es «ni una concepción visionaria como en Apoc 21, 10; *Apoc. de Baruc* 76, 3», ni «una montaña de los dioses de origen mítico», ni un «motivo de cuentos de hadas»[25]. Es el Pisgá, el monte desde donde Moisés contempló la tierra prometida. Así, desde este monte Jesús tiene en perspectiva un posible reino[26] que rechaza; el reino mesiánico no se iba a conseguir por la sumisión a Satán.

Jesús responde a todas las tentaciones con textos de la Escritura (y una de ellas se dirige a él en estos mismos términos). La conversación entre Jesús y el demonio discurre casi como una controversia rabínica, en la que los ataques son textos probativos. Es verdad que se creía que la Torá era en cierto sentido un arma contra el ángel de la muerte[27], pero la forma del relato de la tentación tiene mucho más parecido con un debate de escuela que con una guerra de dioses y espíritus.

Los relatos de la tentación se componen de hecho de elementos muy diversos. Su base es mítica; es una antigua fábula de una guerra de dioses, adaptada a un particular conflicto mesiánico. El demonio es derrotado, pero no destruido. La Iglesia estaba demasiado enterada de sus ardides para suponer que Satán había muerto. El reino mesiánico no tenía una actividad libre de restricciones y oposiciones. La base mítica y mesiánica de los relatos es tratada de una manera psicológica. Jesús se enfrenta al demonio bajo la inspiración del Espíritu, que le conduce a la lucha, transferida así del mundo de los dioses al campo de la mente. La antigua

---

[23] No hay necesidad de distinguir entre las dos opiniones que se mantenían: 1) se preparaban en el tercer cielo nuevas provisiones de maná: *Hag.* 12b; 2 *Baruch* 29, 8; 2) el vaso de oro con maná, que había desaparecido junto con el arca, iba a ser restablecido: *Tanḥ.* 83b, *et al.*
[24] *Pesiq.* R. 36 (162a); Str.-B. I, 151.
[25] Klostermann, *Matthäusevangelium*, 29.
[26] Todos los reinos de la tierra; cf. Apoc 11, 15.
[27] Str.-B. I, 149.

saga (que aparece bajo diversas formas) de una batalla entre Dios (o los dioses) y el demonio y el relato de una experiencia interior de la mente humana, ambos, son un medio gráfico, e inadecuado, para enunciar el conflicto entre el bien y el mal, que llegó a su momento crítico durante el ministerio de Jesús. En el conflicto mismo aparece él en el papel, que sabemos que desempeñó, de maestro que arguye desde la Escritura. El resultado de la lucha, que claramente apunta a los relatos de los exorcismos que en breve vamos a considerar, es lo que podemos describir de un modo adecuado como el secreto mesiánico. El que desde el momento del bautismo *es* ya el Mesías no puede por medio de un signo exterior declarar su título o entrar por la fuerza en su reino. Tal es al parecer el motivo de su negativa a realizar signos mesiánicos convincentes. Por esta razón, como veremos, manda a los demonios que guarden silencio, y mantiene en secreto sus curaciones. Desde este momento, a excepción de uno o dos casos, no volvemos a oír que Jesús actúe en o bajo el influjo del Espíritu. Es el Mesías *escondido*, que no se da a conocer por unas obras específicamente mesiánicas o por una evidente comunicación mesiánica del Espíritu.

B. LOS EXORCISMOS

El examen del A.T. revela muy poco que sea paralelo a los relatos neotestamentarios sobre los exorcismos de demonios. Los relatos de Elías y Eliseo proporcionan suficientes milagros, que tanto en el contenido como en la forma tienen no poco en común con las perícopas de los Evangelios; pero ninguno de los dos expulsa un mal espíritu. El pasaje del A.T. que más parecido tiene con los exorcismos de los Evangelios sinópticos es 1 Sam 16, 14-23. El Espíritu del Señor, que antes había dirigido la actividad de Saúl como rey de Israel, se apartó de él, y en su lugar se apoderaba de él de vez en cuando un espíritu maligno (también del Señor), que parece haberle producido períodos de melancolía. Se ha sugerido que estos ataques pudieran curarse por la música, y que David era llamado para tocar el arpa. «Y sucedía que cuando el Espíritu de Dios estaba sobre Saúl, David cogía el arpa y tocaba con sus manos: y de este modo Saúl quedaba tranquilizado, y el espíritu malo se alejaba de él» (16, 23). Pero también este es un paralelo pobre, aunque representa a un espíritu o demonio tomando posesión de un hombre y expulsado de su morada.

La razón de esta escasez de paralelos es probablemente muy sencilla: que el pensamiento veterotestamentario era deficiente en una demonología adecuada. La creencia en los espíritus, tanto malignos como benéficos, era sin duda común desde los tiempos más antiguos[28], pero se asociaba a los demonios con objetos naturales o territorios particulares más que concebirlos como libres para poner su morada en un ser humano, del que podían a su vez ser arrojados por una fuerza espiritual superior. Parece que una demonología más completa no se desarrolló hasta el período persa y bajo influencia del exterior[29].

Es interesante observar que Josefo, en su paráfrasis del incidente conservado en 1 Sam 16, lo considera como una expulsión de demonios. Saúl, dice él[30], estaba sujeto a πάθη τινὰ καὶ δαιμόνια[31] y los demonios que eran la causa de su malestar eran alejados por la música de David. En otra parte[32] hace también referencia al mismo incidente, y llama a los espíritus πονηρὸν πνεῦμα y δαιμόνια. Josefo habla también del poder preeminente de Salomón sobre los demonios (τὴν κατὰ τῶν δαιμόνων τέχνην) y añade que todavía puede emplearse su habilidad, dando como ejemplo una curación realizada en presencia de Vespasiano, en la que un demonio (δαιμόνιον —Josefo parece usar δαίμων— y su diminutivo como sinónimos) es expulsado de la nariz de un paciente por un anillo que tenía debajo del sello una raíz mencionada por Salomón. El demonio pone de manifiesto su salida volcando una escudilla de agua[33].

Los deuterocanónicos y apócrifos del A.T., aunque más tardíos y más expuestos al influjo exterior que la mayor parte de los libros del A.T., apenas proporcionan relatos de exorcismos, aunque 1 *Enoc*, por ejemplo[34], revela el mismo trasfondo de demonología que aparece manifiesto en el N.T. La única narración de una expulsión del demonio (Tob 6, 4-8, 3)

---

[28] Véase, p. ej., Robertson Smith, *Religion of the Semites*, Lectures II ad III.

[29] No se obtiene un resultado diferente usando el A.T. griego en lugar del hebreo; pues πνεῦμα se usa como un equivalente casi exacto de *rûaḥ*, y δαίμων y δαιμόνιον, que solo aparecen raras veces, no se aplican a los espíritus, de los que se diga que poseen a los hombres.

[30] *Ant.* 6, 8, 2 (166).

[31] Tanto Josefo (πνιγμοὺς αὐτῷ καὶ στραγγάλας ἐπιφέροντα) como en los LXX (ἔπνιγεν... πνίγει, 1 Sam 16, 14 s.) parecen tomar *b't* como equivalente a «estrangular».

[32] *Ant.* 6, 11, 2 (211).

[33] *Ant.* 8, 2, 5 (45-8).

[34] Véase Charles, *Ap. and Ps.*, II, 185.

es francamente mágico: el demonio se rinde al humo del corazón y del hígado de un pez, aplicado bajo la dirección del ángel Rafael[35].

En la literatura rabínica, sin embargo, encontramos abundantes alusiones a los demonios y a sus perniciosas actividades entre los hombres. También aquí se conocen los métodos para tratar con los malos espíritus, y Salomón es el más notable de los exorcistas, como en Josefo. Los demonios son la causa de las enfermedades, y el exorcismo significa la recuperación de la salud. Estos puntos, y otros muchos, son ilustrados por extenso en Str.-B. IV, 501-535, y no hay necesidad de repetir aquí estos testimonios[36]. Pero es muy importante anotar las observaciones de Abrahams[37]: «Es en el Talmud de Babilonia donde encontramos un volumen abrumador de demonología, que, aunque está en relación con las creencias anteriores —bíblica, apocalíptica y rabínica—, no se puede propiamente citar para aplicarla a los tiempos de Jesús en Tierra Santa... Por tanto, los fariseos se quedaron probablemente asombrados ante la actitud y acciones de Jesús, tanto que es comprensible que a Jesús le llamaran más tarde "mago" (Sabbat, 104 b), aunque las escuelas posteriores del fariseísmo se hayan asombrado menos que los contemporáneos de Jesús. Hubo entre los años 150 y 450 en círculos judíos un gran crecimiento en la creencia de los demonios y en su influjo». A pesar de esto, hay que darle toda la importancia que tiene al dicho de los Evangelios: «¿En nombre de quién los expulsan vuestros hijos?» (Mt 12, 27; Lc 11, 19). Los hechos sobre lo que Abrahams atrae la atención dan razón (como veremos) de un silencio en la literatura rabínica sobre algunos temas que de otro modo quizá no hubiera sido de esperar.

Los demonios eran igualmente bien conocidos en el mundo pagano, y hay testimonios abundantes de la creencia en la posesión demoníaca tanto en los textos literarios como no literarios. En esta segunda categoría estamos ahora bien provistos de ensalmos y otras instrucciones para exorcistas en las diferentes colecciones de papiros mágicos que se han publicado[38]. Uno de los mejores ejemplos de la primera categoría hay que

---

[35] Esto, como ya señaló Joh. Weiss (*RE* 4, 417), no es propiamente un caso de posesión.

[36] Cf. también OESTERLEY, *Jews and Judaism during the Greek Period*, 278-89; y en *Judaism and Christianity. The Age of Transition*, 100-209.

[37] *Studies*, I, 110 s.

[38] P. ej., A. DIETERICH, *Eine Mithrasliturgie* (1903), y del mismo autor *Abraxas* (1891); y véase DEISSMANN, *Light from the Ancient East*, 251 ss., 304 ss.

encontrarlo en la *Vida de Apolonio de Tiana*[39] de Filóstrato, muchos de cuyos milagros son semejantes a los que se narran de Jesús. Por ejemplo, en Atenas[40], un joven, poseído de un demonio, se mofa de Apolonio, a quien no conocía para nada. Este se da cuenta de lo que estaba sucediendo y dice: «οὐ σὺ... ταῦτα ὑβρίζεις, ἀλλ' ὁ δαίμων...». Se da una descripción de los síntomas, y Apolonio entonces manda al demonio que abandone al joven, dando una muestra de su salida. El demonio se somete: «τὸν δεῖνα, ἔφη, καταβαλῶ ἀνδριάντα». La estatua es puntualmente derribada ante el asombro de los espectadores, y se da una ulterior prueba de la curación completa con el hecho de que desde aquel momento el mismo joven se pone el manto de filósofo. No es preciso señalar cuántos detalles de este relato tienen su paralelo en el N.T. Podemos comparar también Luciano, *Philopseudes*, 16.

Los relatos de los Evangelios

Al analizar estos relatos es importante distinguir claramente entre los rasgos que los exorcismos del N.T. tienen en común con semejantes pasajes rabínicos y paganos, y los que les son peculiares. Casi todos los relatos sinópticos de exorcismos se encuentran en Marcos. La mayor parte de ellos han sido tomados al menos por uno (y a menudo por los dos) de los evangelistas posteriores, pero parece que ha habido solo uno o dos de tales relatos en Q y ninguno en M o L[41], aunque hay importantes dichos sobre el conflicto con las fuerzas del mal en Q y L. Muchas de las referencias marcanas a los exorcismos han de encontrarse en los sumarios que con frecuencia tienen lugar en ese Evangelio (p. ej., Mc 1, 34. 39; 3, 11 s.).

Los rasgos generales de los relatos de exorcismo se pueden resumir como sigue. Casi sin excepción tienen paralelos en los documentos no cristianos.

a) Se dan detalles para poner en evidencia que el demoníaco se encuentra en un estado muy penoso o que ha estado poseído desde hace

---

[39] Es posible que esta *Vida* fuese una parodia consciente, o un «correctivo», de los evangelios.
[40] *Vida*, 4, 20.
[41] En Lc 13, 10-17, de la mujer encorvada (?σύγκυπτουσα) se dice que tenía un πνεῦμα ἀσθενείας, y que había sido atada por Satán; su curación, por tanto, se aproxima a un exorcismo.

mucho tiempo. Así en Mc 5, 2-5 se describe el estado lastimoso del demoníaco de Gerasa: vive solitario en las tumbas; no se le puede sujetar, sino que rompe todos los grillos con los que se le encadena; grita, se corta (o golpea) con piedras. En Mc 9, 17 s. se narran los síntomas del niño epiléptico, y se señala también que los discípulos no han podido curarlo —tan grave era su caso—. La mujer encorvada de Lc 13, 10-17 había estado atada por Satán dieciocho años (13, 11. 16). Hay descripciones parecidas en los relatos paganos. Baste con citar a Filóstrato, *Vida de Apolonio de Tiana*, 3, 38: un demonio, a raíz de ser expulsado por Apolonio, impulsa a un muchacho al desierto (ἐς τὰ ἔρημα νῶν χωρίων ἐκερέπει).

b) Los demonios reconocen en Jesús a su destructor, a un ser sobrenatural. Este rasgo aparece con frecuencia en los Evangelios; véase Mc 1, 24; 3, 11; 5, 7. También recurre en otras literaturas; baste referirnos al incidente de la vida de Apolonio, antes mencionado, en el que el demonio, sin ver siquiera a Apolonio, conoce su poder. Que el demonio deba hablar al exorcista aparece como un hecho normal; cf. Luciano, *Philopseudes*, 16 ὁ μὲν νοσῶν αὐτὸς σιωπᾷ, ὁ δαίμων δὲ ἀποκρίνεται ἑλληνίζων ἢ βαρβαρίζων ὁπόθεν ἂν αὐτὸς ᾖ, ὅπως τε καὶ ὅθεν εἰσῆλθεν εἰς τὸν ἄνθρωπον[42].

c) Jesús se dirige al demonio, con frecuencia para increpar ley para mandarle callar: Mc 1, 25; 3, 12; 4, 39 (pues el viento es considerado como un demonio); 9, 25. Una vez Jesús pregunta el nombre del demonio, Mc 5, 9. Bultmann compara estos rasgos con Luciano, *Philopseudes*, 16; *Hechos de Tomás*, 31-33; 45 s.; 75-77; Pap. Osl. Fasc., I, 1925, n. 1. 7, 164; cf. también Rohde, *Psyche*, II, 424. Véase también la *Vida de Apolonio*, 3, 38; 4, 20.

d) El demonio es expulsado por una palabra que denota mandato. En Mc 1, 25, Jesús dice: φιμώθητι καὶ ἔξελθε ἐξ αὐτοῦ; en Mc 5, 8 ἔξελθε τὸ πνεῦμα τὸ ἀκάθαρτον ἐκ τοῦ ἀνθρώπου; en Mc 9, 25, τὸ ἄλαλον καὶ κωφὸν πνεῦμα, ἐγὼ ἐπιτάσσω σοι, ἔξελθε ἐξ αὐτοῦ, καὶ μηκέτι εἰσέλθῃς εἰς αὐτόν[43]. De modo semejante en Mc 4, 39 Jesús dice al viento y al mar: σιώπα, πεφίμωσο[44]. A esta forma de mandato e incluso a las mismas palabras se les puede encontrar fácilmente su paralelo. Para ἔξελθε, véa-

---

[42] *GST*, 239.
[43] Cf. ἐφφαθά en Mc 7, 34.
[44] Sobre los demonios en los vientos, cf. 1 *Enoc* 60, 11 ss.; *Jubileos*, 2, 2; Apoc 7, 1.

se *Me'ila*, 51 b: «R. Simeón b. Yochai (c. 150) dijo: "¡Ben Telamyon (el nombre del demonio), sal, Ben Telamyon!"»⁴⁵. Aquí se emplea la palabra hebrea *ṣā'*; la griega ἔξελθε, para dirigirse a un demonio, se encuentra en el gran papiro mágico de París, f. 33 recto, 1.3013. φμόω⁴⁶ es una palabra mágica que significa «trabar con un hechizo». Testimonios de este uso aparecen en Rohde, *Psyche*, II, 424 y en Moulton-Milligan s.v. Cf. también la fórmula judía en *T. b. Shab*. 67 a (Str.-B. IV, 532).

Cuando los exorcismos no son realizados por el mismo Jesús, se llevan a cabo *en su nombre:* Mc 9, 38-40; Lc 10, 17; Mt 7, 22; cf. Hechos 19, 13. Para el uso de la fórmula del «nombre» hay también buenos testimonios en la literatura pagana. Véase, por ejemplo, Luciano, *Philopseudes*, 10, 12. Bultmann⁴⁷ hace referencia también a Josefo, *Ant*. 8, 2, 5 (46-48), pero no encontramos aquí el uso del *nombre* de Salomón. Pero la fórmula era usada en el judaísmo. Para la parte helenística podemos de nuevo hacer referencia al papiro mágico de París, 11. 3069-3072, ὁρκίζω... τῷ ὀνόμαι αὐτοῦ ἁγίῳ, y la tablilla de Adrumeto citada por Deissmann⁴⁸, que reza así: ὁρκίζω σε ϑαιμόνιον πνεῦμα... τῷ ὀνόμαι τῷ ἁγίῳ... Para la parte rabínica podemos repetir la referencia a *T. b. Shab*. 67a: «...maldito seas... en el nombre de Morigo, Morifat y sus sellos»⁴⁹.

e) Algunas veces se da un signo inequívoco de que el exorcismo ha sido efectivo; p. ej., en Mc 5, 13 los cerdos, a los que fueron arrojados los demonios, se precipitan al mar por el acantilado abajo. Los testimonios antes citados ofrecen buenos paralelos para este hecho; en la *Vida de Apolonio* 4, 20, el demonio derriba una estatua⁵⁰; en Josefo, *Ant*. 8, 2, 5 (48), el demonio vuelca una escudilla de agua.

f) Como sucede en la mayor parte de los relatos de milagros, la narración suele terminar recalcando el asombro de los espectadores; Mc 1, 27 s.; Mt 9, 33; 12, 23; Mc 5, 15. Como ilustración de este rasgo puede servir el mismo pasaje de Filóstrato, *Vida de Apolonio*, 4, 20.

Es también de observar que la escena termina algunas veces (en los Evangelios) con el mandato de que el hecho no sea revelado en público,

---

⁴⁵ Citado por Str.-B. I, 760; IV, 534 s.
⁴⁶ A no ser que quiera decir simplemente «callarse», como lo toma Creed (*Luke*, 70).
⁴⁷ *GST*, 238.
⁴⁸ *Bible Studies*, 274-77.
⁴⁹ Las fuentes judías conocen las curaciones de Jesús, pero las desaprueban: *Tos. Hullin* 2, 22 s. (503), citado por Str.-B. I, 36.
⁵⁰ Cf. Mc 5, 18 con la narración en la que el joven se pone el manto de filósofo.

del mismo modo que Jesús (cf. arriba c) ordena el silencio a los demonios: Mc 1, 25. 34; 3, 12. Para este dato parece que no hay ningún paralelo.

Parece que valía la pena el fijar la atención en estos lugares paralelos (cuyo número, como es natural, podía haberse aumentado), porque su significado ha sido minimizado por Canon Richardson en su valioso libro, *The Miracle Stories of the Gospels* (véase 20-28). No estaría bien el ignorar el hecho de que los paralelos existen, o negar su importancia; en efecto, se impone la conclusión de que apenas hay detalle en los exorcismos del evangelio que no encuentre su paralelo en la literatura más o menos contemporánea, pagana o judía (o en ambas). Con todo, sigue siendo verdad que, al comparar las tres clases de relatos —cristianos, judíos y paganos—, uno se da cuenta inmediatamente del carácter único de los relatos sobre Jesús y de que no existen paralelos para ello. La razón de esto reside sencillamente en el hecho de que los exorcismos del N.T. cobran su significado, no de su contenido, que es bastante común, sino de su contexto; es su engaste cristológico lo que les hace completamente diferentes de los otros relatos que, tanto en el contenido como en la forma, les son similares, y en realidad casi idénticos. Los evangelistas nos narran que los demonios con su conocimiento sobrenatural reconocían a Jesús en su relación con Dios. Es verdad que Jesús debió haber presentado una figura «pneumática», dado que con autoridad rechazaba a los espíritus inmundos, pero la misma figura presentaban el legendario Salomón y el semilegendario Apolonio de la *Vida*; y también se comportaron del mismo modo los rabbíes más genuinos que exorcizaban a los demonios, y lo mismo los magos que iban voceando los ensalmos mágicos de que ya hemos hablado. Los relatos solos, sin ninguna añadidura, bastan para mostrar que Jesús era una persona «pneumática»; pero esto de ningún modo es suficiente para hacer de Jesús un personaje único. El hecho sorprendente es que su poder sobre los demonios se considera como un signo del reino de Dios, y es la naturaleza particularmente mesiánica del poder espiritual que ejercita Jesús lo que le distingue. En consecuencia, si queremos entender en su justo sentido los relatos de exorcismo, debemos tener en cuenta también los *logia*, que son la explicación de los mismos.

Sin embargo, será conveniente mencionar antes algunos testimonios que indican la esperanza de que, cuando viniese el Mesías, iba a enfrentarse con los malos espíritus. Los testimonios no son muchos en número, pero son importantes. Vamos a referirnos primero a un libro, del que ya nos hemos servido en varias ocasiones, los *Testamentos de los Doce Patriarcas*.

Test. Leví 18, 11 s.:
Y daré a los santos a comer del árbol de la vida,
y el espíritu de santidad estará sobre ellos.
Y Beliar será sujetado por él,
y dará fuerza a sus hijos para pisotear a los malos espíritus.

Test. Rub. 6, 10-12:
Y acercaos a Leví en humildad de corazón... porque a él le ha elegido el Señor para ser rey de toda la nación, e inclinaos ante su descendencia, pues por nosotros morirá en guerras visibles e invisibles, y habrá en medio de vosotros un rey eterno.

Test. Judá 25, 3:
Y seréis el pueblo del Señor, y tendréis una lengua;
y no habrá ya ningún espíritu de engaño de Beliar,
pues será arrojado al fuego para siempre.

Test. Zab. 9, 8:
Y curación y compasión habrá en sus alas.
Redimirá de Beliar a toda la cautividad de los hijos de los hombres;
y todo espíritu de engaño será pisoteado[51].

Test. Dan 5, 10 s.:
Y surgirá para vosotros de la tribu de Judá y de la tribu de Leví la salvación del Señor;
y hará la guerra contra Beliar,
y cumplirá la venganza perpetua sobre nuestros enemigos.
Y recibirá de Beliar los cautivos, las almas de los santos,
y convertirá los corazones desobedientes al Señor,
y les concederá que le llamen paz eterna.

En *I Enoc* 55, 4 se describe el juicio celeste de Azazel y de sus demonios:
Oh reyes poderosos, que habitáis sobre la tierra, tendréis que contemplar a mi Elegido, cómo se sienta en el trono de gloria y

---

[51] Estas palabras son, según Charles, una ampliación judía. No aparecen en la mayoría de los manuscritos. Pero hay que advertir que el mismo verso contiene lo que debe ser una ampliación cristiana (Dios en la figura de un hombre), y es posible que todo el material adicional en los mss. b d g tenga el mismo origen (cristiano).

juzga a Azazel, y a todos sus aliados, y a todas sus huestes en el nombre del Señor de los espíritus.

Por otra parte, del reino de Dios sobre la tierra se trata en *Ass. Moys.* 10, 1. 3:
Y entonces aparecerá su reino a través de toda su creación,
y entonces Satán ya no existirá más,
y el dolor desaparecerá con él...
pues el que habita en el cielo se levantará de su trono real,
y saldrá de su santa morada
con indignación e ira a causa de sus hijos.

Es de advertir que esta victoria sobre Satán se describe como que tiene lugar antes que los signos apocalípticos, tales como el temblor de la tierra y la caída de las colinas.

Son pocos los testimonios de la literatura rabínica (si nos fundamos en Str.-B. —véase IV, 527—) para probar que la era mesiánica iba a ser testigo del derrocamiento de los demonios. La razón de esto probablemente es la que hemos apuntado arriba[52]; el influjo de la demonología en el Talmud tuvo lugar después que la esperanza mesiánica perdió su primer vigor. Str.-B. citan dos pasajes[53]:

S. Lev. 26, 6 (449a):
Haré que las bestias malignas dejen de existir sobre la tierra (Lev 26, 6). R. Yehudá (c. 150) dijo: «Él (Dios) las hace desaparecer del mundo». R. Shim'on (c. 150) dijo: «Las lleva a descansar, para que no hagan más daño». R. Shim'on dijo: «¿Cuándo es Dios honrado? ¿Al tiempo en que ya no haya más Mazziqín (demonios), o al tiempo en que haya Mazziqín, pero que no pueden hacer ya daño alguno?». Así lo dice el Sal 92, 1: «Un salmo, un cántico para el día del sábado, es decir, para el día en que lleva a los Mazziqín al mundo para descansar, para que no hagan más daño».

Pesiq. Rab. 36 (161a):
¿Qué es lo que quiere decir el Sal 36, 10, «en tu luz veremos la

---
[52] P. 90.
[53] *Loc. cit.*

luz»? ¿Qué luz verá el pueblo de Israel? Es la luz del Mesías; cf. Gen 1, 4, «Dios vio la luz, que era buena». Esto enseña que Dios puso su mirada en el Mesías y en sus obras antes de la creación del mundo, y la ocultó (la luz primera de la creación) para el Mesías debajo del trono de su gloria. Entonces dijo Satán ante Dios: «La luz que fue escondida bajo el trono de tu gloria, ¿para quién es?». Le respondió: «Para aquel que un día te expondrá una vez más a la vergüenza con confusión de rostro». Él le dijo: «Señor del mundo, muéstramelo». Le respondió: «Ven y lo verás». Cuando lo vio, tembló y cayó sobre su rostro y dijo: «Verdaderamente, este es el Mesías, que un día precipitará al Gehinnom a mí y a todos los ángeles, príncipes de los pueblos del mundo», cf. Is 25, 8, ha absorbido a la muerte para siempre, etc.

Está, pues, claro que la victoria divina sobre el mal en los días del Mesías tiene que incluir el derrocamiento de Satán y de los verdugos inferiores de la humanidad; pero los testimonios que hemos examinado sugieren que, aunque algunas veces se ha sacado esta consecuencia, con todo ha sido poco frecuente. Sin embargo, el argumento de Jesús (véase abajo), de que sus exorcismos eran un signo de la cercanía del reino de Dios, sería perfectamente comprensible incluso para aquellos que no están de acuerdo con sus supuestos.

Tenemos que pasar ahora a examinar los pasajes que ponen de relieve el significado de los exorcismos. Se pueden dividir en dos clases, *a)* los que se refieren a las obras específicamente mesiánicas de Jesús mismo, y *b)* los que se refieren a la expulsión de los demonios por otros en su nombre o por la autoridad de Jesús[54]. La primera clase comprende los siguientes:

Mc 3, 20-30 y par. Esta sección marcana se abre (3, 20 s.) con una breve referencia a la actividad de Jesús, y entonces llega a afirmar que sus propios parientes (οἱ παρ' αὐτοῦ) salieron para detenerle porque ellos (¿o la gente en general?) pensaban que estaba loco (ἐξέστη). Los escribas que habían bajado de Jerusalén hicieron una nueva acusación de que Jesús tenía a Beelzebul y que echaba a los demonios por el poder del príncipe de los demonios (3, 22). Sigue un discurso parabólico de Jesús (3, 23-27) sobre los reinos y las casas divididas, y sobre la seguridad de

---

[54] Véase más adelante, pp. 104 ss.

un hombre fuerte, llegando a las conclusiones de que 1) el reino de Satán da señales manifiestas de decadencia, pero 2) su decadencia no se debe a la disención interna, sino a una agresión desde fuera. Se añade el *logion* sobre el pecado y la blasfemia en general, y sobre la blasfemia contra el Espíritu Santo en particular (3, 28 s.); y, finalmente, el comentario redaccional: ὅτι ἔλεγον πνεῦμα ἀκάθαρτον ἔχει.

La sección correspondiente en Lucas es 11, 14-23. Se abre con el exorcismo de un demonio mudo y la admiración de las turbas. Sigue la acusación de expulsar los demonios por el poder de Beelzebul y la petición tentadora de un milagro. Jesús da entonces la respuesta parabólica sobre los reinos y las casas divididas. Siguen aquí el *logion* sobre los exorcistas judíos y la afirmación de que los exorcismos de Jesús son un signo de la proximidad del reino de Dios. Luego viene la breve parábola del hombre fuerte, y el *logion* «El que no está conmigo está contra mí, y el que no recoge conmigo, desparrama». En Lc 12, 10 hay un *logion* sobre el hablar una palabra contra el Hijo del hombre y la blasfemia contra el Espíritu Santo.

Como se ve, en su mayor parte, Marcos y Lucas están diciendo la misma cosa. Por eso, no deja de ser una pequeña sorpresa el descubrir que para el mismo objeto emplean unos términos casi por completo diferentes. Lucas comienza con un exorcismo; Marcos no tiene ningún paralelo. La acusación del origen satánico de la obra de Jesús se muestra luego casi en los mismos términos en los dos Evangelios; pero después de este punto divergen de nuevo. En la sección sobre la división, las únicas palabras que los evangelistas tienen en común son βασιλεία, ἐφ' ἑαυτήν, εἰ, καὶ, ὁ σατανᾶς; sin las cuales no hubiera podido en absoluto narrarse la parábola. No hay paralelo marcano para la siguiente sección de Lucas (los exorcistas judíos, etc.). En la parábola sobre el hombre fuerte la única coincidencia es el uso de ἰσχυρός (Lc tiene el nominativo, Mc el genitivo). En la sección conclusiva sobre la blasfemia (que en Lucas ocupa un contexto diferente), las únicas palabras comunes son τὸ ἅγιον πνεῦμα y οὐκ; Mc y Lc tienen diferentes formas del verbo βλασφημεῖν, y Mc usa el sustantivo ἄφησις, Lc el verbo ἀφίημι.

Es evidente que Lucas no está usando aquí a Marcos como fuente, excepto quizá de un modo muy subsidiario. Es también evidente, por la comparación con Mateo, que Lucas está aquí ofreciendo material de Q. Pues Mateo tiene estrechos paralelos tanto con Mc como con Lc, y de hecho hay pocas palabras en Mt 12, 24-32 que no correspondan con las de Mc o Lc, ya sea literalmente, ya sea con una simple variación gramatical⁵⁵. En consecuencia, Mateo nos está ofreciendo una fusión de las tradiciones de Marcos y de Q.

Así pues, tenemos que analizar las dos secciones tal como aparecen en Mc y en Lc⁵⁶. Aunque las diferencias verbales que hemos considerado son muy importantes en cuanto que nos revelan una superposición de Mc y de Q, estas no son tales que nos impidan el considerar simultáneamente las versiones paralelas de las varias partes del párrafo, y que podamos poner juntas las enseñanzas de Mc y de Q. Según esto, nos encontramos con los siguientes puntos:

1) los reinos divididos
2) el hombre fuerte
3) los exorcistas judíos
4) el verdadero poder en los exorcismos de Jesús

Está bastante claro que las frases que ilustran estos puntos no pudieron originariamente ser pronunciadas al mismo tiempo, y que su arreglo actual se debe a la actividad redaccional por parte de los evangelistas (o de sus predecesores), que quisieron reunir el material que tenían sobre el tema de los demonios y de su expulsión⁵⁷. Por la misma razón se encuentra en este lugar en Lucas el *logion* sobre la vuelta del demonio con otros siete (y lo mismo en Mateo, aunque se inserta la controversia sobre los signos). Los cuatro puntos, si vamos a urgir sus presupuestos y consecuencias con una lógica rigurosa, no están en perfecta conformidad unos con otros. Así, el punto 1) (Mc 3, 24-26 y par.) puede parafrasearse como sigue: «Se me acusa de usar poderes demoníacos para la expulsión de los demonios. Pero esto llevaría consigo un completo derrumbamiento del mundo de los demonios, en conformidad con la común experiencia humana de actividad sediciosa. Ahora bien, está claro que el imperio de Satán se mantiene todavía (este supuesto es necesario para el argumento). Luego yo no arrojo los demonios por el poder de Beelzebul, sino de alguna otra forma». El punto 2) (Mc 3, 27 y par.) podría glosarse de

---

⁵⁵ La proporción exacta (en Mt) entre las palabras con paralelos y las palabras sin paralelos es 147 por 40.
⁵⁶ Lc 11, 23 es un *logion* aparte, que podemos dejar aquí fuera de consideración; el *logion* sobre la blasfemia contra el Espíritu Santo se deja para más tarde, pp. 155-61, 197 s.
⁵⁷ Bultmann, *GST* 10-12; Albertz, *Die synoptischen Streitgespräche*, 48-50.

modo parecido: «Un hombre fuerte solo puede ser vencido por otro más fuerte. El príncipe de los demonios es fuerte y está armado, y solo puede ser expulsado por otro más fuerte que él. Si, pues, de hecho está siendo vencido de un modo visible, debe ser porque ha sido asaltado por otro más fuerte, p. ej., por el Mesías». La falta de armonía entre los dos argumentos es evidente.

Además, los puntos 3) y 4) se suceden más bien de un modo inconexo. En el punto 3) (Mt 12, 27 y par.) se declara que las obras de Jesús no son más diabólicas que las de otros exorcistas judíos. En el punto 4) (Mt 12, 28 y par.) se abandona bruscamente el tema de los exorcistas judíos y se declara que las obras de Jesús son un signo de la cercanía del reino de Dios, sin compararlas ya con otras semejantes, sino diferenciándolas completamente de todas las demás de este género.

A pesar de esto, los evangelistas (en cuanto evangelistas, no historiadores) tenían razón al juntar estas palabras, pues, aunque se nota falta de armonía en los detalles, presentan una coherencia y unidad internas que se pueden resumir en los puntos siguientes:

1) Los exorcismos no fueron obra de magia. Sin duda, era necesario negar esto, porque los métodos terapéuticos empleados por Jesús[58] no se diferenciaban en la forma que los usaban los magos. Aquí se afirma categóricamente lo contrario. No hay necesidad de subrayar la lógica de Mc 3, 24-26, ni tampoco de ponerlo en contradicción con 3, 27; el argumento consiste sencillamente en que Satán no expulsa a Satán, porque «Satán no es tan necio»[59]. Para dar la explicación de las obras realizadas por Jesús se precisa de algún otro poder diferente del de Beelzebul.

2) Mientras que se da por supuesto (en Mt 12, 27 y par.) que los exorcistas judíos arrojan también demonios, todo el contexto da a entender, tanto en la acusación hecha por los judíos como en la defensa de Jesús, que había diferencias importantes entre las dos clases de exorcistas. Como hemos visto, estas diferencias no consistían en los detalles externos de las curaciones. Estos dos puntos primeros son negativos.

3) El elemento distintivo de los exorcismos de Jesús es que son signos especiales del poder de Dios y de su reino (Mc 3, 27 y par., Mt 12, 28 y par.). En Mc 3, 27 el lenguaje empleado parece que se inspira en Is 49, 24, que en los LXX reza así: «μὴ λήμψεταί τις παρὰ γίγαντος σκῦλα...

---

[58] Véase arriba, pp. 91 ss.
[59] Manson, en: Major-Manson-Wright, *Mission and Message of Jesus*, 377.

ἐάν τις αἰχμαλωτεύσῃ γίγαντα, λήμψεται σκῦλα λαμβάνων δὲ παρὰ ἰσχύοντος σωθήσεται»[60]. Ryle y James tienen como probable que esta expresión profética se había hecho proverbial, a la vista de *Salmos de Salomón*, 5, 4: «οὐ γὰρ λήψεται σκῦλα παρὰ ἀνδρὸς δυνατοῦ»[61]. Sea esto así o no, el sentido del *logion* es claro. El hombre fuerte es la misma persona de Beelzebul (pues la interpretación más probable de Beelzebul es *be'ēlzebūl*, o sea, señor de la morada), y Jesús afirma que, aunque su casa no está dividida, está a punto de ser destruida, porque su dueño ha encontrado a uno más fuerte que él, que solo puede ser Dios o su representante.

Esta idea es continuada en Mt 12, 28 y par. De los hechos visibles de los exorcismos, Jesús arguye (ἄρα) que ἔφθασεν ἐφ' ὑμᾶς ἡ βασιλεία τοῦ θεοῦ. Se discute, como es bien sabido, el significado de la palabra ἔφθασεν[62]. Baste advertir aquí que los exorcismos y el reino de Dios están íntimamente ligados entre sí, sea cual fuere la naturaleza de esta relación. Pueden ser signos de que el reino de Dios ha venido, o manifestaciones prolépticas del mismo; o, quizá, ninguna de las dos cosas, exactamente; pero ciertamente se quiere significar que los exorcismos están teniendo lugar en virtud del reino divino. No son magia ni taumaturgia; tampoco son milagros ocasionales concedidos como respuesta a la oración de un sabio o de un santo; son un acontecimiento particular y único dentro del cumplimiento que Dios hace de su promesa de redención en su reino.

4) El modo de actividad de Dios se describe con más precisión en Mt 12, 28a (=Lc 11, 20a). Mateo habla del Espíritu de Dios, Lucas del dedo de Dios. Surge inmediatamente una cuestión difícil: ¿qué evangelista ha conservado la forma más primitiva de la tradición de este *logion*? En favor de la prioridad de la forma lucana se puede alegar que Lucas, que habla del Espíritu Santo con más frecuencia que cualquier otro evangelista sinóptico, no habría cambiado la frase πνεύματι θεοῦ, que leía en su fuente, y que Mateo sustituyó πνεύματι por δακτύλῳ, como una introducción al *logion* sobre la blasfemia contra el Espíritu Santo (Mt 12, 31 s.). Por otra parte, se podría alegar que son del gusto de Lucas los antropomorfismos arcaicos y veterotestamentarios, tales como «el dedo de Dios», y que Mateo pudo

---

[60] Cf. también Is 53, 12, καί τῶν ἰσχυρῶν μεριεῖ σκῦλα.

[61] Véase su comentario *ad loc.*, 54. Cf. también Jue 6, 12, donde ἰσχυρός τῶν δυνάμεων equivale a *gibbôr beḥayil*; 2 Re 22, 31. 32. 33. 48; 23, 5, donde ἰσχυρῶν equivale a *'ēl* (como también varias veces en Nehemías y en Job); Jer 27, 34; 39, 18; Dan 9, 4; 2 Mac 1, 24.

[62] Cf. C. H. DODD, *Parables of the Kingdom*, 43 s.; J. Y. CAMPBELL, *ET* 48, 138-42; cf. J. M. CREED, *ET* 48, 184 s.

haber seguido en este punto más de cerca a su fuente, ya que conserva la expresión poco frecuente (en él) de «reino de Dios» [63]. Parecen mejores los argumentos en favor del δακτύλῳ θεοῦ lucano; y en consecuencia hemos de ver aquí la desaparición de una de las pocas referencias al Espíritu en el estrato más primitivo de la tradición evangélica. Naturalmente, es verdad que no hay una diferencia real de significado entre «dedo de Dios» y «Espíritu de Dios»: ambas son metáforas que se usan para indicar la fuerza poderosa de Dios[63]. Esto ya lo reconoció un estudioso tan agudo de la Biblia como San Agustín[64], y lo mismo escribe un erudito moderno[65]: «Aun cuando en el *logion* sobre la βασιλεία (Mt 12, 28 = Lc 11, 20) la expresión δακτύλῳ θεοῦ deba ser la original, no obstante tiene que denotar un órgano de poder que pertenece a la esfera del Espíritu Santo»[66]. Es decir que, si la palabra de Mateo no es original, es con todo una interpretación legítima de una expresión más primitiva. Como señala Manson[67], la frase lucana contiene una alusión directa a Ex 8, 15, donde, según la interpretación de *Exod. R. 10*, se hace un contraste entre Moisés y los magos egipcios, entre el dedo de Dios y el poder de los demonios; en consecuencia, Lucas, no menos que Mateo, quiere que pensemos en un poder divino que reside en Jesús, y que hace de él una persona «pneumática» y espiritual y poderoso contra los malos espíritus. Es una fuerza particular, comparable a aquella con la que Dios libró a su pueblo de Egipto y les dio la Ley (Ex 31, 18)[68]; y el contexto sugiere que Jesús la poseía en virtud de su mesianidad[69].

Lc 10, 17-20. Dejamos para más adelante el estudio de la comunicación por parte de Jesús a sus discípulos del poder de expulsar los demonios, así

---

[63] No es lícito resolver la cuestión con la hipótesis de que Mateo y Lucas tenían fuentes diferentes; pues aunque en mi opinión (cf. *ET* 54, 320-23) Mt y Lc no deriven todo su material Q de una única fuente común, *en este punto* su acuerdo es tan estrecho como para hacer probable que sus fuentes sean idénticas. En todo caso, quedaría la cuestión, ¿es «Q_1» o «Q_2» la que conserva la forma más antigua de la tradición?

[64] Cf. el uso de «mano» y «*Espíritu*» en Ez 3, 14.

[65] Cf. *De Spiritu et Littera*, 28 (XVI): «Hic Spiritus Sanctus per quem diffunditur charitas in cordibus nostris, quae plenitudo legis est, etiam digitus Dei in Evangelio dicitur. Unde quia et illae tabulae digito Dei conscriptae sunt, et digitus Dei est Spiritus Dei per quem sanctificamur, ut ex fide viventes per dilectionem bene operemur; quem non moveat ista congruentia ibidemque distantia?».

[66] WINDISCH, *op. cit.*, 229.

[67] *Teaching of Jesus*, 82 s.

[68] Cf. también Dt 9, 10; Ps 8, 4.

[69] Cf. Mc 1, 27, donde, después de un exorcismo, la gente se maravilla de la autoridad excepcional de Jesús; véase más adelante, pp. 132 s.

como la cuestión de si Jesús profetizó el don del Espíritu a la Iglesia. Aquí nos ocupamos principalmente de los vv. 18-20. Se puede cuestionar muy bien si es original el enlace que Lucas ha establecido entre el v. 18, la visión de la caída de Satán, y el informe de los apóstoles de que habían encontrado a los demonios sujetos a ellos cuando usaron el nombre de Jesús. El v. 18 pudo haber sido muy bien un *logion* aislado que fue insertado en este punto[70]. Con todo, su significado es claro. Jesús, hablando como profeta, refiere una visión[71] de la caída de Satán del poder. El hecho de que se emplee el tiempo pasado (ἐθεώρουν) para la visión no significa que la caída haya tenido lugar —la visión pudo haber sucedido antes del acontecimiento—. Con todo, está en perfecto acuerdo con otros pasajes de los Evangelios (p. ej., Mc 3, 27) el suponer que esta caída pertenece al período de la obra mesiánica de Jesús[72]. La colocación del *logion* en Lucas asocia la visión (¿y la caída?) con el éxito de los discípulos en la expulsión de los demonios; el *logion* es en ese caso paralelo a Mt 12, 28 = Lc 11, 20. La derrota de los miembros subalternos del reino del mal es prueba de la actividad soberana de Dios, o sea, de la derrota de Satán. Si, con todo, tomamos el versículo aisladamente, puede hacer referencia (como lo han sugerido J. Weiss y Zahn) al derrocamiento mesiánico de Satán en el momento de las tentaciones. Probablemente es mejor no asociarlo a ningún suceso en particular, sino ver en él una referencia general a la salvación escatológica realizada por Cristo; como dice Bultmann[73], «es posible que el *logion* solo exprese gráficamente la idea de que "el fin del poder de los demonios está experimentándose ahora" (Klostermann), en cuyo caso sería un paralelo, en sustancia, de Mc 3, 27». Según parece, no hay razón alguna para que no pueda combinarse esto con la opinión adoptada por Bultmann en su texto de que este versículo es un «Visionsbericht» (informe de una visión). Se trata de un *logion* escatológico expresado en forma de visión, y que posiblemente se basa en una experiencia real de visión, y formulado por medio de Is 14, 12.

---

[70] Cf. BULTMANN, *GST*, 174: «Se tiene la fuerte impresión de que se trata de un fragmento».

[71] «Se sugiere una visión extática por parte de Jesús». Creed, *ad loc.*

[72] Es interesante notar que la mayor parte de los Padres considera este versículo como una referencia a la caída pre-temporal de Satán; así, p. ej., CRISÓSTOMO, *De Poen. Hom.* I, 2; *Egloga de Poen. Hom.* XXXV (en ambos casos tiene εἶδον, no ἐθεώρουν). Pero ahora generalmente se abandona esta exégesis. Es mucho más probable que la caída de Satán a la que refiere Jesús sea una caída no de la santidad, sino del poder.

[73] *GST*, 113, n. 2.

El v. 20 es importante porque minimiza la importancia de los exorcismos. Estos son, sin duda, un signo de la salvación que se acerca, pero por fuerza tienen menos valor que el hecho de que los discípulos han sido elegidos participantes en la salvación misma.

Mt 12, 43-45 y par. Bastarán unas pocas palabras para tratar este breve pasaje. No nos interesan los detalles demonológicos que contiene. Está claro que Mateo entendió la descripción del hombre que vuelve a caer en poder de los demonios como una especie de alegoría; esto lo muestra con las palabras: «Así será de esta generación perversa»; palabras que no se encuentran en el lugar paralelo de Lucas, y que probablemente tampoco estaban en la fuente de Mateo. Aunque se dé por descontado que se trata de una añadidura de Mateo, parece que este *logion* debe contener más que el escueto significado que le atribuye Jülicher[74]; no basta con expulsar un espíritu malo; su lugar debe ser ocupado por el Espíritu de Dios[75]. Si esto es una parábola, debe interpretarse a la luz del período crítico que precipitó el ministerio de Jesús. Su significado tendría como objeto el que los judíos, si no aprovechaban la oportunidad de salvación que Jesús les ofrecía, iban a encontrar su última situación peor que la primera. Lucas, sin embargo, parece que coloca este *logion* en el contexto de la experiencia cristiana; esto es lo que sucede a los que no «oyen la palabra de Dios y la cumplen».

Mc 7, 24-30 y par. Una motivación semejante está en la base de esta narración, cuyos detalles no nos interesan ahora. El sentido de la respuesta dada por Jesús, cuando le piden que realice un exorcismo para una mujer gentil, es que sus poderes son privilegio de los judíos; no se pueden usar indiscriminadamente. Con otras palabras, no es el suyo un poder espiritual general, sino particular, y asociado a la raza judía; el lector naturalmente deduce que es el poder del Mesías, del reino de Dios, como se afirma expresamente en nuestro pasaje principal Mc 3, 20-30 y par. Mateo refuerza todavía más la impresión que se saca de Marcos. Descubre (15, 14) el objetivo mesiánico de Jesús y, en 15, 27, cambia «hijos» por «señores».

Ahora vamos a pasar a considerar muy brevemente la segunda clase de *logia* (o palabras) sobre los exorcismos, aquellos que tratan de la expulsión de los demonios por otros diferentes de Jesús[76].

Mc 3, 15; 6, 7. 12 s. y par. En estos pasajes (y parece que también aquí

---

[74] *Gleichnisreden Jesu*, II, 239.

[75] BULTMANN, *GST*, 176 s., que piensa que el *logion* pudo haber provenido de un escrito judío, tiene una opinión semejante.

[76] Estos pasajes serán examinados más ampliamente más adelante, pp. 189-93.

había una superposición entre Mc y Q) se afirma de un modo muy genérico que Jesús dio a sus discípulos autoridad sobre los espíritus inmundos (ἐξουσίαν ἐκβάλλειν, ἐξουσίν τῶν πνευμάτων)[77]. No se da ninguna indicación de los medios por los que Jesús les comunicó este poder. Pero el contexto de misión (sea histórico o no) es claramente mesiánico, y se les ordena a los discípulos (según Q) acompañar sus milagros con la proclamación «el reino de Dios ha llegado a vosotros». Estos hechos sugieren una gran diferencia entre la autorización de Jesús a sus seguidores para expulsar demonios y la comunicación de encantamientos mágicos. Las obras realizadas por los apóstoles, como las propias de Jesús, eran una actividad del reino de Dios[78].

Mc 9, 28 s. y par. En Mc 9, 28 los discípulos preguntan por qué no fueron capaces de expulsar el demonio mudo del niño que Jesús acababa de curar. En Mt 17, 19 hay un estrecho paralelo de este versículo, pero no en Lucas. En Mc 9, 29 se da la respuesta: «Esta especie no puede ser expulsada por ningún medio, si no es por la oración». En Mt 17, 20 la respuesta es muy diferente[79]. Se les dice a los discípulos que si tuviesen fe como un grano de mostaza, nada sería imposible para ellos. Los paralelos a este *logion* en otro lugar de Mateo (21, 21), en Mc (11, 22 s.) y en Lc (17, 6) sugieren que se contenía tanto en Mc como en Q: o sea, Mateo ha reelaborado a Marcos, o ha fusionado un *logion* de Q con un milagro marcano. La conexión del *logion* sobre la fe con la expulsión de los demonios se debe por tanto a la labor redaccional de Mateo[80]. Naturalmente, la afirmación de Marcos de que el poder de exorcizar depende de la oración incluye la fe (cf. Mc 11, 24), y de este modo propone como base de los exorcismos del N.T. las dos fuentes, íntimamente unidas, de la fe y la oración. Esto tiene como finalidad el separar la actividad de Jesús y de sus discípulos todo lo posible de la esfera de lo mágico, y hacer que dependa simple e inmediatamente del poder de Dios, que se comunica a la vida humana por estos medios de la fe y la oración[81].

---

[77] Para un análisis de la palabra ἐξουσία, véase más adelante, pp. 113-28.

[78] Cf. lo que se dijo arriba (pp. 101 s.) sobre Lc 10, 17-20.

[79] Dejamos el v. 21, ya que es una inserción armonizante y no forma parte del texto original.

[80] Mateo en otras partes añade el elemento de la fe a los milagros marcanos.

[81] Hemos omitido aquí la variante καὶ νηστείᾳ, que dan para Mc 9, 29 cierto número de manuscritos. Es claramente una asimilación a un versículo secundario de Mateo. La existencia de la variante testimonia una forma de pensamiento más mágico, pues aunque en algunos círculos judíos el ayuno era considerado como un medio de purificación y de expiación, aquí viene introducido sea como soporte de una nueva disciplina de la Iglesia, sea como un medio físico para forzar la obediencia de un ser espiritual.

Mc 9, 38-40 y par. A Marcos le sigue de cerca Lucas (9, 49 s.); no hay paralelo en Mateo, quizá porque la perícopa contiene una materia que le pareció demasiado permisiva a este «homme d'Église».

Su importancia aquí estriba en el hecho de que afirma el uso del *nombre* de Jesús como un medio de exorcismo. Se usa pocas veces esta fórmula en los Evangelios: en Mt 7, 22; Mc 16, 17; Lc 10, 17. Todos estos pasajes aparecen como secundarios. Mt 7, 22 es elaboración de un *logion* que se ha conservado de una manera más simple en Lc 6, 46 (y en 2 *Clem.* 4, 2). Lc 10, 17 es evidentemente una introducción redaccional al *logion* del versículo siguiente. Mc 16, 17 pertenece a la conclusión, ciertamente inauténtica y secundaria, del segundo Evangelio. Por lo que toca a Mc 9, 38 s., Creed ha afirmado[82]: «Es muy poco probable que el exorcismo en el nombre de Jesús fuese practicado durante el tiempo de su vida terrena. Se puede deducir que había surgido en la comunidad el problema sobre qué actitud había que adoptar para con aquellos que, sin ser estrictamente miembros de la Iglesia, exorcizaban con éxito en nombre de Jesús». La objeción a esta opinión es que en la primitiva historia de la Iglesia hay pocas huellas de una tolerancia como la que sugiere el incidente evangélico. Podemos comparar la suerte de los exorcistas judíos en Act 19 y la fruición con que el narrador cuenta lo sucedido. Ya hemos hecho referencia a un pasaje talmúdico (*Tos. Hullin* 2, 22 s. [503]), que muestra cómo era ya cosa sabida que el nombre de Jesús tenía poder sobre los demonios.

Antes de dejar el tema del conflicto de Jesús con los malos espíritus, un ulterior punto pide nuestra atención: el relato de la pasión puede ser considerado también desde esta perspectiva[83].

Así lo consideró San Pablo; pues en 1 Cor 2, 8 los príncipes de este mundo son las fuerzas espirituales del mal, que, en su ignorancia, eran responsables de la crucifixión del Señor de la gloria. Los relatos sinópti-

---

[82] *Luke*, 138 s.
[83] Es importante señalar que a lo largo de los evangelios Jesús está comprometido en controversias con diversas clases de adversarios (véase ALBERTZ, *Die synoptischen Streitgespräche*), y Weinel (*Die Wirkungen des Geistes und der Geister*, 18-20) muestra que disputas de este género eran consideradas en la Iglesia primitiva como conflictos espirituales con las fuerzas del mal. Pero Jesús emplea por lo general (como en las tentaciones, véase arriba, p. 49) métodos argumentativos (véase ALBERTZ, *op. cit.*, 67-74, sobre los medios de combate de Jesús: comparación, pregunta, antítesis, prueba de razón, prueba de la Escritura). Con todo, es importante notar también Mc 8, 33, donde se le dirige la palabra a Pedro como a ministro tentador de Satán. Sobre esto, cf. Wellhausen y Harnack, arriba, p. 83.

cos de la pasión contienen huellas evidentes de esta misma idea en los pasajes siguientes:

Mc 14, 32-44 y par. La experiencia de Jesús en Getsemaní, tal como la presentan los evangelistas, no es una experiencia común y ordinaria de miedo; tampoco tiene toda la razón Otto[84] cuando dice: «¿Cuál es la causa de este "doloroso espanto" y "pesadumbre", esta alma sacudida hasta el fondo, "excesivamente llena de dolor hasta la muerte", y este sudor que cae en la tierra como grandes gotas de sangre? ¿Puede ser un miedo ordinario a la muerte en el caso de uno que había tenido a la muerte ante sus ojos las últimas semanas y que acababa de celebrar con una intención clara la fiesta de su muerte con sus discípulos? No, aquí hay algo más que el miedo a la muerte; está el espanto de la criatura ante el *"mysterium tremendum"*, ante el estremecedor secreto del numen». Jesús no está tan aterrorizado ante el misterio de Dios; para él, incluso en Getsemaní, Dios es, a pesar de todo, *Abbá*[85]. Jesús se encuentra más bien en un combate cuerpo a cuerpo con el misterio del demonio. Está entrando en la lucha decisiva con el mal. La inserción mateana en el relato del prendimiento (26, 53) subraya la misma interpretación. Jesús podía haber sido reforzado por más de doce legiones de ángeles; de donde se deduce que el enemigo real no es de carne y de sangre, hombres con espada y palos, sino ángeles, principados y potestades. Lc 22, 43 (si realmente es una parte auténtica del texto) sugiere que Lucas entendió el episodio de Getsemaní de esta misma manera. En efecto, el relato lucano de la pasión en varios lugares hace alusión con bastante claridad a la actividad de Satán. La serie completa de los sucesos de la pasión se pone en movimiento con la entrada de Satán en Judas Iscariote (22, 3), y nos acordamos de la advertencia de Lucas de que, después de la tentación en el desierto, el demonio dejó a Jesús «hasta su tiempo» (ἄχρις καιροῦ, Lc 4, 13). Ahora vuelve para la lucha decisiva. Es también Satán quien está detrás de las negaciones de Pedro; al menos, en lo que podemos fundarnos en los difíciles versículos 22, 31 s. Finalmente, Jesús dice al momento de su prendimiento: «Esta es vuestra hora y (?la de) el poder de las tinieblas» (22, 53).

Mc 15, 33. 37 s. y par. La escena final de la vida de Jesús está pintada sobre un fondo sobrenatural. Las tinieblas caen sobre la tierra; se desgarra

---

[84] *Idea of the Holy*, 88.
[85] Sobre esta palabra véase Kittel, *TWNT*, I, 4-6.

el velo del templo. Según Mateo (27, 51 s.), tiene lugar un terremoto, se abren las tumbas, los santos resucitan y entran en la Ciudad Santa. Sea cual fuere la connotación que estos acontecimientos pueden tener en concreto, la impresión general que transmiten, y que sin duda intentaban transmitir, es la de un acontecimiento único en el mundo, que, sin embargo, pertenece tanto al otro mundo espiritual como a este; en realidad, la impresión de un hecho cosmológico (la derrota de Satán), cuyo actor, con todo, era visible en el mundo del espacio y del tiempo[86].

De este modo, debemos señalar la clara alusión de los evangelistas de que la crucifixión era considerada por ellos como una lucha entre Jesús y las fuerzas del mal (o de la muerte). Y podemos observar también que en esta parte de los Evangelios no hay ningún exorcismo (y, a decir verdad, en los estratos más antiguos de la tradición, ningún milagro en absoluto).

Dejamos para más tarde una evaluación completa de los resultados de este capítulo[87]; pero es preciso sacar aquí brevemente algunas conclusiones que del mismo pueden deducirse.

Hemos examinado algunos testimonios que muestran cómo Jesús era una persona «pneumática»; parece que ejerció sobre las condiciones espirituales el mismo control que practicaban otros exorcistas, y que hizo uso de unos medios semejantes para este fin. Además, hay indicios de que era también visionario (las tentaciones y Lc 10, 18).

Con todo, estos hechos, bastante extraños, parece que han sido poco estimados por los evangelistas. No se les da importancia por sí mismos, y no hay esmero alguno por describir a Jesús en unos términos grandiosos como un poderoso portador del Espíritu de Dios. De hecho, solo una vez se hace mención del Espíritu (y ello en una forma secundaria de un *logion*)

---

[86] Es probable que el nombre de Gólgota (Mc 15, 22 y par) tenga aquí su importancia. Lucas interpreta correctamente el nombre de Gólgota (*gōlgōtā'*) como «lugar del cráneo». Dalman (*Sacred Sites and Ways*, 347) dice: «Según Orígenes (In Matth. 126 Cat - MPG 13, 1717) y Epifanio (41, 5: MPG 41, 544 s.), el nombre se deriva del cráneo de Adán que fue enterrado allí... Como, según la leyenda judía, Adán vivió en el monte Moria (*Pirqé R. E.* 20; *Midr. Tehill.* 90, 5; *Targ. Jer. I* sobre Gen 3, 23), no hubiera sido en sí imposible un lugar en Jerusalén que llevara el nombre del cráneo de Adán». Sabemos que Jerónimo *(Ep. 46 ad Marcellam)* sacó de esta tradición el contraste obvio entre el primero y el segundo Adán, y es concebible que la primitiva tradición evangélica tuviese en la mente una reanudación de las tentaciones. Pero, como Dalman *(ibid)* continúa diciendo, «es más probable que el nombre de "cráneo" haya sido sugerido por la forma de alguna roca pelada, y varias muestras de ello se pueden encontrar en los alrededores de Jerusalén».

[87] Pp. 169-78.

en conexión con los demonios. En Lc 10, 17-20 la depreciación es muy clara. Solo leyendo entre líneas el Evangelio podemos descubrir a Jesús como una persona «pneumática»[88]. Esto sucede sencillamente porque Jesús, en cuanto persona «pneumática», no despertaba ningún interés para los evangelistas o para aquellos a quienes escribían; tales personas «pneumáticas» no eran en absoluto ni extraordinarias ni importantes. Las visiones de Jesús y su poder de expulsar demonios no *le hicieron diferente* de los otros hombres.

Sin embargo, una vez que su misterio fue entendido como mesiánico, se vio que los exorcismos tenían un gran significado. Era un ejemplo insigne de la fuerza del reino de Dios que sometía el imperio del adversario. Ahora comienza a aparecer el sentido del hecho de que Jesús era una persona «pneumática». Su poder espiritual no era simplemente un medio para revelar su mesianidad («un exorcista tan grande tenía que ser el Mesías»). Más bien era al mismo tiempo una revelación y un encubrimiento. En ello algunos solo vieron los artificios mágicos de un traumaturgo, y de ese modo se endurecieron contra él; solo los que poseían el misterio podían entender su verdadero significado. Así el tema del secreto mesiánico penetra tan íntima e inseparablemente en las tentaciones (y también en el bautismo) y en los exorcismos que es difícil creer que haya sido introducido en ellos por Marcos o por cualquier otro historiador o teólogo[89].

---

[88] Este hecho es expuesto claramente por WINDISCH, *op. cit.*, aunque no son válidas todas las conclusiones que saca de él.

[89] Se habrá observado cómo han salido a relucir ahora dos razones de por qué las referencias sinópticas al Espíritu son tan pocas: *a)* los evangelistas no tenían ningún interés por los hombres «pneumáticos»; *b)* el Espíritu estaba encubierto por el mesianismo de Jesús. Véase pp. 178-80. Las afirmaciones que acabamos de hacer repercuten también en la cuestión del Espíritu y la escatología; véase pp. 179 s., 225-36.

Capítulo V

JESÚS COMO TAUMATURGO: LOS TÉRMINOS δύναμις Y ἐξουσία

Hemos examinado cómo los relatos de los exorcismos de Jesús contribuyen a comprender la idea que tenían los evangelistas de la obra del Espíritu Santo. El exorcismo, como es sabido, no fue la única forma de curación que realizó Jesús; ni se limitaron sus milagros a la curación de los enfermos. Junto con la expulsión de los demonios tuvieron lugar la devolución de la vista a los ciegos, del oído a los sordos y del habla a los mudos; fueron curados los leprosos y remediadas otras formas de enfermedad; los muertos fueron resucitados; y Jesús ejerció su poder no solo sobre los seres humanos, sino también, por ejemplo, sobre el mar o sobre una higuera. Ahora bien, del hecho de que Jesús exorcizaba a los malos espíritus se puede sacar con bastante claridad una consecuencia con respecto al Espíritu de Dios, y es que podemos presumir que lo que vence al espíritu es espíritu. Pero la relación de los otros milagros con nuestro tema no es tan evidente; tal relación no aparece explícitamente en los Evangelios. A pesar de ello, los milagros tienen que ver con nuestra materia.

En primer lugar, Jesús en su calidad de taumaturgo aparece inequívocamente como una persona «pneumática», que actúa por el ejercicio inmediato de una autoridad sobrenatural, no-material. Sus curaciones son un efecto claro de su poder espiritual. La cuestión de si hay que considerarlas como auténticos hechos históricos queda, desde luego, abierta; pero, en la mayoría de los casos, los relatos que nos ofrecen los evangelistas no pueden racionalizarse sin que queden completamente transformados. A Jesús se le representa no como haciendo uso de leyes y fuerzas naturales, sino transcendiéndolas y prescindiendo de ellas.

Actúa y enseña como uno que tiene autoridad. Este hecho de la autoridad espiritual de Jesús se pone de manifiesto de un modo más satisfactorio mediante el análisis de los términos δύναμις y ἐξουσία. En segundo lugar, como ya se ha notado de los exorcismos, esta característica externa y visible de Jesús está enraizada, para los evangelistas, en sus presupuestos teológicos. Los relatos en general están ligados tanto a la mesianidad como al secreto mesiánico. Esto aparecerá claro a lo largo de la discusión que sigue. De momento bastará con anotar los milagros de los dos primeros capítulos de Marcos.

a) El endemoniado de la sinagoga de Cafarnaún, 1, 21-27. El demonio reconoce a Jesús como al Santo de Dios, que tiene autoridad para destruir a los demonios. Jesús ordena al demonio que guarde silencio. El gentío nota algo «nuevo» (καινή).

b) La suegra de Simón, 1, 30. 31. No se hace ningún comentario.

c) Curación de muchos enfermos y endemoniados, 1, 32-34. Los demonios conocen a Jesús (que es el Cristo, añaden algunos manuscritos, interpretando sin duda correctamente). Jesús no les permite hablar.

d) Un leproso, 1, 40-45. Jesús prohíbe al leproso que divulgue lo sucedido. Pero él, una vez curado, comienza a difundir la palabra (τὸν λόγον), término con el que el evangelista entendía probablemente el evangelio cristiano.

e) Un paralítico, 2, 1-12. Jesús no solo cura al enfermo, sino que pretende también tener autoridad para perdonar los pecados. No es demasiado decir que el poder espiritual que poseía y ejercitaba Jesús no dependía de una cualidad particular de su propia persona, sino de la relación de su ministerio con los poderes del reino de Dios; sin embargo, ese poder espiritual no era una prueba infalible e inequívoca de su pretensión, sino que en algunos casos servía para ocultarla.

Estas dos afirmaciones reciben su justificación en el análisis del trasfondo que revela el estudio comparativo de las narraciones de milagros en el N.T. El paralelismo entre las narraciones de milagros de los Evangelios y las de la literatura judía y helenística más o menos contemporánea ha sido puesto de relieve por Bultmann[1] con gran riqueza de erudición, y no es necesario repetir aquí lo que tan admirablemente ha sido expuesto[2]. Jesús, en las narraciones de los milagros, es una persona comparable

---

[1] *GST*, 236-41, 247-53.
[2] Ya hemos dado algunos paralelos en la sección de los exorcismos, pp. 91-109.

a los taumaturgos del mundo antiguo, una figura extraordinaria, que vive en una atmósfera numinosa.

Al mismo tiempo, no se puede ignorar el singular trasfondo veterotestamentario y mesiánico de los relatos evangélicos. Hay testimonios importantes sobre la creencia de que se esperaba que el Mesías obraría milagros. Es fundamental la conocida frase de *Midr. Qoh.* 73, 3: *kegô'ēl rī'šôn kēn gô'ēl'ahărôn*[3]. El Mesías sería semejante a Moisés y, como él, realizaría obras grandiosas en nombre de Dios para la liberación del pueblo. Según *Tanḥ.* 54, 4, se esperaba que el Mesías resucitase muertos, a semejanza de Elías y Eliseo. Los mismos Evangelios, con una cita explícita, llaman la atención sobre *Is 61, 1*:

> El Espíritu del Señor está sobre mí; porque el Señor me ha ungido para dar la buena noticia a los mansos; me ha enviado a vendar los corazones desgarrados, para proclamar la amnistía a los cautivos, y la apertura *de la prisión* (*mg.*, apertura *de los ojos*) a los presos[4].

Is 35, 5 s.:
Se despegarán los ojos del ciego,
los oídos del sordo se abrirán.
Saltará como un ciervo el cojo,
la lengua del mudo cantará,

aparece también en algunas alusiones; véase, p. ej., Mc 7, 32-37, donde se emplea el término extraño μογιλάλος, como en los LXX de Is 35, 6[5]. Podemos también añadir *Is 29, 18 s.*:

> Aquel día oirán los sordos las palabras del libro (o de un libro, o escrito), sin tinieblas ni oscuridad verán los ojos de los ciegos.

---

[3] «Como fue el primer redentor, así será el último». Citado por Bultmann, *GST*, 245.

[4] Lc 4, 18 s. aplica esto de un modo más preciso a los milagros: «Para anunciar... la vista a los ciegos, para poner en libertad a los oprimidos».

[5] Cf. Hoskyns en *Mysterium Christi* (ed. Bell and Deissmann), 72-4. No se indica que el autor de Is 35 tuviese en la mente la curación real de ciegos, sordos y mudos, por un Mesías personal, o de otro modo; sino que 1) los lectores no críticos, sin ningún sentido histórico, pudieron pensar de ese modo, y 2) que los escritos de los autores del N.T. sufrieron una profunda influencia (quizá a veces inconscientemente) por medio de los LXX.

De la literatura más tardía podemos citar en este punto:

4 Esdras 7, 27:
Y cualquiera que sea liberado de los males mencionados, él mismo verá mis maravillas.

Ibid. 13, 50:
Y entonces les mostrará muchísimas maravillas.

Test. Zab. 9, 8 (b d g):
Y curación y compasión habrá en sus alas.
Redimirá de Beliar a toda la cautividad de los hijos de los hombres;
y todo espíritu de engaño será pisoteado.

Test. Sim. 6, 6:
Entonces todos los espíritus de engaño
serán entregados para que los pisoteen,
y los hombres dominarán sobre los espíritus malvados.

No solo este aspecto de esperanza mesiánica está al fondo de la concepción de Jesús como taumaturgo; numerosos detalles de las narraciones de milagros solo pueden entenderse plenamente a la luz del A.T. Este hecho ha sido puesto de relieve por Canon Richardson[6]. Nuestra atención se dirige así al doble hecho que ya hemos observado; Jesús es un hombre «pneumático», a la manera de otros muchos; pero al mismo tiempo se diferencia radicalmente de ellos, y su poder espiritual es solo un signo de otro hecho más fundamental en su ministerio[7].

Ahora podemos entrar en una discusión más detallada de las cuestiones que se han suscitado.

---

[6] *Op. cit.*, 81-99; cf. también Hoskyns, *loc. cit.*

[7] Bultmann y Richardson ocupan los dos extremos en esta doble situación. El último (*op. cit.*, 20-8) minimiza el significado de los paralelos helenísticos y judíos que aduce Bultmann, y subraya el trasfondo veterotestamentario de los milagros (véase en especial el cap. V de su libro). Bultmann, por el contrario, considera que se ha exagerado el influjo formal del A.T. (*op. cit.*, 245). No creemos necesario entrar en la discusión de las afirmaciones positivas de cada uno de estos críticos.

A. EL TÉRMINO δύναμις EN LOS EVANGELIOS SINÓPTICOS

El término δύναμις, que se encuentra en todo tipo de literatura griega desde Homero, significa *fuerza, poder, potencia, habilidad*[8]. Hay poco que anotar sobre su uso en los LXX. Varias veces se emplea como equivalente a ṣābā', y de aquí que se le asocie a κύριος en la traducción del nombre divino *'adōnāy ṣebāôt*, κύριος δυνάμεων. Pero este hecho parece que no tiene ningún significado teológico particular, excepto que, en ese nombre divino, δύναμις designa a los ejércitos celestes (como del resto en cualquiera de los casos podría designarlos); de este modo estaba preparado el camino para su aplicación a los seres individuales (cf. *4)* más adelante).

En los Evangelios sinópticos, δύναμις tiene cierto número de significados que se pueden clasificar como sigue[9]:

1) δύναμις *como milagro*. El que δύναμις del significado de «poder» pasase a designar un hecho poderoso no parece más que una evolución natural del uso, aunque parece que se trata de un uso restringido casi por completo al N.T. y a la literatura cristiana posterior[10]. Se podría, por tanto, sugerir a modo de tanteo que la evolución no fue tan simple como parece, y que este significado de δύναμις pudo haber surgido por la vía de 6) o 7), de los que se trata más abajo. Ciertamente, este significado no es raro en los Evangelios sinópticos, aunque Lucas parece haber tenido sus reparos con respecto al mismo, posiblemente porque no pertenecía al uso corriente helenístico o de los LXX. En Lucas aparece solo una vez (Lc 10, 13), en un pasaje de Q, mientras que en el lugar paralelo de Mateo se encuentra tres veces. También aparece en otro pasaje mateano de Q (Mt 7, 22), donde el paralelo lucano es, en este punto, completamente diferente. Además de estos casos, este uso de δύναμις se encuentra tres veces en Mc; dos de ellas (Mc 6, 2. 5) en la breve sección que trata de la predicación de Jesús en Nazaret (y que después Mateo las toma en 13, 54. 58), y una (Mc 9, 39) en el contexto del hombre que no

---

[8] Véase LS s.v.

[9] Su uso en Mt 25, 15 tiene evidentemente poca importancia para nuestro propósito; todos los demás usos sinópticos de la palabra están considerados en nuestra exposición.

[10] La inscripción de Buresch, *Aus Lydien*, 113, citada por Moulton-Milligan y LS (nueva edición, 452a) está demasiado fragmentada para que sea de gran valor.

pertenecía al grupo de los discípulos de Jesús, pero que echaba los demonios en su nombre (toda esta sección es omitida por Mateo). En el primero de estos casos, Lucas tiene una perícopa sobre la predicación en Nazaret, que, sea cual fuere su origen, difiere mucho de la de Marcos, y además no contiene la palabra δύναμις (aunque haga referencia a los milagros e incluya el importante texto de Is 61, 1). En el último, Lucas retiene el incidente, pero omite el término δύναμις. Probablemente habría que incluir aquí Mc 6, 14 (= Mt 14, 2); pero véase más abajo[11].

2) δύναμις *como perífrasis de Dios*. Esto se encuentra en Mc 14, 62, a quien sigue Mateo en 26, 64. Lucas también copia a Marcos en este punto (22, 69), pero después de δυνάμεως añade τοῦ θεοῦ, mostrando con ello que no entendió (o quería interpretar) la perífrasis reverencial judía empleada por Marcos[12]. La locución recibe una explicación e ilustración completa en Dalman, *Words of Jesus*, 200-202; véase también Canon Richardson sobre la designación bíblica de Dios como poder, y de Cristo como poder de Dios[13].

3) δύναμις *en una doxología*. δύναμις forma parte de una atribución a Dios en la doxología que se encuentra en muchos manuscritos en Mt 6, 13[14]. Es evidente que la doxología no es una parte auténtica del texto. McNeile[15] sugiere que la doxología mateana es una combinación de una forma helenística (el poder y la gloria, como en la *Didaché*) y otra forma hebraica (el reino y la gloria). Es difícil ver por qué hay que hacer esta distinción, siendo así que el Sal 145, 11 s. y el 1 Cron 29, 11, que McNeile cita para ilustrar la forma hebraica, ambos, contienen la palabra «poder». Str.-B. citan un pasaje rabínico (*Berak*. 58 a), que es un comentario a 1 Cron 29, 11, y se aplica el poder allí mencionado *(gebûrâ)* a la

---

[11] Lc 19, 37 es una aparente excepción a lo que se ha dicho del desuso de la palabra δύναμις en Lucas para designar «milagro», pues aquí (según el texto de WH) Lucas usa δύναμις, incluso sin un paralelo que dé razón de su modo de proceder. Pero esta excepción es solo aparente. El texto original se conserva probablemente en la *Vetus Syriaca*, que presupone el texto griego περὶ πάντων ὧν εἶδον. Luego se insertó la palabra δυνάμεων (posiblemente por una repetición accidental de las tres últimas letras de εἶδον, o simplemente por una interpretación muy normal), y realmente en el ms. B encontramos la curiosa variante περὶ πάντων ὧν εἶδον δυνάμεων. Esto fue corregido en los restantes mss. por el conocido texto περὶ πάντων ὧν εἶδον δυνάμεων. Véase J. H. Moulton, *Prolegomena*, 3.ª ed., 244.

[12] Lucas no se refiere a una δύναμις de Dios en sentido filónico.

[13] *Op. cit.*, 1-5. 16-19.

[14] Cf. *Didaché*, 8, 2.

[15] *Commentary, ad loc.*

liberación de Israel de Egipto, citando a Ex 14, 31:«E Israel vio la gran obra *(yād)* que el Señor hizo contra los egipcios». Un poco después en el mismo pasaje se cita una *Baraita* de R. Aqiba que pone el «poder» en conexión con la muerte de los primogénitos en Egipto. En la atribución del poder a Dios no hay nada que no sea por completo hebraico.

4) δύναμις *como seres divinos.* Mc 13, 25 (= Mt 24, 29 =Lc 21, 26). Una parte del cuadro apocalíptico que se pinta en Mc 13, y que después toman Mateo y Lucas, trata de los signos que aparecerán en el mundo superior al tiempo de la gran aflicción, antes de la parusía del Hijo del hombre; las estrellas caerán del cielo, y las potencias que están en el cielo se tambalearán.No hay nada nuevo en el uso de la palabra δυνάμεις para designar a los seres celestiales, potencias espirituales[16]; y se ha pensado a menudo que tales potencias eran los varios cuerpos celestes. Para este uso de δυνάμεις cf. Is 34, 4; 2 Re 17, 16; Dan 8, 10 (Theodt.). Los trastornos en la esfera celeste eran también un elemento común en las apocalipsis[17], y la noción tuvo su origen probablemente en el A.T.[18]. No hay aquí nada que sea de interés para nuestro propósito, aunque las δυνάμεις y otros seres de esta índole eran elementos importantes en el mundo espiritual de San Pablo. Es posible que haya que incluir en este apartado Mc 6, 14 (= Mt 14, 2) y Lc 1, 35; pero cf. 6) y 7) más abajo.

5) δύναμις *como potencia escatológica.* Varios pasajes importantes hacen uso del término δύναμις para describir la efusión de la potencia de Dios al final de los tiempos. Los más notables son Mc 9, 1; 13, 26. El primero de estos pasajes es modificado tanto por Mateo como por Lucas, de modo que ambos omiten el término δύναμις (aunque Mateo probablemente haya interpretado bien a Marcos haciendo una referencia explícita a la parusía del Hijo del hombre). Mc 13, 26, que después toman los dos evangelistas (Mt 24, 30; Lc 21, 27), ayuda también a determinar el sentido de 9, 1. Estos pasajes dan a entender que ni la anterior venida de Jesús ni la primera aparición del reino de Dios fueron μετὰ δυνάμεως, ἐν δυνάμει. El Hijo del hombre fue humillado, su secreto estaba oculto, su fin iba a ser la pobreza e impotencia completa e incomprensible de la cruz[19]; era la levadura, oculta en una gran masa de harina, una diminuta

---

[16] Para el título κύριος δυνάμεων, véase arriba, pp. 114 s.
[17] Véase, p. ej., 4 *Esdras* 5, 4 s.; 1 *Enoc* 80, 4-7; *Ass. Moys* 10, 5; *Sib. Or.* 3, 796-806; 2 *Baruc* 32, 1.
[18] Amós 8, 9; Joel 2, 10; 4, 15; Ez 32, 7 s.; Is 13, 10; 34, 4.
[19] Tal parece ser el significado del difícil *logion* de Mt 11, 12 (cf. Lc 16, 16).

semilla sembrada en la tierra, tan pequeña e insignificante que los hombres no repararon en ella. Pero llegaría un tiempo en que el Hijo del hombre aparecería sobre las nubes, con gran poder y gloria, y todos los hombres lo verían. Llegaría un tiempo en que la pequeña cantidad de levadura penetraría toda la masa de harina, y en que la diminuta semilla llegaría a convertirse en un árbol en el que pudieran anidar las aves; es decir, cuando el reino de Dios viniese con poder. El contraste temporal no es de ningún modo todo lo que hay que decir sobre la persona de Jesús y la naturaleza del reino; pero es un elemento de importancia capital.

Quizá haya que incluir aquí Lc 10, 19; Jesús promete a sus discípulos la autoridad sobre todo el poder del enemigo (τὴν δύναμιν τοῦ ἐχθροῦ). Este es el poder que Dios ha permitido a Satán por un tiempo definido: cf. Lc 4, 6; 22, 53; Apoc 20, 7. Este poder es de la misma cualidad que el que está en conexión con el reino y el Hijo del hombre, pero en la lucha escatológica actuará, como es natural, en el bando opuesto.

Es posible que tengamos que añadir también Mc 12, 24 (=*Mt* 22, 29; Lc tiene la perícopa, pero no esta frase). La cláusula, leída como está, quiere decir que los saduceos, que niegan la resurrección, están en error y muestran que no conocen las Escrituras, que, como Jesús acaba de exponer al modo rabínico, prueban que los muertos resucitan, y que ellos no reconocen el poder de Dios; si Él tiene el poder que justamente se le atribuye, es evidente que puede, entre otras cosas, hacer que los muertos vivan de nuevo. Pero la respuesta de Jesús era quizá más aguda de lo que esto sugiere[20]. Las dos primeras bendiciones de la oración *Amidâ* (que es muy antigua; es muy probable que las partes que nos interesan existieran antes del tiempo de Jesús, quizá en el s. II a. C.) se conocen respectivamente como *Abôt* y *Gebûrôt*. La primera se llama así porque se dirige a Dios como el «Dios de Abrahán, Dios de Isaac, Dios de Jacob... que te acuerdas de las obras piadosas de los Patriarcas». La segunda recibió ese nombre porque se dirige a Dios como «poderoso por siempre» *(gibbôr le'ôlām)* y más tarde como «Señor de hechos poderosos» *(ba'al gebûrôt)*. Los hechos poderosos vienen especificados: «Tú haces que sople el viento y que caiga la lluvia. Tú sustentas a los vivientes con cariño, das vida a los muertos con gran misericordia, y guardas tu fidelidad para con los que duermen en el polvo». Con respecto a esta bendición dice Abrahams: «En su forma primitiva, esta bendición

---

[20] Oí esta interpretación dada por H. M. J. Loewe, del Queens' College.

probablemente hacía referencia a la omnipotencia de Dios en términos más generales, pero cuando los saduceos cuestionaron la resurrección, los fariseos (quizá en el reino de Juan Hircano, 135-104 a. C.) introdujeron en el *Amidâ* esta enfática afirmación de fe en el dogma»[21]. No parece imposible que el primer argumento escriturístico de Jesús pueda haber sido sugerido por la referencia a la primera bendición de los Patriarcas[22]. Pero más que posible, es muy probable que en la discusión con los saduceos sobre la resurrección Jesús haya pensado en la primera de las «bendiciones probativas» que habían sido introducidas para tratar de este mismo punto, y que se haya referido a ella, quizá por su nombre «poderes» *(gebûrôt)*, que sencillamente cambiaría al singular (el δύναμις de nuestros Evangelios) alguien que no reconoció la alusión. Si esta sugerencia es verdadera, el argumento de Jesús se basa tanto en la Escritura como en la liturgia; y su ataque a los saduceos podría parafrasearse: «No conocéis ni la Biblia ni el libro de oraciones». Ahora bien, los poderes de Dios en el *Gebûrôt* incluyen el poder de resucitar los muertos, y, según esto, si el dicho de los Evangelios se basa en el *Gebûrôt* (y la sugerencia parece plausible), este uso de δύναμις contiene también una referencia específica a los hechos poderosos de Dios en los últimos días. La referencia a la lluvia en esta oración piensan algunos que tiene un significado escatológico. Los testimonios sobre este punto se encuentran en Str.-B. IV, 215b.

6) δύναμις *como poder milagroso*. Los evangelistas describen varias veces a Jesús como poseído de un poder para obrar milagros, y que residía en él casi como un fluido físico que se transmitía a otros por el tacto; en realidad, algo muy parecido a una carga eléctrica, o al *mana* en el pensamiento primitivo. Esto es lo que insinúan algunos ejemplos[23] en los que Jesús realiza una curación por medio de un contacto físico entre él y el enfermo, como cuando, p. ej., toca al leproso en Mc 1, 40-45. Esta impresión, basada en los gestos de Jesús que se conservan en los milagros de curaciones, es ampliamente confirmada por varias afirmaciones de los evangelistas. La curación de la mujer con el flujo de sangre

---

[21] ISRAEL ABRAHAMS, *Companion to the Authorised Daily Prayer Book*, 59.
[22] Cf. una oración pegada a esta bendición para usarla durante los Diez Días de Penitencia: «Tennos presentes en la vida, oh Rey que te complaces en la vida, e inscríbenos en el libro de la vida, por ti mismo, oh Dios viviente». Pero esta oración pertenece a la época gaónica.
[23] Véase más adelante, pp. 128 s.

ofrece un caso particularmente claro. Ella misma cree que si consigue tocar el manto de Jesús se curará. La creencia es justificada por lo sucedido, y Jesús, sin haber visto a la mujer, siente que un poder (δύναμις) pasó de él al cuerpo enfermo de ella (Mc 5, 30; cf. Lc 8, 46). No hay indicación alguna de este uso de δύναμις en Q o en Mateo, pero Lc 6, 19 es un caso muy semejante: es como si de Jesús saliese una δύναμις para curar a la gente. Según Lc 9, 1, este poder era transferible; Jesús podía comunicarlo a sus discípulos[24].

Probablemente tenemos que incluir aquí (y no en el punto 1) Mc 6, 14, aunque el plural (αἱ δυνάμεις) resulta algo extraño. El poder de obrar milagros estaba activo en Jesús, como habría que esperar si de verdad era Juan el Bautista resucitado de entre los muertos. Pero, como señala Torrey[25], solo se requiere un ligerísimo cambio en la puntuación en un supuesto original arameo para obtener el equivalente a ἐνεργοῦνται αἱ δυνάμεις ὑπ' αὐτοῦ, en cuyo caso el pasaje entraría en 1). Debemos anotar también Lc 4, 36, aunque, como veremos más adelante (pp. 126 s.), Lucas[26] ha insertado aquí la palabra δύναμις no con mucho acierto, en un contexto marcano que originalmente no la contenía.

En estos pasajes tenemos las pruebas más claras posibles de que se consideraba a Jesús como un hombre «pneumático», equipado con poder espiritual sobrenatural. El cuadro trazado en muchos pasajes es tan consistente que apenas es posible dejar de representarse la impresión causada por Jesús en la mente de sus contemporáneos. De nuevo tenemos que subrayar que no nos interesa aquí la cuestión de si sucedieron o no los milagros, o más bien la cuestión de lo que exactamente sucedió en ellos, o cómo pueden explicarse a la moderna mentalidad científica. El punto principal a que tiene que asirse el historiador es que Jesús actuaba como si ejercitase un poder excepcional sobre los mundos natural y sobrenatural, y que este poder era admitido tanto por sus amigos como por sus adversarios. Actuaba con autoridad espiritual, y este hecho está bien testimoniado por aquellos que decían: «Tiene a Beelzebul, o un espíritu inmundo», como por aquellos que escribieron los relatos del bautismo y las tentaciones.

7) δύναμις *como el poder del Espíritu*. En unos pocos casos aparece claro (sea directa o indirectamente) que δύναμις no solo es el poder de

---

[24] Que fuese este el pensamiento de Lucas se confirma por Act 5, 15; 19, 11 s. (nótese en especial el uso de δύναμις en Act 19, 11).
[25] *Our Translated Gospels*, 98.
[26] Este uso de δύναμις es evidentemente característico de Lucas.

Dios en general, sino el poder ejercido por o a través del Espíritu divino. La expresión «poder del Espíritu» aparece explícitamente en Lc 4, 14: después del bautismo y las tentaciones Jesús volvió a Galilea a comenzar su ministerio ἐν τῇ δυναμει τοῦ πνεύματος. La fuente de este poder era la unción con el Espíritu en el momento de su bautismo por Juan (= Elías)[27].

La conexión entre δύναμις y πνεῦμα es igualmente clara, en otro contexto muy diferente, en Lc 24, 49. En este punto, el tercer evangelista está preparando evidentemente la transición del primero al segundo volumen de su historia. El capítulo segundo de los Hechos, el evento de Pentecostés, estaba en su mente cuando escribía los últimos versículos del Evangelio. El «ser revestidos con poder» de que habla, solo puede referirse a la bajada del Espíritu el día de Pentecostés.

Hay dos pasajes igualmente claros en el primer capítulo de Lucas. En 1, 17 se profetiza que Juan el Bautista realizará la función de precursor en el espíritu y poder de Elías. Ahora bien, en este pasaje, «espíritu» significa el Espíritu de Dios[28], y el paralelismo entre δύναμις y πνεῦμα es estrecho. De nuevo, en 1, 35, las dos cláusulas, «El Espíritu Santo vendrá sobre ti» y «El poder del Altísimo te cubrirá con su sombra», hay que tomarlas ciertamente como miembros de un paralelismo sinonímico, y es probable que no haya diferencia alguna de significado entre ellas.

Queda un pasaje, en el que quizá podamos ver, aunque no con la misma certeza, la equivalencia de espíritu y poder. En la descripción de la curación del paralítico, Lucas (5, 17) dice: «El poder del Señor estaba con él para curar». Se recordará cómo Lucas ha citado hace poco (en 4, 18 s.) a Is 61, 1: «El espíritu del Señor está sobre mí... él me ha enviado para proclamar... la recuperación de la vista a los ciegos», etc. Pero este paralelo no se puede urgir, y 5, 17 sea quizá simplemente otro ejemplo más del uso de δύναμις como poder milagroso.

En estos pasajes vemos el poder «pneumático» de Jesús, tal como se reveló en su ministerio profético y taumatúrgico, atribuido directamente al Espíritu de Dios; esto es lo que le impulsa a predicar el evangelio y a curar a los enfermos.

---

[27] Lucas obviamente intenta esta descripción de Jesús como un hombre «pneumático», que revela y emplea el inmediato poder de Dios; esto vale al menos para toda la primera parte del Evangelio; cf. Act 10, 38.

[28] Cf. 2 Re 2, 9. El Espíritu de que se trata es el que causa la actividad profética, o sea, el Espíritu de Dios.

Hemos examinado hasta ahora todos los usos del término δύναμις en los Evangelios sinópticos. De este análisis emerge un punto muy importante para la doctrina del Espíritu Santo.

Las tres últimas secciones que hemos considerado, 5), 6) y 7), son particularmente significativas. Tanto 5) como 7) representan conceptos bíblicos muy familiares, el desvelamiento del poder de Dios en un acto final de salvación, y su poderosa actividad por medio del Espíritu que lleva a cabo su inmanencia. Por otra parte, tampoco hay nada sorprendente en 6), cuando se afirma que se reveló un poder excepcional en él, del que se creía que era Hijo de Dios. Pero ahora tenemos que hacernos estas preguntas: ¿cómo hay que concebir este poder milagroso residiendo en la persona de Jesús? ¿Tiene alguna relación con otros conceptos bíblicos de poder a los que hemos aludido antes? Con otras palabras: ¿se le considera como una anticipación de la futura demostración del poder de Dios, como una realización proléptica de su futura bendición? ¿O se lo concibe como el resultado de una comunicación especial del Espíritu de Dios? Por desgracia, no es posible dar una respuesta sencilla y clara a estas cuestiones. Los pasajes citados en 7) procedían todos de Lucas; es decir, el tercer evangelista parece que ha considerado el «poder» como la energía del Espíritu, mientras que la connotación característica de δύναμις en Marcos es escatológica; con otras palabras, se usa en profecías sobre los últimos días (9, 1; 13, 26). En los mismos Evangelios sinópticos encontramos la tensión, que ciertamente es evidente en el N.T. en su totalidad, entre la concepción de Jesús como un heraldo de la consumación divina de la historia, y la que ve en él al fundador de una religión universal y espiritual. Esta tensión se concentra en el uso de la palabra «espíritu», pues la efusión del Espíritu, en sí mismo atemporal, pertenece a los últimos días (Joel 3, 1 ss.). Fe en Jesús como el redentor escatológico, y fe en él como el fundador «pneumático» de una comunidad «pneumática» quedan en un momento fusionadas y puestas de realce con la aparición real en la vida de Jesús de la δύναμις de Dios. Esto que era el objeto de la explicación por parte de los evangelistas agotó y desbordó las categorías de que disponían; este hecho da razón de gran parte de la confusión y de las aparentes contradicciones en su lenguaje. En él la era que va a venir no será una cosa cerrada en el futuro; el Espíritu no será apagado. Las palabras que usan los evangelistas, tanto en lo que dicen como en lo que claramente tienen de inadecuadas, revelan la fe de estos escritores en el carácter único de los acontecimientos que describen. El «Otro», que no es menos «otro» si se le considera como futuro y no como presente, o como espíritu y no como carne, invade este mundo; y el poder milagroso de Jesús testimonia esa invasión. Sin embargo, el futuro completamente realizado siempre aparece determinado por el presente existente (p. ej., Mc 9, 1), y el significado espiritual de las acciones de Jesús permanece oculto (Mc 8, 17-21)[29].

B. EL TÉRMINO ἐξουσία EN LOS EVANGELIOS SINÓPTICOS

Hemos visto cómo el término δύναμις se usa frecuentemente en los Evangelios sinópticos para describir la actividad poderosa de Dios, en especial tal como se reveló en las obras realizadas por Jesús de Nazaret. Tiene un significado muy parecido al de ἐνέργεια (cf. Ef 1, 19 s.); es decir, no es solo el poder de Dios, sino el poder de Dios en acción, la fuerza que realiza una obra. En comparación con esta energía cinética, por decirlo así, ἐξουσία corresponde a la energía potencial; es la autoridad divina que en cualquier momento puede manifestarse como poder, δύναμις por el impulso de la voluntad de Dios. Este contraste entre δύναμις y ἐξουσία no es, por supuesto, peculiar al griego bíblico, sino que está envuelto en el significado propio de cada palabra. Por esta razón, ἐξουσία se podía usar para un cargo, o magistratura, que confería autoridad o capacidad de ejercitar la δύναμις. Así, ἐξουσία pertenece a un grado de efectividad que se encuentra al fondo de la δύναμις, que la δύναμις pone de manifiesto, y de la que depende la δύναμις; aunque, como veremos, hay casos en los que ἐξουσία se usa sustancialmente en el mismo sentido que δύναμις.

No es distinto el uso de ἐξουσία en los LXX[30]. Como era de esperar, se atribuye a Dios, aunque no con mucha frecuencia; véase, p. ej., Dan 3, 100[31]. Pero en la atribución de la autoridad a Dios no hay nada de peculiarmente bíblico.

Ἐξουσία se usa cinco veces en los Evangelios sinópticos sin una inmediata significación teológica: Mc 13, 34; Lc 12, 11; 19, 17; 20, 20; 23, 7. Todos ellos entran dentro de la esfera del uso normal griego. Los restantes podemos clasificarlos como sigue:

---

[29] Cf. 2 Cor 12, 9. De este punto se volverá a tratar más adelante, pp. 231 s.
[30] Cf. *TWNT*, II, 561 s.
[31] Parece que esta palabra solo se empleó en las últimas etapas de la traducción de los LXX; no se encuentra en el Pentateuco griego.

1) *Casos donde* ἐξουσία *tiene sustancialmente el mismo significado que* δύναμις. Parece que el significado de ἐξουσία es diferente en cada evangelista; o quizá haya que decir que Lucas no es cuidadoso en el uso de este término. Esto resulta de la comparación de los paralelos lucanos con ciertos usos marcanos de ἐξουσία. Mc 1, 27 será examinado en 3), más abajo; pero el paralelo lucano (Lc 4, 36) parece tratar como sinónimos δύναμις y ἐξουσία. Lo mismo sucede con Mc 6, 7 (cf. 3, 15). Lucas en su paralelo (Lc 9, 1; cf. 10, 19) junta δύναμις y ἐξουσία sin hacer distinción entre ellas. La misma observación hay que hacer con respecto a un pasaje de Q, Lc 12, 5. Teniendo en cuenta este pasaje, apenas se puede decir que Lucas estaba interesado en distinguir entre la autoridad para arrojar en la Gehenna y el ejercicio de esta autoridad; y el paralelo mateano (Mt 10, 28), que tiene δυνάμενον en lugar de ἐξουσίαν ἔχοντα, pone en evidencia la equivalencia de los dos términos en este caso[32]. Ya hemos hecho referencia a Lc 10, 19 (del material propio de Lc), donde se trata del poder concedido a los discípulos, y que se describe diversamente como δύναμις y como ἐξουσία. Para Lc 22, 53 nos remitimos de nuevo a Lc 10, 19; no hay ninguna diferencia real entre ἡ ἐξουσία τοῦ σκότους[33] y ἡ δύναμις τοῦ ἐχθροῦ. Resulta algo más dudoso el poder citar aquí Mt 9, 8, que quizá haya que considerar como una referencia a la ἐξουσία de Mt 9, 6 (véase 4). Pero es probable que Mateo solo estuviera dando un equivalente de Mc 2, 12, y que no hiciera una referencia explícita a la autoridad para perdonar los pecados (cf. Creed, *Luke*, 80).

2) Ἐξουσία *como la autoridad antecedente a la* δύναμις, o sea, ἐξουσία en su sentido propio. Tendríamos que citar aquí los pasajes marcanos (3, 15; 6, 7) donde Jesús confiere autoridad a los discípulos para su ministerio de curaciones y exorcismos. Jesús les da autoridad para que puedan ejercer la δύναμις. Cierto que esta esmerada distinción estaba ausente de la mente de Marcos, pero según el uso griego se emplea la palabra apropiada.

Un caso interesante ocurre en el milagro de Q sobre la curación del siervo del centurión. El fundamento de la confianza del centurión en Jesús es que él mismo es un hombre ὑπὸ ἐξουσίαν (Mt 8, 9; Lc 7, 8 añade τασσόμενος), y por tanto conoce el significado de la autoridad. Como centurión, se encuentra en una posición de dependencia; a pesar de esto,

---

[32] Es muy probable que ambas expresiones sean variantes de traducción, aunque sería difícil decir en qué etapa de la traducción fueron introducidas las variantes.
[33] Pero cf. Lc 4, 6 más adelante en 2).

aquellos que a su vez están bajo su autoridad obedecen al instante a sus órdenes. Por el contrario, Jesús, a quien apela, no se encuentra en una situación de dependencia; su absoluta autoridad estará en consecuencia tanto más segura de una respuesta inmediata en la curación de un enfermo. Las palabras del centurión no clarifican demasiado el argumento; no se esperaba que mencionase su propia condición de dependencia sin aclarar más su argumento *a minori ad maius*[34]. Las enmiendas que se han sugerido no son convincentes, pero en todo caso la idea de autoridad permanece inalterada. Se puede esperar que Jesús obre un milagro porque está en una posición para mandar a los fenómenos de la naturaleza.

En Lc 4, 6 el demonio reclama la autoridad sobre todos los reinos del mundo; o quizá mejor, que las diversas «autoridades» de los varios reinos de la tierra estaban incluidas en su recompensa. Esta autoridad le ha sido entregada (παραδίδοται) a él, y puede transferirla[35] a quien él quiera.

3) Ἐξουσία y *rešût*. Daube[36] ha escrito un importante artículo sobre el uso de ἐξουσία en Mc 1, 22. 27 (con referencia también a Mc 11, 27-33). Su explicación de Mc 1, 22. 27 se puede sintetizar con sus propias palabras: «(1) ἐξουσία en los vv. 22 y 27 puede corresponder a la palabra hebrea *rešût* o a la aramea *rešûtā'* en cuanto autoridad para establecer doctrinas y decisiones tales que tengan fuerza vinculante. (2) Los γραμματεῖς, los *sôferîm*, en cuanto opuestos en el v. 22 a los que enseñan con *rešût*, pueden ser los maestros inferiores que no están capacitados para introducir normas. (3) En el v. 27 el pueblo, al señalar la διδαχή καινὴ κατ' ἐξουσίαν, querría dar a entender que Jesús impartía una enseñanza nueva, que se fundaba en la *rešût* o, en nuestro caso, como si se fundase en la *rešût*»[37]. Daube ilustra a continuación el uso de *rešût* en los textos rabínicos. Parece que significa la autoridad que se confería por una especie de ordenación que solía efectuarse por la imposición de manos[38]. Con ello se quería dar a entender que «la persona que recibía la ordenación participaba plenamente de aquella sabiduría que, según se creía, procedía en último término de Moisés»[39]. Solo los maestros con esta autoridad podían dar nuevas *hălākôt*. «Hay indicios de que los más antiguos

---

[34] Por ejemplo, usando en vez del indicativo εἰμί el participio ὤν (en sentido concesivo), y en lugar de ἔχων el indicativo ἔχω; así McNeile, *Matthew*, 104.
[35] δίδωμι = παραδίδωμι, cf. J. H. Moulton, *Prolegomena*, 115.
[36] *JTS* XXXIX, 45-59.
[37] *Op. cit.*, 45.
[38] Tal era el caso de Palestina, no en Babilonia.
[39] *Op. cit.*, 48.

tannaítas ordenados se ocupaban generalmente solo de los problemas principales, mientras que las cuestiones menos importantes eran dejadas para sus alumnos. Por una tradición tannaíta que aparece en *Bab. Sanh.* 5b sabemos que bajo R. Judá Hanasi se consideró que era necesario abrogar esta costumbre: se dio una orden de que incluso los casos menores, tales como las cuestiones de pureza o impureza, no se debían decidir más que por un hombre, '*l*' '*m kn nwlṭ ršwt mrbw*, «a no ser que hubiese recibido *rešût* de su rabbí»[40]. El significado del pasaje marcano en cuestión viene a ser, según esta teoría, el siguiente: Mc 1, 22: el gentío estaba asombrado por la enseñanza de Jesús, pues enseñaba no como uno de los maestros del grado inferior a los que estaban acostumbrados[41], sino como un Rabbí que había sido oficialmente autorizado. Mc 1, 27: la gente se asombra de nuevo y se fija en la enunciación de una nueva norma o enseñanza respaldada por una autoridad oficial. Mc 11, 27-33: los sumos sacerdotes, escribas y ancianos, al ver lo que Jesús había hecho en el templo, le preguntan qué autoridad tenía para hacer aquello y, una importante novedad en la pregunta, quién le dio esta autoridad, o sea, quién fue el Rabbí que le ordenó.

Daube no da a entender que esta ἐξουσία (=*rešût*) era todo lo que los mismos evangelistas atribuían a Jesús. «Aunque admitamos que en Mc 1, 22 y 27 se hace una referencia a la *rešût en cuanto* autoridad rabínica, estamos muy lejos de negar que los discípulos de Jesús, ya desde los comienzos, considerasen que su ἐξουσία era de una clase muy diferente»[42]. En relación con la ἐξουσία de Jesús (Mc 11, 27-33) dice: «La razón del ataque está clara: actúa como un Rabbí, como uno que tiene *rešût*, sin haber sido ordenado propiamente. Así mismo, es evidente que, cuando se niega a dar una explicación, ἐξουσία tiene un significado muy diverso»[43]. Daube continúa mostrando que «*rešût*, además de su significado técnico, algunas veces se refiere al dominio y gobierno de Dios, o incluso al mismo Dios... En términos generales, se podría quizá decir que la idea de su ἐξουσία se formó por analogía con *rešût en cuanto* autoridad rabí-

---

[40] *Op. cit.*, 49.
[41] «Galilea fue mucho menos afortunada que Judea por lo que toca al nivel general del saber: véase H. GRAETZ, *Geschichte der Juden*, 5.ª ed., vol. III, pp. 281 ss. Los pasajes Jn 1, 46; 7, 41. 52 son muy significativos a este respecto. En consecuencia, cuando Jesús apareció predicando como uno que tenía *rešût*, tuvo que ser realmente una gran sorpresa para sus oyentes». DAUBE, *op. cit.*, 49, n. 2.
[42] *Op. cit.*, 56.
[43] *Op. cit.*, 56.

nica; solo que con sus obras poderosas y, en especial, con su mensaje mesiánico, reclamaba un título más alto, a saber, *rešût en cuanto* esfera de Dios y poder supremo»[44].

La principal objeción a esta teoría es que en los pasajes citados ἐξουσία aparece en conexión con las obras más que con las palabras de Jesús. En Mc 1, 27, WH puntúan el texto de un modo diverso, poniendo κατ' ἐξουσία no con διδαχὴ καινή sino con καὶ τοῖς πνεύμασι, κτλ. Y en Mc 11, 28 los adversarios de Jesús le preguntan con qué autoridad ταῦτα ποιεῖς, no ταῦτα διδάσκεις, y se refieren claramente a la purificación del templo. La respuesta de Daube a esta crítica es, efectivamente, que enseñanza y acción (especialmente en el caso de los exorcismos) no estaban tan separadas en el pensamiento judío antiguo como lo están en la mentalidad moderna. Jesús pudo muy bien haber transmitido su enseñanza por medio de acciones o sirviéndose solo de palabras; y «hay muchos pasajes en el Talmud que sugieren que, a lo largo del período tannaítico y mucho tiempo después, se contaba con que los grandes rabbíes estuviesen familiarizados con el mundo de los espíritus y los dominasen»[45].

Es probable que tal explicación sea correcta; esto hará más interesante la respuesta de Jesús a sus interlocutores en Mc 11, 27-33, pasaje que a continuación vamos a considerar. La respuesta de Jesús, que los tres evangelistas la reproducen sustancialmente de la misma forma, es a su vez una segunda pregunta: ¿el bautismo de Juan era de origen divino o humano?[46]. El efecto inmediato de esta respuesta fue el reducir al silencio a los que le preguntaban, y evitar así la necesidad de una respuesta directa; pero era una verdadera respuesta, y no solo una evasión, y como tal hay que reconocerla. El objeto de las palabras de Jesús parece que es doble: a) contrastar dos fuentes de autoridad. Hay una autoridad que deriva de los hombres (ἐξ ἀνθρώπων). Tal era la *rešût* de los rabbíes. Era una forma real e importante de autoridad, pero se diferenciaba de la autoridad derivada de otra fuente, esto es, de Dios. Hombres tales como Jesús y Juan tenían la misma autoridad que los profetas, que no dependía de intermediarios humanos. Probablemente hay aquí una admisión tácita de que Jesús no fue un rabbí ordenado[47]. Lo que hace Jesús es trasladar

---

[44] *Op. cit.*, 57.
[45] *Op. cit.*, 58.
[46] «Del cielo» es naturalmente una perífrasis por «de Dios».
[47] Cf. DAUBE, *op. cit.*, 57n.: «De haber alguna duda, este pasaje pone en claro que ni Jesús ni Juan el Bautista habían recibido una ordenación en el sentido técnico».

la palabra *rešût* de su significado técnico a un significado teológico; como hemos visto, estos dos significados de la palabra corresponden exactamente a ἐξουσία ἐξ ἀνθρώπων y ἐξουσία ἐξ οὐρανοῦ[48]. b) Es probable que de este modo intentase afirmar que, si su autoridad tenía conexión con alguna fuente humana en cualquiera de sus formas, tal conexión solo podía ser con la de Juan, o sea, Jesús se encontraba en la sucesión profética, no en la académica. Sin embargo, es más probable que Jesús quiera decir sencillamente que su autoridad venía directamente del cielo, y posiblemente también que esa vino sobre él en el momento de su bautismo por Juan[49].

Antes de dejar esta sección se puede anotar que Lucas (quizá porque era gentil y poco familiarizado con los términos técnicos de las escuelas judías) leyó Mc 1, 27 con objeto de conectar la ἐξουσία de Jesús con sus exorcismos, y según esto entendió ἐξουσία como un término semejante (si no sinónimo del todo) a δύναμις (véase un poco antes, pp. 119-122).

4) Ἐξουσία *como autoridad divina*. Aquí solo es preciso considerar dos pasajes. El primero es Mc 2, 10 (= Mt 9, 6 = Lc 5, 24). El Hijo del hombre tiene autoridad para perdonar pecados. Se ha sostenido con frecuencia que la idea del perdón ha sido insertada en esta perícopa, que originariamente era solo una narración de milagro. Baste aquí con decir que el paréntesis en el que surge este tema es característico de Marcos[50], y que es imposible asignarle a la presente forma del relato una intención que no lleve consigo la asociación de la curación del cuerpo con el perdón de los pecados, y que esta narración debe ciertamente su posición en este punto de la narración marcana a que servía de soporte a la cuestión sobre la autoridad y a la doctrina del perdón. La autoridad que Jesús reclama al absolver al paralítico es divina. St.-B. (sobre Mt 9, 6: I, 495) dicen: «En el período más antiguo, por lo común se daba por supuesto la inmunidad de pecado de la comunidad salvada. Según algunos pasajes, el Mesías contribuye a la realización de este futuro ideal, en cuanto que por el juicio destruye a los descreídos de Israel, reduce a la nada el poder de las fuerzas demoníacas, y por su gobierno protege del pecado al pueblo justo... También aparece la idea de que Israel conseguirá el perdón de los pecados por la intercesión y los sufrimientos del Mesías... Pero,

---

[48] Cf. Gal 1, 1.
[49] Véase también el comentario de Reitzenstein a Mc 1, 22, al que nos referimos más adelante, p. 145.
[50] Cf. C. H. Turner, *JTS*, XXVI, 145-56.

por otra parte, no conocemos ningún pasaje en el que el Mesías por su propia autoridad conceda a alguien el perdón de los pecados. El perdón de los pecados permanece en todas partes como un derecho exclusivo de Dios». Así, Marcos está en lo cierto cuando hace decir a los escribas (2, 7): «¿Quién puede perdonar los pecados más que Dios solo?», y al rebatir la acusación de blasfemia contra Jesús. Por otra parte, en Mt 9, 8 el gentío hace referencia al milagro (ἰδόντες) y al poder milagroso de Jesús cuando «glorifican a Dios que ha dado tal poder (ἐξουσίαν) a los hombres». No se entiende en absoluto a Marcos si se supone que su «Hijo del hombre» hay que interpretarlo como «los hombres» del redactor posterior; Marcos no quiere decir que cualquier hombre tenía el poder divino para perdonar los pecados.

El *logion* que queda es Mt 28, 18. Aquí Jesús reclama para sí, con frases que recuerdan el Cuarto Evangelio (cf. p. ej., Jn 5, 27; 10, 18; 17, 2), una autoridad completa que solo puede calificarse como divina. Podemos comparar la falsa pretensión de Satán (Lc 4, 6). El *logion* tiene sus raíces profundas en la tradición evangélica, y aparece en otra forma (sin la palabra ἐξουσία) en Q (Mt 11, 27 = Lc 10, 22).

C. LAS NARRACIONES DE MILAGROS EN LOS SINÓPTICOS

Acerca de las narraciones de milagros en general podemos hacer también las dos observaciones que hicimos al tratar de los exorcismos. 1) La gran mayoría de los milagros están registrados en Marcos. Las otras secciones de la tradición evangélica proporcionan relativamente pocos; por ejemplo, en Q solo hay dos (el siervo del centurión, Mt 8, 5-13 = Lc 7, 1-10; un endemoniado, Mt 12, 22 s. = Lc 11, 14). Sería erróneo el suponer que esta distribución desigual de las narraciones de milagros sea una prueba de que hubo un período en el que la Iglesia creía en un Jesús que no obró ningún milagro y que estaba desprovisto de autoridad sobrenatural; hay en Q al menos un *logion* sorprendente sobre los milagros de Jesús (Mt 11, 2 ss. = Lc 7, 18 ss.) que en algunos aspectos es más importante que cualquier relato marcano. 2) A menudo Marcos refiere brevemente en sus sumarios los milagros obrados por Jesús.

También hay que advertir que muchas veces resulta difícil trazar una línea bien definida entre los exorcismos y otros milagros. Por ejemplo, al calmar la tempestad (Mc 4, 35-41), Jesús se dirige al mar como si estuviese poseído por algún demonio; y la enfermedad se consideraba con frecuencia como el resultado de una posesión.

1) *Milagros acompañados de un acto físico.* La mayoría de los milagros del Evangelio de Marcos entran en esta categoría; pero algunas veces reciben modificaciones notables por parte de los redactores del primero y tercer Evangelios.

Milagros del Evangelio de Marcos:

- *a)* La suegra de Pedro. 1, 30 s.
- *b)* Un leproso. 1, 40-45.
- *c)* El hombre con el brazo atrofiado. 3, 1-6.
- *d)* Muchos intentan tocar a Jesús. 3, 10.
- *e)* La hija de Jairo. 5. 21-24. 35-43.
- *f)* La mujer con el flujo de sangre. 5, 25-34.
- *g)* Unos pocos enfermos en Nazaret. 6, 5.
- *h)* Los discípulos ungen con aceite. 6, 13.
- *i)* Tocan el borde de su manto. 6, 56.
- *j)* El sordomudo. 7, 32-37.
- *k)* El ciego de Betsaida. 8, 22-26.

No hay que mencionar en este apartado ningún milagro de Q.

Al tratar del material peculiar de Mateo hay que advertir ante todo que en la forma mateana de *d)* y *g)* se omiten las acciones que Marcos asocia a la curación, y que Mateo omite por completo *h)*, *j)*[51] y *k)*[52]. Es fácil observar que *h)*, *j)* y *k)* son los milagros en los que el grado de manipulación es mayor. El único milagro mateano que entra aquí en consideración es el de 9, 27-31, la curación de los dos ciegos, cuyos ojos toca Jesús. Puede que en el modo de contar esta historia Mateo haya estado influenciado (como alguien ha sugerido) por el relato marcano de 8, 22-26, el ciego de Betsaida, aunque faltan los rasgos realmente distintivos de este último relato.

Así mismo, cuando examinamos el material propio de Lucas, es preciso confrontar ante todo la redacción lucana de los relatos de Marcos. Lucas omite el contacto físico en *a)*, afirmando solo que Jesús «se inclinó sobre»

---

[51] Pero cf. las curaciones generales que describe Mateo en el lugar correspondiente (Mt 15, 30 s.) de su Evangelio.

[52] Pero cf. Mt 9, 27-31, que, según STREETER, *Four Gospels*, 170, lleva las huellas de Mc 8, 22-6.

la suegra de Pedro[53]; en su paralelo a Mc 6, 13 *h)* dice que los discípulos realizaban curaciones, pero no menciona el uso del aceite. Omite por completo los pasajes *i), j), k)*; pero estos entran dentro de la «gran omisión», y su ausencia hay que explicarla quizá por motivos que nada tienen que ver con sus contenidos. Lucas no habla de los pocos enfermos curados por la imposición de las manos de Jesús en *g)*; también esto puede que sea debido a que Lucas se haya servido de una fuente diferente de la de Marcos para su relato de la predicación de Jesús en Nazaret; en todo caso, hacía un uso muy libre de Marcos en este punto. Hay más material relativo a los milagros en la sección peculiar de Lucas que en la de Mateo, pero son pocos los casos en los que se echa mano de los medios físicos para la curación. Estos son:

α) La resurrección del hijo de la viuda de Naín, 7, 11-17. Aquí se dice que Jesús tocó el ataúd en el que yacía el joven; no está claro si este gesto tiene significado o no.

β) La curación de la mujer encorvada, 13, 10-17.

γ) En el relato del prendimiento (Lc 22, 47-53), Lucas inserta la afirmación de que Jesús tocó y curó al hombre, cuya oreja había sido cortada por uno de los discípulos.

Así, una proporción sustancial de los relatos de milagros conservados en la tradición sinóptica implica la idea de una curación efectuada no solo por la palabra de Jesús, sino también por el uso de algún gesto, generalmente por parte de Jesús, pero ocasionalmente también por parte de la persona sanada, cuya finalidad principal solía ser el establecer un contacto físico entre Jesús y la persona enferma. Mateo y Lucas, si realmente estaban interesados en esta materia, solo suprimieron las formas más bastas de mediación milagrosa, tales como el uso de la saliva. Este contacto físico entre el médico y el enfermo es característico en las antiguas narraciones de milagros[54], pero ello acentúa fuertemente lo que se ha dicho arriba[55] sobre la δύναμις milagrosa de Jesús. El mero contacto físico con él infundía la salud a los enfermos, y su autoridad ahuyentaba las enfermedades.

2) *Las palabras en las narraciones de milagros*. Pocos datos nos proporcionan estas para nuestro propósito. En su mayor parte son escuetos imperativos que muestran poderosamente la autoridad de Jesús, pero

---

[53] Cf. LUCIANO, *Philopseudes*, 16: ἐπιστὰς κειμένοις. Era la actitud del exorcista.
[54] Véase BULTMANN, *GST*, 237 s.
[55] Pp. 119 s.

de ningún modo la definen. Estos mandatos parece que se remontan a los estratos más antiguos de la tradición evangélica, pues en dos casos Marcos los transmite en una transliteración aramea (5, 41 ταλιθὰ κούμ; 7, 34 ἐφφαθά). Generalmente se refieren sin más a la curación que se va a efectuar. Al leproso se le dice: «Queda limpio» (Mc 1, 40-45); al hombre con el brazo atrofiado se le dice que lo extienda (Mc 3, 1-6); al mar le dice Jesús: «Silencio, cállate» (Mc 4, 35-41), y a una higuera: «Nunca jamás coma nadie fruto tuyo» (Mc 11, 12-14). Hay veces en que el mandato tiene una referencia menos directa a la enfermedad, y a la persona enferma se le dice simplemente que se vaya (Mc 2, 1-12; 10, 46-52). En Lucas se encuentran los mismos imperativos directos e indirectos (Lc 5, 1-11; 7, 11-17; 13, 10-17; 17, 11-19). En una narración de milagro peculiar de Mateo (9, 27-31) hay un imperativo sin conexión inmediata con la enfermedad en cuestión, κατὰ τὴν πίστιν ὑμῶν γενηθήτω ὑμῖν. Esta expresión (que pudo haberse considerado como un eco del Gen 1, 3. 6. 14: γενηθήτω ψῶς, κτλ) fue introducida por Mateo en el milagro de Q de la curación del siervo del centurión (Mt 8, 5-13; cf. Lc 7, 1-10, donde no aparece ningún mandato de curación). No debemos omitir aquí Mc 2, 10, donde se pone de relieve el significado teológico de los milagros, al pronunciar Jesús la absolución espiritual sobre el paralítico.

Todos estos mandatos muestran simplemente que Jesús era uno que, al decir de Ignacio (Ef 15, 1), «hablaba y sucedía». Ejercitaba una extraordinaria autoridad espiritual. Con estos mandatos milagrosos tenemos que comparar la obediencia que le mostraron unos hombres que, a una orden suya, dejaron su trabajo, parientes y posesiones para seguirle (Mc 1, 16-20; 2, 13 s.; 3, 13-19); Mt 4, 18-22; 9, 9; Lc 5, 1-11, con un milagro sobre la naturaleza; 5, 27 s.; 6, 12-16)[56]. Aquí también vemos la divina, a la vez que indefinida δύναμις de Jesús.

3) *Comentarios de los espectadores de los milagros.* No son estos particularmente ilustrativos, excepto la impresión general que transmiten. El efecto de los milagros sobre el gentío que los contemplaba, según indican los comentarios que les atribuyen los evangelistas, se puede resumir como sigue:

a) Asombro. Los términos ἐξίστασθαι (Mc 2, 12; 5, 42; 6, 51 s., en algunos casos son paralelos en Mateo y Lucas) y θαυμάζειν (Mt 8, 27;

---

[56] Pero de ningún modo aseguraba una obediencia universal; su autoridad no era tan manifiesta como para que resultase evidente; muchos fueron los llamados, pero pocos los escogidos.

9, 33; 15, 31; Lc 8, 25) se usan con mucha frecuencia. Encontramos también ἐκπλήσσεσθαι (Mc 7, 37) y θάμβος (término lucano). La tendencia de los evangelistas posteriores es poner más énfasis en el asombro de los espectadores; cf. Mc 11, 21 con Mt 21, 20.

b) Miedo. Esto (representado por los térmions φόβος y φοβεῖσθαι) se encuentra en Mc 4, 4 (y en el paralelo lucano); 5, 15; Mt 9, 8; Lc 5, 26; 7, 16; 8, 25. Compárese la petición de los Gerasenos (Mc 5, 17 y paralelos) para que Jesús se marche de su territorio. Por supuesto que se puede explicar esta petición como debida simplemente al deseo de no perder más cerdos; pero en el contexto, el miedo de Mc 5, 15 es lo que determina más probablemente su motivo.

c) Glorificación de Dios, regocijo. El término δοξάζειν se emplea varias veces (Mc 2, 12; Mt 9, 8; 15, 31; Lc 5, 26; 7, 16; 17, 15), χαίρειν una vez (Lc 13, 17) y εὐχαριστεῖν una vez (Lc 17, 16). Dentro de este apartado entraría la alabanza a Jesús en Mc 7, 37, que después la toma Mateo (Mt 15, 31), pero en el contexto de otro milagro que no deriva de Marcos.

d) Confesión de la autoridad de Jesús. Se da un paso adelante con respecto a la última referencia que hemos dado. En una forma elemental aparece en Mc 1, 27 (= Lc 4, 36)[57]. Una admiración semejante se expresa en Mc 4, 41 y paralelos. Lucas contiene dos confesiones importantes. En 5, 8, Pedro, después de ver la milagrosa captura de peces, dice a Jesús: «Apártate de mí, Señor, que soy un pecador». Este dicho da a entender claramente que Jesús había revelado una autoridad que le distinguía de los pecadores. En 7, 16, Jesús es reconocido como profeta y la gente declara que Dios ha visitado a su pueblo. Mt 14, 33 es un caso interesante; pues en este Evangelio, después del milagro de caminar sobre las aguas, los discípulos confiesan que Jesús es el Hijo de Dios; esto aparece en sustitución de un pasaje muy diferente de Marcos, que consideraremos dentro de poco.

e) Acusación contra Jesús. A Jesús se le acusa de expulsar los demonios por Beelzebul (Mc 3, 21 ss. y paralelos; Mt 9, 34; cf. 10, 25). También esto constituye una confesión del poder sobrenatural de Jesús[58]. En Mc 3, 6 los fariseos se ponen a planear con los herodianos el modo de acabar con Jesús; pero la razón de esto está en su actitud con respecto al sábado,

---

[57] La puntuación de este versículo es dudosa; véase más atrás p. 126.
[58] Véase más adelante, p. 145.

no en sus milagros como tales. Así mismo, en Mt 21, 15 los sumos sacerdotes y los letrados, al ver los milagros obrados por Jesús en el templo, le reprenden por la confesión mesiánica hecha por sus seguidores.

f) Incomprensión. Los que no llegan a comprender son los discípulos (Mc 6, 51 s., contrástese el paralelo mateano). Este pasaje es de importancia capital en cualquier tratamiento general de los milagros, o de los discípulos. Hay que tomarlo junto con Mc 8, 14-21. Baste aquí con decir que, según la teoría marcana, en los milagros hay algo más que su apariencia exterior; estos son, para emplear el término del Cuarto Evangelio, σημεῖα del poder de Dios[59].

g) La opinión de Herodes sobre Jesús. Se trata de un caso especial: Mc 6, 14-16 y paralelos. Identificando a Jesús con Juan resucitado de entre los muertos, Herodes da testimonio de la impresión sobrenatural causada por su poder.

Las distintas reacciones ante los milagros de Jesús confirman de diferentes maneras la opinión de que estaba poseído de un poder espiritual nada común (*único* sería quizá un término demasiado fuerte), que se manifestaba en sus hechos. Esta impresión viene expresada a la vez de un modo tan uniforme y variado que resulta difícil pensar en una creación de los evangelistas, especialmente a la vista de testimonios exteriores sobre Jesús, alguno de los cuales, mientras habla de él del modo más desfavorable, por otra parte da testimonio de su poder numinoso[60]. Estas consideraciones vienen a reforzar las conclusiones que sacamos al exponer el término δύναμις[61].

4) *Palabras sobre los milagros.* Los milagros de Jesús dejaron impresa una marca profunda en la tradición evangélica, que ofrece no solo narraciones de milagros, sino también un considerable número de palabras sobre los milagros sin una referencia a relatos particulares, pero que presuponen su existencia. Estas palabras tienen una importancia muy grande y se pueden dividir en dos clases.

a) Se consideran en este apartado los pasajes siguientes:

Mc 3, 23-30, con los paralelos, que ofrecen también la versión Q del discurso. Este controvertido pasaje ha sido expuesto arriba[62] al tratar de

---

[59] Véase más adelante 4).
[60] Cf. *b. Sanh.* 43a: Jesús fue apedreado «porque practicó la magia y extravió a Israel».
[61] Cf. p. 122.
[62] Pp. 96-102.

los exorcismos: podemos recapitular brevemente los puntos principales. Estos milagros de Jesús no se deben al poder de Beelzebul, sino a la acción del dedo[63] de Dios, lo que demuestra que el reino de Dios está cerca; en efecto, Satán está siendo atado por un adversario más fuerte que él, el Hijo del hombre. En el mismo contexto (en Mc y en Mt) aparece el *logion* sobre la blasfemia contra el Espíritu Santo. Según la interpretación de Marcos, el atribuir las obras de Jesús a un espíritu malo en lugar del Espíritu de Dios es lo que constituye la blasfemia contra el Espíritu. El compendio de todo esto es la declaración de que la obra de Jesús es la actividad personal de Dios[64], y el argumento (nótese el ἄρα en Mt 12, 28 y Lc 11, 20) de esta declaración de que la salvación mesiánica está en proceso de manifestación. Probablemente no hay razón alguna para no poder separar estos puntos principales de su asociación con los exorcismos y la controversia de Beelzebul, y aplicarlos a los milagros en general. Al menos, esto es lo que confirman otros dichos que examinaremos.

Mt 11, 2-6 y paralelo. Juan Bautista envía a sus discípulos a preguntar si Jesús es verdaderamente el que ha de venir (ὁ ἐρχόμενος). La pregunta puede ser solo un marco redaccional con la idea de proporcionar un trasfondo a la respuesta de Jesús, que en todo caso puede ser autónoma. Parece que contiene una alusión directa a Is 61, 1, interpretado como profecía mesiánica. Se le deja a Juan que saque la conclusión obvia de que Jesús, que lleva a cumplimiento la profecía curando a los enfermos, resucitando a los muertos y predicando a los pobres, es el que ha de venir. No hay ninguna referencia directa a las palabras del comienzo de la profecía, «El Espíritu del Señor Dios está sobre mí», aunque pudieron haber estado en la mente; aparecen citadas con suficiente claridad en Lc 4, 18 s., donde se hace el mismo uso del pasaje isaiano. Este uso de Is 61 plantea las mismas cuestiones que la controversia de Beelzebul, y de este modo abarca un campo más amplio que el de los exorcismos solamente, e incluye por cierto la actividad de evangelizar a los pobres, que no tiene carácter milagroso. La obra de Jesús está inspirada por el Espíritu de Dios; las curaciones y la predicación son *por tanto* los signos del cumplimiento de la salvación de Dios (esto lo muestra el hecho mismo de citar el A.T.).

---

[63] Lc; Mt, Espíritu.
[64] Importa poco que sea descrito por su «dedo» o por su «espíritu», ya que ambos términos denotan su poder inmediato e inmanente.

Mt 8, 17, una añadidura al contexto marcano (Mc 1, 32-34). Hay que mencionar aquí este versículo por ser también una cita del A.T. (Is 53, 4), y el hecho de la citación da a entender una vez más la idea de que los milagros eran un signo visible del cumplimiento del plan de Dios.

Mt 13, 16 s. y paralelo. Este *logion* de Q puede también tomarse aquí en conexión con los que se acaban de citar, y que se refieren al cumplimiento de los planes de Dios, y por tanto de las profecías del A.T., en Jesús. Este *logion* aparece en contextos diferentes en Mateo y en Lucas. Mateo lo coloca en su capítulo sobre las parábolas que ha fusionado de Marcos, Q y alguna otra fuente o fuentes peculiares suyas. Está inmediatamente después del *logion* marcano (Mc 4, 11 s.) sobre la finalidad y comprensión de las parábolas, y, en ese contexto, debe significar que los discípulos son dichosos por oposición a aquellos que no entienden las parábolas, cuyos ojos están cegados y cuyos corazones están embotados. Su felicidad consiste en que se les ha concedido el conocer los misterios del reino. Por otra parte, en Lc 10, 23 s., el *logion* viene colocado a continuación de la declaración de Jesús: «Todas las cosas me han sido entregadas por mi Padre: y nadie conoce quién es el Hijo, sino el Padre; y quién es el Padre, excepto el Hijo, y aquel a quien el Hijo se lo quiera revelar» (10, 22). Es decir, a los discípulos se les llama aquí dichosos porque han recibido de Jesús su revelación, su παράδοσις, sobre el Padre. Ya que los contextos de Mateo y Lucas son tan diferentes entre sí no hay necesidad de suponer que uno de los dos sea el original; y no hay ninguna razón para no pensar que las cosas «vistas y oídas» originalmente incluían las acciones, los milagros de Jesús, juntamente con su magisterio En todo caso, la felicidad de los discípulos reside en la realización de lo que sus antepasados habían ansiado ver, pero que Dios no les dio a conocer en su día. La obra de Jesús era el cumplimiento visible y audible del plan de Dios, de la esperanza del A.T.

Mt 11, 20-24 (=Lc 10, 13-16). Los milagros de Jesús tienen un valor probativo que se impone; si se hubiesen realizado en Tiro, o Sidón o Sodoma, estas ciudades se hubieran convertido; Sodoma hubiera permanecido hasta este día; y Tiro y Sidón, ya que no tuvieron la ventaja de ver los milagros, encontrarán un juicio más llevadero que el de Corozaín y Betsaida. Pero, a pesar de este, los milagros no constituyen una prueba evidente, pues en Corozaín, Betsaida y Cafarnaún fueron realizados milagros, y esas ciudades no hicieron caso de ellos. Es evidente que la diferencia está en aquellos que los ven; y esta diferencia no reside en la ventaja de haber nacido judío o en la rectitud de vida. La idea sinóptica de los milagros está contenida en esta sección, y tenemos que volver a ella[65]; de momento podemos decir simplemente que la posibilidad de reconocer la obra de Dios en los milagros de Jesús está siempre al alcance, aun cuando no siempre se verifique. En este contexto podemos considerar también el *logion* marcano, Mc 7, 27, y el milagro de Q de la curación del siervo del centurión (Mt 8, 5-13; Lc 7, 1-10; 13, 28-30). En cada uno de estos casos se realiza un milagro en beneficio de un gentil, pero se pone también de relieve, especialmente en Mc 7, 27, que los milagros pertenecen en justicia a los judíos; son el pan de los hijos. La situación es paradójica. Los milagros, como signos de la salvación de Dios cumplida, pertenecen a su pueblo peculiar, que, sin embargo, ni los comprende ni los agradece. Los gentiles, que no tienen ningún derecho a esperar milagros, revelan, no obstante, fe y comprensión, que sorprendentemente están ausentes en los judíos.

Mc 6, 52 (contrástese con Mt 14, 33); 8, 14-21 (=Mt 16, 5-12). Se trata de una sección difícil, y así la consideró evidentemente Mateo. Transformó completamente Mc 6, 52; los discípulos no llegan a comprender, y su corazón embotado se convierte en el primer Evangelio en una confesión cristiana: «Verdaderamente tú eres el Hijo de Dios». En Mc 8, 14-21, Mateo conservó la mayor parte de las palabras de Marcos, pero dio un cambio sutil al tenor de las mismas, poniendo muy en claro por medio de un versículo adicional (16, 12) que con la levadura de los fariseos y saduceos quería decir su enseñanza[66], mientras que esto no clarifica para nada lo que Marcos entendía por levadura de los fariseos y levadura de Herodes (8, 15). De los dos relatos, el de Marcos es evidentemente el más primitivo, y el de Mateo secundario. Mateo coloca a los discípulos en una perspectiva mucho más favorable que Marcos; pero no pone en claro por qué Jesús tenía que referirse a los milagros en lo más mínimo. Si Jesús se limitaba a poner en guardia a los discípulos contra la enseñanza de los fariseos y empleaba para ello el símbolo de la levadura (cuyo uso era corriente en la literatura judía para toda clase de influencias negativas), ¿por qué tuvo que recordarles que alimentó a cinco mil y a cuatro mil hombres con cinco y siete panes respectivamente, y que en cada caso sobraron cestas llenas de pan? En Marcos no se da ninguna indicación de que los discípulos entendiesen en este punto lo que

---

[65] Pp. 142 s.
[66] En Lc 12, 1 es su hipocresía.

Jesús estaba diciendo. Sería realmente posible leer sus últimas palabras (οὔπω συνίετε), no como una interrogación (así WH), sino como una constatación. Los vv. 17 s. comparan a los discípulos con aquellos que, en 4, 11 s., son considerados incapaces de entender las parábolas de Jesús. Están en peligro de caer en el mismo espíritu obtuso que los fariseos, quienes poco antes (8, 11-13) estaban pidiendo un signo[67]. Para nuestro propósito, hay que hacer una observación importante, y es que, como las parábolas, también los milagros son comprensibles y deben ser comprendidos, y a pesar de todo no se los comprende; son signos con una potencia tanto para la revelación como para el endurecimiento del corazón. Hasta los mismos discípulos están en peligro grave de entender erróneamente su significado.

Lc 13, 31-33. No es necesario que nos detengamos a tratar este oscuro *logion*. El significado exacto de los días repetidos «hoy, mañana y pasado mañana» no es claro; pero parece que es una alusión a la crucifixión y a la resurrección (también el verbo τελειοῦμαι), y en ese caso habría que coordinarlos, como el signo supremo, con los signos subordinados del ministerio de Jesús (curaciones y exorcismos)[68].

El tenor general de las palabras sobre los milagros que hemos considerado hasta ahora es que estos son actos de poder divino realizados por el representante de Dios. Como tales, son signos de la venida de la nueva era de la salvación de Dios, y en cuanto tales pueden ser reconocidos por todos los que tienen ojos para ver. Es verdad que muchos, incluso los discípulos, son ciegos, pero, a pesar de esto, el poder de Dios se reparte con prodigalidad en los milagros, cuyo significado pueden captarlo aquellos que tienen la mente iluminada. Detrás de la figura de Jesús como una persona «pneumática» (como se le retrata en los mismos relatos de milagros) vemos la raíz de su poder, su mesianidad, y su conexión con el reino de Dios.

b) Ahora vamos a pasar a la segunda clase de palabras.

Mc 8, 11 s. (=Mt 16, 1-4)[69] y un *logion* paralelo de Q, Mt 12, 38 s. = Lc 11, 29. En las dos formas de este *logion* los adversarios de Jesús

---

[67] Véase p. 138 s.

[68] Quizá debamos mencionar como relevante para el significado mesiánico de los milagros el que varios de ellos están asociados con el día del sábado, y la alusión probable al descanso sabático final de la edad mesiánica; véase E. C. Hoskyns, en *Mysterium Christi*, ed. Bell and Deissmann, 74-8.

[69] Los vv. 2b-3 no forman parte del texto original.

le piden un signo. En la versión marcana se rehúsa por completo el signo; en la versión de Q se dice que no se dará ningún signo excepto el del profeta Jonás. No está claro lo que se quería dar a entender con el signo del profeta Jonás. Mateo ciertamente entendió que significaba el hecho de que una ballena se tragó a Jonás, el tiempo que estuvo dentro de ella, y su salida, considerando todo ello como el tipo de la muerte, sepultura y resurrección de Jesús. Lucas, en cambio, no se refiere expresamente a esta experiencia de Jonás, y alguien ha sostenido que para él el «signo de Jonás» era la predicación de Jonás a los habitantes de Nínive para que se convirtiesen[70]. Sin embargo, es más probable que la interpretación de Mateo sea la original; si esto es así, lo que intenta decir Jesús es que el único signo que se le puede dar a la gente de esta generación es su muerte y resurrección (cf. Lc 16, 31)[71].

Jesús no solo rehúsa el dar un signo; sugiere que sus interlocutores no debían haberle pedido ninguno; es una generación perversa y adúltera la que pide un signo. Esto no significa, por supuesto, que el adulterio fuese un pecado característico de los contemporáneos de Jesús, sino que eran adúlteros en el sentido que lo fue la esposa de Oseas, que era tipo de Israel; estaban abandonando a su verdadero Dios y Señor, y buscando uniones ilícitas con cosas, que nada tenían de dioses. Lo que quería el pueblo en tiempos de Oseas era trigo, vino y aceite, sin reconocer que estas cosas venían de Dios (Os 2, 1. 10 s. 14). De modo semejante, los contemporáneos de Jesús buscaban la satisfacción de los signos sin la obligación de reconocer a Dios, de quien eran signos[72]. Eran (al menos en la mente de los evangelistas) los mismos que anteriormente habían atribuido a Beelzebul las obras benéficas de Jesús. Pedir ahora un signo especial era negar la acción de Dios en todo lo que Jesús había hecho hasta ahora, y supone que la pobreza y la humillación del Hijo del hombre constituían una revelación menos adecuada que su riqueza y gloria. De aquí la fuerte negativa de Jesús a obrar milagros.

Mt 4, 1-11 = Lc 4, 1-13. Ya hemos examinado este relato de las tentaciones en Q[73]. Aquí solo queremos llamar la atención de la negativa

---

[70] Pero nótese el ἔσται (futuro) en Lc 11, 30; Jesús estaba en aquel momento predicando; eran su muerte y resurrección las que estaban en el futuro.
[71] La sugerencia de J. H. Michael (*JTS*, XXI, 146-59), de que en el texto el «signo de Jonás» es una corrupción del «signo de Juan» (el Bautista) es atrayente, pero no convence.
[72] Cf. Jn 6, 26.
[73] Pp. 85 s.

por parte de Jesús a ceder a la tentación de hacer milagros para su propio provecho o con el fin de deslumbrar a su pueblo con una demostración de poder. No es necesario averiguar si el relato de la tentación surgió como una explicación del conocido hecho de que Jesús no realizó ciertos milagros que se podrían haber esperado de él, o de cualquier otro modo. Baste aquí con decir, como es obvio, que la respuesta de Jesús a Satán está muy en armonía con su posterior negativa de obrar signos a petición, y señalar que tal petición de signos es considerada en la tradición evangélica como de origen diabólico.

Varios pasajes sugieren que Jesús no obró milagros cuando pudo haberse esperado que los hiciese. Así, según Mc 6, 5 (=Mt 13, 58), Jesús hizo pocos milagros en Nazaret, su pueblo. Ninguno de los dos evangelistas quiere dar a entender que el poder de Jesús variaba en proporción directa con el grado de confianza de sus súbditos. Está más cerca otro caso de petición de signos sin éxito, que es de interés para nosotros. En Mc 7, 24-30 Jesús primero se niega a curar a la hija de la mujer sirofenicia por razón de que sus beneficios son para los judíos, no para los gentiles. En Mc 14, 32-42 Jesús ora para que no tenga lugar su muerte ya próxima; nada ocurre para impedir la crucifixión. Mt 26, 53 es una inserción en el relato marcano del prendimiento; Jesús pudo haber tenido un ejército de más de doce legiones de ángeles, pero no lo aceptó, con el fin de que se cumpliese la escritura. En Lc 9, 9; 23, 8-12 Herodes muestra interés por Jesús y desea ver algún milagro hecho por él; pero no lo consigue. En Mc 15, 32 los que asisten a la crucifixión retan a Jesús a que se salve a sí mismo como salvó a otros, que baje de la cruz para probar que verdaderamente era el Cristo; pero no lo hizo[74].

Se pueden anotar algunos detalles más. Un milagro, incluso el más llamativo, puede ser ineficaz, Lc 16, 31. Si los judíos no hacen caso de Moisés, tampoco les convencerá una resurrección. El testimonio directo y claro de la Escritura tiene más poder que un milagro, que muy fácilmente puede ser mal interpretado. No se puede hacer alarde ni confiar en el poder (bastante común en la primitiva comunidad cristiana) de obrar milagros como una capacitación para la salvación. Esto aparece en Lc 10, 20, donde se les advierte a los discípulos, que volvían triunfantes, que no se alegren por su poder sobre los demonios, sino por su elección por parte de Dios; y en el *logion* de Mt 7, 22 el obrar milagros no sus-

---

[74] Cf. el oscuro *logion* de Lc 4, 23.

tituye a hacer la voluntad de Dios[75]. Podemos también observar el hecho importante de que también los falsos mesías y los falsos profetas pueden realizar signos y prodigios con tales visos de verdad como para inducir a engaño, si fuera posible, hasta a los elegidos (Mc 13, 22); y los muchos mandatos de silencio sobre los milagros, que son frecuentes sobre todo en Marcos.

Finalmente podemos mencionar de nuevo algunos pasajes (Mt 11, 20-24 = Lc 10, 12-15; Mc 6, 52; 8, 14-21) a los que nos hemos referido anteriormente[76], pues, aunque aquí se da a conocer que los milagros son una revelación potencial, su efecto real había sido endurecer los corazones de los hombres contra la verdad.

A primera vista pudiera parecer que las dos clases de palabras que acabamos de considerar presentan un mensaje contradictorio. Por una parte, Jesús, conmovido vivamente a la vista del sufrimiento humano, realiza de buena gana unos milagros, que son signos del Espíritu que reposa sobre él (p. ej., Lc 4, 18 s.), y por tanto también signos de la nueva era, de la que su obra es la inauguración (p. ej., Mt 12, 28 y paralelo). Juan —y otros— deben tener en cuenta lo que está sucediendo, y luego responder ellos mismos a la cuestión de si Jesús es el que va a venir. Por otra parte, en el segundo grupo de dichos, Jesús se niega rotundamente a obrar milagros que, aparentemente, podrían haber asegurado el éxito de su misión. El pedirle que realice un signo es una tentación diabólica que hay que resistir con vehemencia. Sus propios discípulos muestran una completa falta de comprensión de esos signos que han contemplado; o sea, para los testigos oculares los milagros *no* fueron una revelación.

Esta aparente antinomia está en el fondo de la sustancia del evangelio, y más adelante[77] será preciso relacionar con ella otros temas y examinar su significado. Baste aquí con señalar cómo se desarrolla en la perspectiva sinóptica (que prácticamente quiere decir marcana) de los milagros.

En primer lugar, los milagros eran obra de Dios, inspirada por su Espíritu y realizada por medio de Jesús. Ningún evangelista hubiera pensado en negar esto con respecto a cualquier milagro obrado realmente por Jesús. Otros milagros pudieron ser realizados por espíritus distintos del Espíritu Santo (cf. Mc 13, 22 y la controversia sobre Beelzebul), pero en los milagros de Jesús estaba obrando la mano de Dios.

---

[75] Este *logion* de Q aparece en una forma algo diversa en Lc 12, 26
[76] Pp. 136 s.
[77] Véase pp. 177 s., 225-29.

En segundo lugar, este hecho no fue percibido ni entendido, ni siquiera por los discípulos (según Marcos). Ciertamente no fue creído por los que acusaban a Jesús de que actuaba por el poder de Beelzebul, o por los que exigían de él ulteriores signos. No fue comprendido por los habitantes de Corozaín, Betsaida y Cafarnaún, que de otro modo se hubieran convertido y reconocido la visita de Dios. La función de los milagros corresponde exactamente a la que se le asigna a las parábolas en Mc 4, 11 s.: pueden revelar; pero si no lo hacen, endurecen los corazones de los que son ciegos ante ellos, de modo que «al que no tiene se le quita incluso lo que tiene». De aquí la indignada negativa de Jesús a multiplicar signos para condenación de los observadores; solo habría un signo: su muerte y la subsiguiente vindicación.

Su δύναμις, como hemos visto[78], fue considerada tanto como el poder del Espíritu, como una anticipación de la revelación del poder de Dios en los últimos días. Pero no fue, si se puede usar la expresión, el Espíritu desnudo, sin estorbos, despojado de la capa de la relatividad humana y mundana; tampoco el ministerio de Jesús se podía identificar en un sentido real con el fin del mundo. Jesús (así lo creían los portadores de la tradición evangélica y la predicación de la Iglesia) era el Mesías, y porque era el Mesías era una persona «pneumática», un hombre que ejercía unos poderes excepcionales, misteriosos, numinosos, milagrosos; aparecía en público como un hombre «pneumático», como un hombre que posee la δύναμις pero no se reveló abierta y plenamente como Mesías, porque las condiciones temporales y materiales de este mundo no permitían que actuara completamente al descubierto el poder divino sobre él. Es en esta paradoja, de la plenitud del poder de Dios y su inevitable ocultamiento, donde encontramos la pista para los problemas relacionados con la doctrina del Espíritu en los Evangelios sinópticos.

[78] Pp. 122 s.

Capítulo VI

JESÚS COMO PROFETA

La gente, si incluimos al menos a algunos de sus seguidores, consideraba a Jesús como profeta. Esto se afirma explícitamente en algunos pasajes importantes. En Marcos tenemos 6, 16 (=Lc 9, 8, no hay paralelo mateano) y 8, 28 (=Mt 16, 14 = Lc 9, 19). El material propio de Lucas proporciona tres ejemplos: 7, 16, donde a raíz del milagro de Naín el pueblo declara que ha surgido entre ellos un gran profeta, y que Dios ha visitado a su pueblo; 7, 39, donde Simón el Fariseo rechaza la idea de que Jesús sea un profeta, idea que es de presumir que también otros la compartían; y 24, 19, un pasaje cuyo particular interés reside en el hecho de que representa a unos discípulos de Jesús manteniendo la opinión de que Jesús era un profeta. Dos versículos en el material propio de Mateo atribuyen al pueblo la misma opinión sobre Jesús, 21, 11. 46. En ninguna parte de Q se describe a Jesús como profeta, y esta denominación es rara fuera de los Evangelios sinópticos; en el resto del N.T. aparece solo en Act 3, 22 s. (cf. 7, 37), donde se le da una aplicación mesiánica a la profecía de Dt 18, 15-18[1], y en Jn 4, 19; 6, 14; 7, 40; 9, 17 (cf. 7, 52).

Además de estos pasajes, en los que el término προφήτης se aplica realmente a Jesús, hay en los Evangelios sinópticos muchas indicaciones sobre la semejanza entre Jesús y los grandes profetas del A.T. Estas se encuentran ampliamente expuestas en el ensayo de C. H. Dodd, *Jesus as Teacher and Prophet*[2]. No es necesario repetir aquí lo que ya ha sido

---

[1] Se puede demostrar que los judíos no le dieron a esta profecía un sentido mesiánico en fecha temprana; fueron los cristianos y los samaritanos los primeros en aplicarla al Mesías. Véase Jackson y Lake, *Beginnings of Christianity*, I, 404 s. Ahora sabemos que se había hecho uso de él en Qumrán.

[2] En *Mysterium Christi*, ed. Bell and Deissmann; véase en especial 56-65, de donde se toman las citas en las líneas que siguen.

dicho. Dodd menciona los siguientes puntos (para los textos hay que dirigirse a su ensayo):

1) Jesús hablaba con el «distintivo de autoridad soberana».

2) Se ha demostrado[3] que muchas de sus enseñanzas presentan una forma poética, como las enseñanzas de los profetas del A.T.

3) «Hay insinuaciones de otros rasgos "pneumáticos" asociados a la profecía, tales como la visión y la audición»[4].

4) Como los profetas, Jesús hizo predicciones.

5) Realizó también acciones simbólicas, como la Última Cena.

6) Recurrió a los profetas del A.T. en apoyo de su propia doctrina.

7) Como la de ellos, su escatología era de naturaleza radicalmente ética.

8) Anunció el reino de Dios.

9) «Aparece en los evangelios mucho más como predicador de la "conversión" que como un maestro en el sentido ordinario. Su μετανοεῖτε es un eco del šûb profético».

10) «Se dice de Jesús que recibió, como los profetas del A.T., una llamada o designación especial en una experiencia "pneumática"».

11) Su posesión de una revelación divina implica una comunión íntima con Dios y un conocimiento del mismo.

12) «De aquí que, como los profetas, sea el representante de Dios; seguir su doctrina es hacer la voluntad de Dios; rechazarle es rechazar a Dios».

13) «Como los profetas del A.T., el Jesús de los evangelios tiene una misión para Israel, y sus palabras y acciones están relacionadas con el destino nacional».

14) «Los profetas hebreos consideraban que su función no era solo proclamar la palabra de Dios, sino también desempeñar su parte en el cumplimiento de esa palabra... Jesús habla frecuentemente como si su propio ministerio fuese efectivamente el acontecimiento crítico en la historia, y en particular... parece que esperaba de su muerte alguna consecuencia transcendental».

15) «En su religión personal (en la medida en que esta nos es accesible por medio de los documentos), Jesús está en la línea de los profetas, pero va más allá».

A estas consideraciones se pueden añadir algunas más de diversa índole. Algunos han defendido que ciertas palabras de Jesús son de una naturaleza

---

[3] Sobre todo por C. F. BURNEY, *The Poetry of Our Lord*.

[4] En este punto (*op. cit.*, 58), Dodd advierte que como ellos (o sea, Isaías y Jeremías), Jesús parece que habló poco del «Espíritu».

especialmente autoritativa. Tales son, por ejemplo, las que están introducidas por las palabras ἦλθον y ἀπεστάλην. Harnack analiza estas palabras en un artículo[5], y dice: «Sin duda hay en este "he venido", sea cual fuere su significado, algo de autoritativo y definitivo. Hay en ello una conciencia de misión divina, y, realmente, se puede intercambiar con la expresión "he sido enviado"»[6]. Así mismo, podemos hacer referencia de las palabras introducidas por la fórmula ἀμὴν λέγω ὑμῖν[7]. Además, podemos añadir las «Ich-Worte», como las llama Bultmann[8], que igualmente acentúan la autoridad personal de Jesús. Es verdad que Bultmann piensa que estas palabras traen su origen de las comunidades helenísticas, aunque tuvieran un comienzo en las Iglesias de Palestina. Pero añade[9]: «También aquí, se puede suponer, los profetas cristianos, llenos del Espíritu, proferían en nombre del Cristo exaltado, frases como las de Apoc 16, 15». Tales palabras, quienquiera que las profiriese, eran consideradas como profecía; y contribuyen a la descripción evangélica de Jesús como profeta. La introducción al *logion* de Lc 10, 21, ἠγαλλιάσατο τῷ πνεύματι τῷ ἁγίῳ, evoca inmediatamente el género de lenguaje profético[10]; y, atendiendo al contenido de los dichos de Jesús, Bultmann tiene una sección considerable[11] bajo el título *Prophetische und Apokalyptische Worte*, con los subtítulos *Heilspredigt, Drohworte, Mahnrede, Apokalyptische Weissagung (Discursos proféticos y apocalípticos: predicación de salvación, palabras de amenaza, palabras de exhortación, profecía apocalíptica).*

Podemos también llamar la atención sobre algunas observaciones de Reitzenstein en su *Poimandres*. Analiza el uso de ἐξουσία[12] tanto en *Poimandres* (§ 26. 32) como en los evangelios (Mc 1, 22. 27). Como él mismo dice, en el *Poimandres*, aunque esté presente la idea de poder, también lo está la de conocimiento. Comentando luego Mc 1, 22, dice Reitzenstein: «El "tener autoridad", ἐξουσία ἔχειν, es característico del *profeta*, que une el poder sobrenatural con la *inmediata percepción* de la divinidad... Este uso solo pudo haberse desarrollado en círculos donde

---

[5] *Zeitschrift für Theologie und Kirche* (1912), 1-30.
[6] *Op. cit.*, 28.
[7] Mencionado por WINDISCH, *op. cit.*, 228, n. 2. Véase también, sobre «Amén», D. DAUBE, *JTS*, XLV, 27-31.
[8] *GST*, 161-75.
[9] *Op. cit.*, 176.
[10] Véase más adelante, p. 154.
[11] *GST*, 113-38.
[12] *Op. cit.*, 48, n. 3.

el conocimiento misterioso de la divinidad confería poder sobrenatural». Pero, aunque evidentemente todo aspirante al rango profético reclama autoridad, ἐξουσία, la conexión lingüística establecida por Reitzenstein entre profecía y ἐξουσία es muy precaria. Ciertamente, no puede mantenerse en el caso del A.T., donde los profetas nada tienen que ver con la ἐξουσία; y, realmente, los testimonios helenísticos con los que cuenta están muy lejos de ser satisfactorios. Tiene una referencia al Papiro mágico la opinión contraria, y defiende que Jesús anunció de sí mismo de Leyden, en la edición de Dieterich, en *Jahrbücher für Phil., Supplemen. XVI.* Bastará con copiar la parte más relevante del pasaje en cuestión.

v. 4. Ὀνείρου Αἴτησις
5. Ἀ[κ]ριβὴς εἰς πάντα γράψον εἰς βύσσινον ῥάκος
αἵματι ὀρτυγίου θεὸν ['Ερμ]ῆν
6. ὀρ[θ]ὸν ἰβιοπρόσωπον, ἔπειτα ζ[μύρνη]
ἐπίγραψον καὶ τὸ ὄνομα καὶ ἐπίλεγε καὶ
τὸν [λόγ] ο [ν]
7. ἔρχου μοι, ὦ δέσποτα, ἔχων τὴν ἐξουσίαν,
ἐπικαλοῦμαί σε τὸν ἐπὶ τῶν [πν] ευ-
8. μάτων τεταγμένον θεὸν θ [εῶν]...

Se podrá observar sin necesidad de comentario lo poco que esto tiene que ver con la descripción de Jesús como profeta, que, por lo demás, se funda por todos los conceptos en modelos del A.T. más que helenísticos.

Son de mayor relevancia las declaraciones desfavorables sobre Jesús que se conservan en Mc 3, 21. 30 (ἐξέστη... πνεῦμα ἀκάθαρτον ἔχει). Ambas expresiones dan testimonio de una especie de frenesí, una posesión del espíritu, cuyos inmediatos resultados exteriores variarían poco si este espíritu fuese un demonio o el Espíritu Santo. Podemos comparar Os 9, 7: «El profeta es un necio, el hombre que tiene el espíritu está loco»[13].

No puede haber duda de que Jesús fue considerado efectivamente como un profeta por muchos de sus contemporáneos; los evangelistas, con su cristología evolucionada, no pudieron estar expuestos a la tentación de introducir esta categoría en sus fuentes, si no estaba ya allí. Este hecho refuerza en gran manera la hipótesis de que Jesús era una persona «pneu-

---

[13] Windisch señala también a este respecto el uso frecuente de εὐθύς; podemos añadir el hecho de que Jesús fue considerado como *Johannes redivivus*.

mática», como Otto muestra con argumentos sólidos[14]. Se enfrentó a su generación con una gran carga de poder espiritual que se manifestaba tanto en sus palabras autoritativas como en sus hechos poderosos.

Pero ¿habló y pensó Jesús de sí mismo como un profeta? ¿Aceptó la estima de sus contemporáneos? Al menos en un lugar de los Evangelios sinópticos la rechaza. En Mc 8, 27-29 (=Mt 16, 13-16 = Lc 9, 18-20), los discípulos le cuentan a Jesús la opinión común sobre él: «Unos dicen que eres Juan el Bautista, otros que Elías, otros que eres uno de los profetas». Pero obviamente estas insinuaciones se consideran poco satisfactorias. «¿Quién decís que soy?», pregunta Jesús: y la respuesta sobrepasa la serie de los profetas. Pero se puede argüir muy bien que este pasaje no es auténtico, y que hacen falta ulteriores pruebas para apoyarlo.

A pesar de la creencia general de que la era de la profecía había pasado, es indudablemente verdad que un judío del siglo primero, muy familiarizado con el A.T., si se hubiera sentido llamado a una especial misión religiosa, habría asociado con mayor naturalidad su caso al de los profetas que al de cualquier otro grupo humano. Jesús, como hemos visto, fue comúnmente considerado por los otros como profeta; tuvo que haber percibido las afinidades que existían entre su ministerio y el de los profetas. De aquí que resulte tanto más extraño el descubrir que nunca hable claramente de sí mismo como profeta en lo más mínimo.

Solo se podrían argüir dos excepciones en contra de esta afirmación general. La primera es Mc 6, 4 (=Mt 13, 57 = Lc 4, 24). Pero la frase «Solo en su tierra desprecian a un profeta» presenta a todas luces una forma demasiado proverbial para que podamos apoyarnos en ella. Al usarla para expresar la fría acogida que encontró en Nazaret, Jesús no se comprometía mucho con la afirmación «Soy un profeta y por tanto despreciado», como tampoco al emplear el proverbio «Médico, cúrate a ti mismo» quería dar a entender que estaba enfermo. Fascher[15] es de la opinión contraria, y defiende que Jesús anunció de sí mismo que era profeta. Por supuesto que esto es posible; pero los hechos de ningún modo están en su favor. Si Jesús hubiera hecho semejante anuncio, ello habría dejado una impronta más inequívoca en la tradición.

La otra posible excepción es Lc 13, 33. También aquí la expresión se encuentra en forma de proverbio, pero parece más probable que aquí se

---

[14] *Kingdom of God and Son of Man*, 333-81.
[15] προφήτης, 158 ss.

le haga hablar a Jesús de sí mismo como profeta, aunque indirectamente. El dicho de Q (Lc 13, 34 s. = Mt 23, 37-39) que sigue puede lo mismo enfrentar a Jesús con los profetas que incluirlo en su número. Pero aun cuando hayamos encontrado una excepción a la afirmación general hecha arriba, no debe exagerarse su significado. La cuestión queda en pie: si Jesús era comúnmente considerado como profeta, ¿por qué nunca, o apenas sí alguna vez, habló de sí mismo en este sentido?

La importancia de esta cuestión para nuestro tema se ve fácilmente. Para los rabbíes el Espíritu Santo era de modo preeminente el Espíritu de profecía. Las expresiones del A.T. «Espíritu Santo» y «Espíritu de Dios» son constantemente parafraseadas en los *targumín* como «Espíritu (Santo) de profecía»[16]; es decir, que nuestra cuestión presente sobre la profecía está ligada a la cuestión primaria del Espíritu, y el hecho de que Jesús no reclamó para sí el título de profeta forma parte de su reticencia sobre el tema general del Espíritu Santo[17].

No se da una respuesta suficiente a esta cuestión con una referencia a las influencias cristológicas que se insertaron en la tradición evangélica. Por supuesto que es completamente cierto que los evangelistas tenían de Jesús una opinión más elevada que el que fuese solo un profeta, y es bastante comprensible que hayan eliminado de sus fuentes algunas palabras con las que Jesús se colocaba a sí mismo entre los profetas. Con todo, es poco probable que esta tendencia cristológica explique por completo la situación actual de los evangelios. Pues es necesario preguntarse por qué los evangelistas, tan escrupulosos a la hora de quitar toda huella de que Jesús se considerase a sí mismo como profeta, dejaron tantas indicaciones de que esa era la opinión popular sobre él. Por tanto, aunque en la práctica haya que hacer las debidas concesiones a este factor, no constituye una explicación adecuada de los hechos.

Una sugerencia más obvia, y también más útil, es que Jesús no se consideró a sí mismo como profeta, y que por tanto no habló de sí mismo en estos términos. Es un *logion* (aparentemente) antiguo de Q (Mt 11, 9 = Lc 7, 26) habla de Juan el Bautista como «más que un profeta»; Juan pertenecía en muchos aspectos a los antiguos profetas, pero a causa de su posición en el plan escatológico era el más grande entre los nacidos de mujer. Si este dicho es auténtico, es difícil suponer que Jesús no se

---

[16] Str.-B. II, 127 ss.

[17] WINDISCH, *op. cit.*, 234: «El Espíritu se convierte en alumno de la Torá y maestro de Sabiduría dentro del profeta».

considerase también a sí mismo «más que un profeta». Juan era más que un profeta; si el más pequeño en el reino de los cielos era mayor que Juan, entonces, *a fortiori*, Jesús, quien, cualquiera que fuese su relación exacta con el reino, estaba ciertamente «dentro de» él, era también más que un profeta[18]. Esto es precisamente lo que se expresa por medio del descontento de Jesús por el título de profeta en Mc 8, 27-29 y paralelos. En resumidas cuentas, parece claro que Jesús pensó que la designación de «profeta» no era la apropiada[19].

¿Era necesario para él, por este motivo, evitar tal título? Ya hemos examinado los textos que indican no solo que mucha gente le tuvo como un profeta, sino también que hay buenas razones, en su propia persona y actividad, para este efecto. ¿Por qué, entonces, no pudo haber aceptado, al menos provisionalmente, su opinión con el fin de llevarlos a comprender que era «más que un profeta»?

Hemos planteado aquí, en una forma secundaria, una de las cuestiones fundamentales de este estudio, a saber, el problema de por qué habló Jesús tan poco sobre el Espíritu Santo. Este problema lo hemos encontrado antes bajo otras formas; por ejemplo, ¿por qué expulsó Jesús demonios y obligó al secreto a aquellos que curaba? ¿Por qué obró milagros que consideró claramente como signos divinos y al mismo tiempo rehusó los signos a aquellos que se los pedían? Y ahora nos preguntamos: ¿por qué actuó Jesús como un profeta inspirado por el Espíritu y se negó a ser reconocido como tal? La cuestión en conjunto será tratada más adelante[20]. Una respuesta parcial a la presente cuestión es que obrando como obró, Jesús no actuó de modo diverso al de muchos grandes profetas del A.T., que, como él, no hablaron de sí mismos como profetas y se abstuvieron de usar el concepto de Espíritu. En parte también consiste en ulteriores consideraciones de la idea de Jesús sobre el reino de Dios y la escatología, que de momento vamos a dejar para más tarde.

---

[18] Cf. OTTO, *Kingdom of God and Son of Man*, 163.
[19] La profecía también puede ser causada por un espíritu malo: 1 Sam 18, 10.
[20] Pp. 207-36.

Capítulo VII

OTROS PASAJES

Será preciso ahora examinar algunos otros pasajes de los Evangelios donde aparece el término πνεῦμα, pero que no entran en ninguna de las categorías que hemos considerado hasta ahora. *Mt 12, 18*: sin paralelos; una cita de Is 42, 1:

Mt: θήσω τὸ πνεῦμα μου ἐπ' αὐτόν.
LXX: ἔδωκα τὸ πνεῦμα μου ἐπ' αὐτόν.
Hebreo: *nātattî rûḥî 'ālāw*.

El futuro de Mateo es una posible traducción del perfecto del texto hebreo, y por tanto su cita debió de tomarse del hebreo más que de los LXX[1]. Hay un gran número de tales citas en Mateo, y es posible que estas constituyesen una fuente especial de testimonios usada por los evangelistas, y que no fuesen simplemente añadidas por él en la narración por el conocimiento que tenía del A.T.

Bacon[2] sugiere que la cita pertenece propiamente al relato del bautismo y que fue transferida a su contexto actual por Mateo. Efectivamente, es casi cierto que en la voz del cielo del relato del bautismo se haga una alusión a Is 42, 1, y este versículo ilustra y explica también con un fundamento en la Escritura la bajada del Espíritu. Pero el objetivo principal de este testimonio, tal como lo usa aquí Mateo, es explicar el silencio exigido por Jesús de aquellos que son curados por él; es, de hecho, un testimonio para el secreto mesiánico. A pesar de esto, es posible que,

---

[1] O de otra versión; Targ. Jon. tiene '*ettēn rûḥā' deqûdšî 'elôhî* (pondré mi espíritu de Santidad sobre él).
[2] *Studies in Matthew*, 474.

como en los vv. 19. 20, «No altercará, no gritará, etc.», haga referencia al v. 16, «Les mandaba que no lo descubrieran», así como el v. 18, «Sobre él pondré mi Espíritu», hace referencia al v. 15, «Lo siguieron muchos y él los curó a todos». Si esto es así, la comunicación del Espíritu que recibe Jesús como el Siervo aparece como la explicación de su poder para obrar milagros; y de aquí se puede deducir que los milagros, a su vez, apuntan, a través del carácter de Jesús como persona «pneumática», a su posesión del Espíritu, a su peculiar naturaleza en cuanto Siervo o Mesías de Dios.

Lc 4, 18 s.: sin paralelos; otro testimonio, de Is 61, 1. Al mismo pasaje se hace referencia en Mt 11, 5 = Lc 7, 22 (Q)[3]; era este un testimonio importante[4]; y, en especial a la vista de la alusión que de él se hace en el material de Q, su importancia no queda afectada por la cuestión interesante, aunque aquí esté fuera de lugar, de si el relato lucano del rechazo de Jesús en Nazaret (donde se encuentra ese testimonio) es el resultado de una redacción libre de Marcos o proviene de una fuente no-marcana separada y completa a la que Lucas ha dado preferencia. En uno u otro caso, Lucas lo ha colocado al comienzo de su narración sobre el ministerio de Jesús porque viene a ser un resumen de las características del mismo (así como la misma perícopa en conjunto sintetiza su trayectoria y sus resultados). En ella se describe lo que va a realizar Jesús en cuanto portador del Espíritu de Dios. La alusión a este texto en Q es, si cabe, más particular, y con una adaptación más ajustada a las cosas que de hecho realiza Jesús. Igual que en Mt 12, 18, la actividad de Jesús (que aquí incluye tanto la predicación como los milagros) se hace depender de su posesión del Espíritu, que a su vez depende de su mesianidad; pues, sea cual fuere el sentido original de Is 61,1, la aplicación que de él hace Lucas es mesiánica.

Lc 4, 14: cf. Mt 4, 12; Mc 1, 14, pero las palabras ἐν τῇ δυνάμει τοῦ πνεύματος son lucanas. Este versículo tiene un carácter de resumen a la vez que programático[5]. El que ha sido bautizado y ha soportado la lucha con Satán en el desierto puede ser descrito propiamente como «en el

---

[3] Véase arriba, p. 134.

[4] Véase J. R. Harris, *Testimonies*, II, 69, n. 1, donde se dan las referencias de *Ep. Barn.* 14, 9; Ireneo, *A. P.* 53; *Adver. Haer.* 3, 18, 1; 3, 19, 3; 4, 37, 1; Eusebio, *Pr. Ev.* 4, 31 (léase 21); *Dem. Ev.* 3, 1 (1); 4, 15, 30; 4, 17, 13; 5, 2, 6; etc.; Cipriano *(Testimonia)* 2, 19; Gregorio de Nisa, 4, 22; Evagrio, 6, 27.

[5] Cf. Lc 4, 1.

poder del Espíritu»; y del mismo modo el que está a punto de comenzar un ministerio dedicado a las obras de Dios. Lucas parece que no quiere dar a entender nada diferente de lo que ha dicho ya sobre Jesús en 4, 1, a saber, que estaba πλήρης πνεύματος ἁγίου. Lucas (tanto en el Evangelio como en los Hechos) usa varias expresiones diferentes para describir a los hombres actuando bajo el poder del Espíritu, πλήρης πνεύματος parece que es su favorita: véase Lc 4, 1; Act 6, 3; 6, 5; 7, 55; 11, 24; cf. Act 6, 8. Como hemos visto arriba (pp. 120 s.), Lucas usa varias veces δύναις y πνεῦμα juntos. No hay un paralelo preciso para ἐν τῇ δυνάμει τοῦ πνεύματος, pero podemos comparar Lc 1, 17; 4, 36; 5, 17; 6, 19; 8, 46; Act 10, 38 además de los pasajes que acabamos de mencionar. Es importante observar que Lucas describe a Jesús en las mismas condiciones que a los apóstoles, a los que retrata como maestros inspirados y obradores de milagros.

Lc 10, 21: cf. Mt 11, 25: Jesús se alegró en el Espíritu Santo. Mateo tiene simplemente: «Jesús respondió (ἀποκριθείς) y dijo»[6]. La expresión ἀγαλλιᾶσθαι τῷ πνεύματι τῷ ἁγίῳ es extraña y aparentemente sin paralelo; su extrañeza está atestiguada por el hecho de que muchos manuscritos omiten las palabras τῷ ἁγίῳ. Pero no puede haber duda de que Lucas las escribió y que con ellas quería llamar la atención sobre las frases tan importantes que vienen a continuación, y que pudo haber considerado como una especie de profecía inspirada e incluso extática de significado particular. La nota en SNT (Weiss-Bousset) dice: «Parece que para Lucas estas palabras solo pudieron haberse pronunciado con la más profunda emoción. Explicó esto según la usanza de su tiempo, como sigue: Jesús cuando hablaba estaba inspirado; aquí habla como un profeta, con palabras que sobrepasan lo meramente humano, y que necesitan ante todo de una traducción al lenguaje humano. Nosotros expresamos la misma cosa de este modo: nos encontramos ante un himno inspirado, exuberante, que debe su existencia a una hora de la más profunda emoción, y que debe ser medido con una escala diversa a la que se aplica a otros dichos de Jesús de carácter más didáctico; hay que percibirlo con simpatía *(nachempfunden)*»[7].

---

[6] A la vista del paralelo es interesante anotar un pasaje hacia el que dirigen su atención Str.-B. I, 606; *Midr. Qoh.* 7, 2 (32b): «En el nombre del R. Meir se enseña: en general, donde (en el A.T.) se dice, "Respondió y dijo..." (como, p. ej., en Job 4, 1), la persona en cuestión hablaba en el Espíritu Santo».

[7] 3.ª ed., 309.

Muchos testimonios judíos confirman que la expresión τῷ πνεύματι τῷ ἁγίῳ intenta llamar la atención sobre el lenguaje profético. Str.-B. dicen (II, 127 s.): «Cuán patente haya sido para el judaísmo rabínico la equivalencia entre el Espíritu Santo y el Espíritu divino de profecía o predicción se pone de manifiesto por el hecho de que los *targumín* han traducido simplemente "Espíritu de Dios" o "Espíritu de Yahwé" o "Espíritu Santo" del A.T. por Espíritu de profecía. Por esta razón, sin más pruebas, hay que suponer que los maestros rabínicos en todas partes (excepto cuando el contexto hace necesario pensar en el Espíritu que inspira la Escritura) entendieron por el "Espíritu Santo" el Espíritu de profecía, o de la comunicación profética». Pudiera, pues, parecer que este versículo requería más atención en la sección que trataba de Jesús como profeta. Pero hay que recordar que, de todos los evangelistas, Lucas es el más alejado de los círculos rabínicos y de la terminología rabínica. No hay por qué suponer que una de sus frases griegas, especialmente esta que se encuentra en lo que claramente es una introducción redaccional a un conjunto de palabras, esté mejor explicada por una analogía con expresiones hebreas en la literatura rabínica. Sería poco seguro el afirmar aquí más que el hecho de que, como en los dos pasajes de su Evangelio que acabamos de considerar, Lucas está reforzando y realzando su descripción de Jesús como una persona inspirada, «pneumática», y quizá incluso extática, sin hacer ninguna alusión directa a la profecía del A.T.

Mt 28, 19; sin paralelos. Con ligeras variaciones por parte de algunos manuscritos, todos los testimonios de que disponemos —manuscritos griegos, versiones y citas patrísticas— presentan este versículo en la misma forma. No habría razón alguna para dudar de su autoridad, a no ser por la presencia de una excepción a esta unanimidad. Eusebio cita con frecuencia, aunque no siempre, este versículo en la forma: «Id al mundo entero y haced discípulos de todos los pueblos en mi nombre», omitiendo así el bautismo y la triple fórmula. El problema textual aparece tratado brevemente con referencias para ulteriores discusiones en Jackson y Lake, *Beginnings of Christianity,* I, 336. (Véase también F. C. Conybeare, *Hibbert Journal,* I, 56). El punto principal es este. Se arguye, y no sin razón, que una fórmula trinitaria tan clara no pudo haber surgido en una fecha tan temprana como el último período posible para la composición de Mateo (aunque la misma fórmula se encuentra dos veces en la *Didaché,* junto con la fórmula más simple que nombra solo a Cristo). Por otra parte, no ha quedado ninguna huella de la variante más breve (eusebiana), ni nada que se le parezca, excepto en Eusebio. Es difícil de creer que, si esto (la variante breve) es lo que Mateo escribió, no lograse escapar de la revisión ninguna copia del manuscrito original. Sin embargo, esto es precisamente lo que sucedió, si Mateo escribió el texto más breve y luego tuvo lugar la revisión. Si esto fue así, la revisión tuvo que haber sido hecha en una fecha muy temprana, casi inmediatamente después de la composición del Evangelio. De este modo, la hipótesis de una revisión nos enreda precisamente en la misma dificultad que intentaba resolver, a saber, la dificultad de la aparición temprana de la fórmula trinitaria. Es mucho mejor suponer que el texto auténtico de Mateo es el que se ha conservado en todos los manuscritos y versiones.

Por otra parte, es completamente imposible considerar este *logion* como histórico. Surgió por primera vez después, no antes, de que los apóstoles bautizasen ordinariamente solo en el nombre del Señor Jesús, como también el mandato de ir al mundo entero y de hacer discípulos surgió después, no antes, de la controversia sobre la admisión de los gentiles en la Iglesia. La práctica de atribuir a Jesús resucitado unas enseñanzas especiales que él habría encomendado a los apóstoles, que creció con tanta peligro en círculos gnósticos, comenzó con Mateo y Lucas.

La fórmula trinitaria no incide en la exposición de la que nos hemos ocupado hasta ahora; dicho de otro modo, se trata de una fórmula trinitaria. No se ocupa de la inspiración de Jesús, o de algún otro, ni tiene relación alguna con la efusión escatológica del Espíritu. Es un sumario teológico, más avanzado que la confesión primitiva, «Jesús es el Señor». Si la teoría de Windisch[8], de que las referencias al Espíritu fueron primeramente eliminadas de la tradición evangélica y después reintroducidas, es correcta, este sería un caso extremo de una forma cambiada a la que se devolvió la referencia al Espíritu. En un primer tiempo, el Espíritu era el poder de Dios; en este aspecto fue quitado, para engrandecer la segunda Persona de la Divinidad; ahora reaparece con derecho propio como la tercera Persona de la misma Divinidad. El presente *logion* no pertenece al período del origen y crecimiento teológico del que nos ocupamos, sino a un período posterior de consolidación y fijación teológica. El Espíritu

---

[8] *Op. cit.*, 232 s.; en particular: «Según esto, el estado actual de la tradición es el resultado de dos procesos opuestos: eliminación e introducción, o mejor, reintroducción del elemento espiritual *(pneumatischen)*», 233.

Santo se ha convertido en objeto de fe (en un sentido racional), como también en objeto de experiencia[9].

Mc 3, 28-30 y paralelos. Si tenemos en cuenta solo la forma marcana de este *logion*, su interpretación no es difícil; al menos 3, 30 pone en claro cómo quería Marcos que se tomasen sus palabras. Estas fueron pronunciadas por Jesús porque la gente estaba diciendo (la 3.ª persona del plural aquí, como en el v. 21, es fácil que tenga un valor impersonal) que estaba inspirado, no por el Espíritu Santo, sino por algún espíritu impuro, y el pensamiento de Marcos es evidentemente que el pecado que nunca puede encontrar perdón es el que atribuye la obra de Jesús al poder del mal; por ejemplo, la afirmación de que Jesús echa a los demonios porque está aliado con Beelzebul. Ya hemos señalado anteriormente que la acusación de que Jesús obraba por el poder de Beelzebul pudo tener su origen en los mismos hechos que la creencia de que estaba inspirado por el Espíritu de Dios; en otros términos, la raíz de ambas, si es que son históricas, tuvo que haber sido el hecho de que Jesús actuaba como una persona «pneumática», un hecho que aparece así doblemente testimoniado. La cuestión decisiva era si un hombre aceptaba la obra de Jesús como debida a una inspiración divina o diabólica. El tomar esta última decisión era en sí mismo rechazar la salvación de Dios (pues a Jesús se le considera «pneumático» solo porque antes es el Mesías, véase la exposición del relato del bautismo) y así excluirse a sí mismo de la esfera del perdón.

Esta explicación es muy clara y satisfactoria; pero, solo a modo de prueba, se puede intentar una explicación más precisa. La sugerencia que vamos a hacer será, sin duda, arriesgada, y solo se puede presentar porque hay buenas razones para creer, por otros motivos, que la tradición sinóptica se moldeó bajo influencias muy poderosas y de gran alcance del A.T., en especial de los Salmos y del libro de Isaías.

El paralelo más próximo, y quizá el único, del A.T. para la «blasfemia contra el Espíritu Santo» es Is 63, 10: «Ellos irritaron su santo espíritu». El conjunto de la sección (Is 63, 7-64, 11) en el que aparece ese versículo

---

[9] La fórmula más antigua del bautismo en (para) (el nombre de) Cristo contenía referencias importantes a las relaciones denotadas (en términos paulinos) por Χριστοῦ ἐν Χριστῷ, etc.; pero estas no se pueden aplicar sin más a otras personas de la Trinidad cuando se emplea la fórmula más completa. En el caso de la fórmula más corta, el interés se centra en la relación con Cristo que se realiza en el bautismo; pero la intención de la fórmula más larga es la de anunciar y salvaguardar la doctrina de la Trinidad.

merece la pena de ser estudiado. Es una oración del pueblo que está en el exilio para pedir la salvación de Dios, cuya casa santa y hermosa está en ruinas, y sobre el que dominan los gentiles. El profeta recuerda primero los favores de Dios y la grandeza de su misericordia. Recuerda que «con su amor y compasión los rescató, los liberó y los llevó siempre en los tiempos antiguos» (63, 9). A la vista de 63, 11-14, esto debe referirse a la liberación del pueblo de Egipto con Moisés[10]. En la narración de este acto divino de salvación tiene un interés particular 63, 14a. Presenta diferentes formas en el texto hebreo y en los LXX.

Hebreo: *kabbehēmâ babbiq'â tērēd rûaḥ YHWH tenîḥennû* (como al ganado que baja al valle, el Espíritu del Señor les hizo descansar).
LXX: ...καὶ ὡς κτήνη διὰ πεδίου κατέβη πνεῦμα παρὰ κυριου και ὡδήγησεν αὐτούς.

Los masoretas han presentado ciertamente una forma de texto más lisa e inteligible, y que a la vez conserva el paralelismo del verso hebreo; probablemente reproducen el texto original[11]; pero la variante de los LXX es importante porque concuerda con el lenguaje usado en los relatos del bautismo para la bajada del Espíritu. Pero tiene un interés especial para nosotros el notar las frases «el Espíritu del Señor les hizo descansar» *(rûaḥ YHWH tenîḥennû)* en 63, 14a, y «¿Dónde está el que puso su santo espíritu en medio de ellos?» (*'ayyê haśśām beqirbô 'et-rûaḥ qodšô*, 63, 11). Sin embargo, el pueblo, a pesar de la benevolencia que se le mostró, se rebeló, no se dice si contra Dios o contra Moisés; probablemente se intentan ambas cosas. De este modo (63, 10) irritaron al Espíritu Santo (*we'iṣṣebû* según cabe presumir es frecuentativo, a pesar del aoristo por el que se traduce en los LXX).

El pasaje de Isaías sigue luego como una oración para que Dios, a pesar de esto, se compadezca una vez más de su pueblo en su adversidad; para que rasgue (en griego ἀνοίγω, cf. Mt 3, 16; Lc 3, 21) los cielos y baje en su ayuda. Sobre esta base podemos (como hemos dicho, solo por vía de sugerencia provisional) empezar la exégesis de Mc 3, 28 s. La

---

[10] «En 63, 7-14 se narra el regreso bajo Moisés, no el que hizo posible Ciro». FELDMANN, *Das Buch Isaias*, II, 259 *(Exegetisches Handbuch zum alten Testament)*.

[11] Entre los comentadores recientes, König (*Das Buch Jesaja*, 1926) y Volz *(Jesaia*, en el *Kommentar zum AT)* prefieren el texto masorético al de las versiones; Feldmann *(op. cit.)* disiente.

oración del profeta había sido escuchada. Dios había rasgado los cielos; había bajado (Is 63, 20 en los LXX; 64, 1 según el TM) cuando descendió el Espíritu (Is 63, 14 en los LXX) sobre Jesús, quien procedió inmediatamente, como el segundo Moisés, a la obra de la liberación de su pueblo. Sus obras poderosas habían sido ya dadas a conocer. Los demonios reconocieron a su Señor. Pero esta nueva obra de Dios fue recibida precisamente del mismo modo que la antigua. El pueblo, en vez de darle la bienvenida, se rebeló contra ella, e irritó (blasfemó) al Espíritu Santo de Dios, como dice Marcos ὅτι ἔλεγον, πνεῦμα ἀκάθαρτον ἔχει. Y siendo esta la obra definitiva y escatológica de la salvación de Dios, aquellos que la rechacen totalmente no pueden encontrar, por la naturaleza misma del caso, ninguna salvación. «Pues si la ley dictada por ángeles tuvo validez, y toda transgresión y desobediencia fue justamente castigada, ¿cómo escaparemos nosotros si desdeñamos una salvación tan excepcional?» (Heb 2, 2 s.).

La forma del *logion* sobre la blasfemia en Mateo y Lucas no es susceptible de una interpretación tan directa. Mt 12, 31 corresponde al *logion* marcano y no plantea dificultades. Pero en 12, 32 Mateo tiene una versión Q del mismo *logion*, con un paralelo en Lc 12, 10 (en diferente contexto). En Q se hace un contraste entre hablar una palabra contra el Hijo del hombre, que puede ser perdonado, y el hablar (blasfemando, Lc) contra el Espíritu Santo, que no se perdona.

Wellhausen[12] hizo la atractiva sugerencia de que la diferencia entre las formas marcana y Q del *logion* surgió como sigue. La forma original fue la de Mc 3, 28 con la expresión «hijo del hombre» (= hombre, de un modo genérico) en singular. Esto fue entendido erróneamente como «Hijo del hombre» (= Mesías), y tal malentendido dio origen a la otra versión del *logion*; más tarde, la forma marcana fue cambiada a «hijos de hombres» (plural, una expresión inusitada) para evitar el peligro de equivocación. Esto, o algo parecido, puede muy bien ser verdad; pero en todo caso no estamos dispensados de averiguar lo que Mateo y Lucas quisieron decir con el *logion* que ellos habían incluido en sus Evangelios; un *logion* difícil, pues en Marcos la blasfemia contra el Espíritu Santo consiste en decir alguna palabra contra el Hijo del hombre.

Desde los tiempos de Orígenes, los Padres adoptaron en conjunto una explicación uniforme del versículo en cuestión. La blasfemia contra el

---

[12] *Einleitung*, 1.ª ed., 74 s.; 2.ª ed., 66 s.

Hijo del hombre es la que cometen los gentiles. Esta es, naturalmente, pecado, pero puede ser perdonado, como lo pueden ser todos los pecados, en el bautismo. Pero en el bautismo se da el Espíritu Santo, y el pecado reviste un aspecto más serio[13]. No había (según el partido más riguroso en la Iglesia) un segundo perdón, y se aducía el argumento de que los pecados post-bautismales se cometían contra el Espíritu Santo, y por esta razón eran imperdonables. Es decir, la blasfemia contra el Hijo del hombre significa el pecado pre-bautismal, que se perdona en el bautismo; la blasfemia contra el Espíritu Santo significa pecado post-bautismal, para el que ya no hay perdón. Naturalmente, esto no constituye un intento de exégesis histórica, ya que está incrustado en el pensamiento teológico y en la terminología de épocas muy posteriores; pero si dejamos de hablar de pecados pre- y post-bautismales, y hablamos simplemente de las blasfemias de aquellos que han aceptado, o no han aceptado a Cristo como Señor, hay en la interpretación patrística mucho que puede ser verdadero. Mateo y Lucas, si eran como otros cristianos de su tiempo, debieron haber pensado del Espíritu Santo como de una posesión característicamente cristiana, en realidad, como el factor absolutamente constitutivo de la vida de la Iglesia, y blasfemar contra el Espíritu debió de haber sido equivalente a la apostasía; mientras que blasfemar contra el Hijo del hombre era la actitud de un extraño que, con todo, podía ser ganado para la conversión y la fe, y ser perdonado.

Esta interpretación tiene su apoyo en el mismo N.T., pues hay otros libros que hablan de casos en los que el perdón es imposible. Esto se dice expresamente en Hebreos 6, 4-6; pues los que fueron iluminados una vez, han saboreado el don celeste y participado del Espíritu Santo (es decir, han sido bautizados; Teognosto emplea este mismo lenguaje, véase abajo en la nota), han saboreado la palabra favorable de Dios y los dinamismos de la edad futura, y luego han apostatado, a estos es imposible llevarlos de nuevo a la conversión, y de este modo al perdón. Ellos mismos, por cuenta propia, crucifican al Hijo de Dios; pues, a diferencia

---

[13] Cf. por ejemplo, el fragmento de la obrita sobre el pecado contra el Espíritu Santo de Teognosto de Alejandría (ROUTH, *Rel. Sac.* III, 409 s.). Dice así (*op. cit.*, 410) ὁ μὲν υἱὸς συγκαταβαίνει τοῖς ἀτελέσι, τὸ δὲ πνεῦμα σφραγίς ἐστι (metáfora bautismal) τῶν τελειουμένων οὕτως οὐ διὰ τὴν ὑπερβολὴν τοῦ πνεύματος πρὸς τὸν υἱὸς ἄφυκτός ἐστι καὶ ἀσύγγνωστος ἡ εἰς τὸ πνεῦμα βλασφημία ἀλλ᾽ ὅτι ἐπὶ μὲν τοῖς ἀτελέσιν, ἔστι συγγνωμη, ἐπὶ δὲ τοῖς γευσαμένοις τῆς οὐρανίου θωρεᾶς καὶ τελειωθεῖσιν οὐδεμία περιλείπεται συγγνώμης ἀπολογία καὶ παραίτησις.

de aquellos por quienes Cristo rogó, ellos saben lo que hacen; su pecado no es solamente contra el Redentor, sino contra el Espíritu, por el cual han participado en la vida de la Iglesia, y es este el pecado que, según la carta a los Hebreos, no tiene perdón. Observaciones parecidas se pueden hacer sobre Heb 10, 26 s.; y de un modo semejante se trata el caso de Esaú (12, 16 s.). Esaú nació en una familia elegida por Dios y gozó de los derechos del primogénito, que cambió por un bien material; pero después, cuando quiso recuperar la bendición, no pudo hacerlo. Una vez que hubo abandonado la casa de la fe (tipo de la casa del Espíritu, la Iglesia), no podía volver a entrar en ella.

Probablemente encontramos la misma idea en 1 Jn. Se da por supuesto (aunque no se afirme) en 5, 16 s. que los que cometen el pecado πρὸς θάνατον (como también los que pecan, μὴ πρὸς θάνατον) son ἀδελφοί, o sea, cristianos; y la explicación más satisfactoria de su pecado es que se trata de una apostasía[14]. Podemos comparar también Act 7, 51; 1 Tes 8, 4; Ef 4, 30.

Parece, pues, que la blasfemia contra el Espíritu Santo sea el pecado cometido dentro de la Iglesia, que, por el mero hecho de negar la raíz y la fuente de la vida de la Iglesia, no puede volver a encontrar el perdón por el que el pecador entró por primera vez en la comunidad de los perdonados. Se recordará fácilmente cómo los apóstoles, que recibieron el don del Espíritu en Pentecostés, habían antes negado y abandonado, y así blasfemado, al Hijo del hombre.

Es posible que, al menos en algunas partes, el *logion* de Q haya tenido una aplicación más específica todavía. En la *Didaché* 11, 7 se dice: πάντα προφήτην λαλοῦντα ἐν πνεύματι οὐ πειράσετε οὐδὲ διακρινεῖτε. πᾶσα γὰρ ἁμαρτία ἀφεθήσεται, αὕτη δὲ ἡ ἁμαρτία οὐκ ἀφεθήσεται. El Evangelio de Mateo era probablemente conocido para el autor de la *Didaché*, y este pasaje hay que tomarlo probablemente como una interpretación de Mt 12, 32 hecha por el autor de la *Didaché*. Para muchos cristianos (aunque no para San Pablo), una de las manifestaciones supremas del Espíritu Santo en la Iglesia era el don de profecía, emparentado con el de lenguas. Puede que en la mente de Mateo y de Lucas (o al menos en algunos de sus lectores) estuviese presente una distinción como la que sigue. Era posible (véase 1 Cor 12, 1 ss.) para uno que hablaba en lenguas decir Ἀνάθεμα Ἰησοῦ (cf. 1 Jn 4, 1-6). Esto era desde

---

[14] HOSKYNS, *Gore's Commentary*, N.T., 670: «Teniendo en cuenta el conjunto de la carta, se puede decir que con el "pecado para la muerte" el autor quiere significar la apostasía». Cf. 2, 19.

luego un problema serio, y era necesario el don del discernimiento de espíritus; pero se podía explicar no más que como blasfemias contra el Hijo del hombre; mientras que, por otra parte, una negación completa de toda profecía, como la que prevé el autor de la *Didaché*, llevaría consigo el rechazo de la vida misma de la Iglesia, la blasfemia contra el Espíritu[15].

Mc 12, 36 y paralelos. Se atribuye a David las palabras del Salterio (Sal 110, 1), quien habló «en el Espíritu Santo». Mateo reproduce el pensamiento omitiendo solo la palabra «Santo» y retocando ligeramente la frase; Lc tiene: «David dice en el libro de los Salmos». No hay en los Evangelios sinópticos otra cita bíblica introducida de esta forma[16]. Cuando se introducen tales citas, distintas de las meras alusiones, se hace frecuentemente una referencia directa al libro escrito, p. ej., con el uso ordinario de γέγραπται (o —tres veces en Lucas— γεγραμένον) y por medio de ἀναγινώσκειν. Así mismo tenemos la frase Μωϋσῆς ἔγραψεν, y quizá haya que incluir ἡ προφητεία... ἡ λέγουσα. Hay una pequeña diferencia entre esta referencia directa al A.T. escrito y el mateano ἐρρέθη (Lucas tiene una vez εἴρηται). A veces se encuentran alusiones más obvias a la palabra hablada de los hombres inspirados, en las formas de citación como ἐπροφήτευσεν... λέγων; Μωϋσῆς εἶπεν, ἐνετείλατο; quizá también en ἡ προφητεία... ἡ λεγουσα, y Δαυείδ λέγει ἐν βιβλίῳ ψαλμῶν. Sin embargo, en todas estas formas no hay una referencia expresa a la inspiración del que habla o escribe, o al hecho de que la frase que se le atribuye se considera, no como propio de él, sino de Dios. Tal referencia

---

[15] Una interpretación semejante a la que hemos adoptado es la que expone Procksch (*TWNT*, I, 105). Dice así: «En el υἱὸς τοῦ ἀνθρώπου Dios está presente, pero oculto, de modo que el pecado contra el Hijo del hombre, ya que se comete en estado de ignorancia, puede ser perdonado. Por otra parte, Dios se revela a sí mismo por Cristo en el πνεῦμα ἅγιπν en el tiempo que sigue a Pentecostés, y aquel que es probado culpable por el Espíritu Santo, y a pesar de esto se rebela contra su poder, y blasfema (βλασφημεῖ) de él, comete un pecado que no se puede perdonar. Por tanto, la posibilidad de este pecado surgió por primera vez en la época posterior a Pentecostés, una vez que el Espíritu Santo hubo pasado de Jesús a los discípulos, y llegó a convertirse en su posesión interior». Procksch remite a Baer, *Der Heilige Geist in den Lukasschriften*, 75 s.; Baer a su vez remite a Hofmann, *Der Schriftbeweis* (1860) 342 s. Pudo haber seguido remontándose hasta Calvino. «La razón por la que la *blasfemia contra el Espíritu* supera a otros pecados no es por que el Espíritu esté más elevado que Cristo, sino por que los que se rebelan, después que se ha revelado el poder de Dios, no pueden poner como pretexto la ignorancia. Además, hay que observar que lo que aquí se dice de la *blasfemia* no se refiere solamente a la esencia del *Espíritu*, sino a la gracia que nos ha otorgado». *Commentary on a Harmony of the Evangelists Matthew, Mark and Luke*, II, 74 (Calvin Translation Society, 1845).

[16] Pero cf. Act 28, 25; 2 Tim 3, 16; 2 Pet 1, 21.

se encuentra particularmente en Mateo. Está implícita en varias frases que usan la preposición διά con τοῦ προφήτου, o el nombre de un profeta, o ambas cosas. En dos lugares (Mt 1, 22 s.; 2, 15) el origen divino del texto probativo se pone muy de manifiesto con la añadidura ὑπὸ κυρίου; y en Mt 15, 4; 19, 5 y 22, 32 las citas bíblicas se atribuyen directamente a Dios, sin mencionar al profeta.

Los Evangelios, pues, raras veces hacen referencia a la autoridad divina de las Escrituras que citan, y solo en el presente pasaje se pone esa autoridad en conexión con el Espíritu Santo. Naturalmente, se da por supuesto que David estaba inspirado al pronunciar el salmo en cuestión; pero esta consecuencia se deduce del hecho de que el salmo estaba contenido en un libro que globalmente se creía que estaba inspirado; Jesús dijo que David hablaba en el Espíritu Santo, no porque conociese nada de David, sino porque el salmo de David estaba contenido en el A.T. El hecho de que en este contexto el término πνεῦμα aparezca solo una vez (dos veces, contando el paralelo mateano) en los Evangelios sinópticos, es, por las razones que veremos, un dato más en el silencio general de estos Evangelios sobre el Espíritu. Al menos con respecto al A.T. podía haberse esperado de los sinópticos que hablasen más a menudo del Espíritu. Para poner de relieve este hecho será necesario hacer una breve referencia a cómo se trataba el A.T. en el judaísmo, al concepto de Escritura inspirada en el pensamiento griego y a Filón.

JUDAÍSMO Y A.T.

En el judaísmo, profecía y Escritura se enlazan, no ocasionalmente, sino de modo ordinario, con la obra del Espíritu Santo. No podemos hacer cosa mejor que citar las palabras de Moore[17]: «La promesa de Dios (Dt 18, 15 ss.) de suscitar profetas en Israel y de poner sus palabras en boca de ellos para liberar al pueblo se cumplió poniendo el Espíritu Santo en la boca de los profetas después de Moisés[18]. El Espíritu Santo es

---

[17] *Judaism*, I, 237.
[18] Zac 7, 12. Sifré sobre Dt 18, 18 (§ 176); cf. también Is 40, 13: «Que puso el Espíritu Santo en boca de todos los profetas». La expresión «Espíritu Santo» es muy rara en el A.T. (Is 6, 10 s.; Sal 51, 13), y nunca aparece en conexión con la profecía. Es común en la literatura rabínica aplicada a la inspiración, y a la inspiración de la Escritura. Sobre los varios usos de esta expresión, véase la colección clasificada en Bacher, *Terminologie*, II, 202-6; sobre su significado, *ibid.*, I, 169 s.

el Espíritu de profecía; todos los profetas hablaron por el Espíritu Santo. El Espíritu Santo es tan específicamente inspiración profética que, cuando murieron Ageo, Zacarías y Malaquías, los últimos profetas, el Espíritu Santo se apartó de Israel»[19]. Moore continúa mostrando que de aquí solo había un paso a la idea de que toda la Escritura era efecto del Espíritu, y señala que se acentuaba de modo especial que los libros, de cuya inspiración se disputaba, fueron dados por el Espíritu. Así *Cant. R.* sobre Cant 1, 1: «El Espíritu Santo vino sobre él, y dictó tres libros, Proverbios, Eclesiastés y Cantar de los cantares»[20]. Podemos anotar también el uso frecuente en la literatura rabínica de la frase «Espíritu (Santo) de profecía»; véase Str.-B. II, 129 *et al.*

LITERATURA INSPIRADA EN EL PENSAMIENTO GRIEGO

Es evidente que en el pensamiento o literatura griega no había nada que ocupase el lugar que el A.T. tenía en el judaísmo y en el cristianismo primitivo. Nunca puede llamarse a los griegos pueblo de un libro. No desconocían la inspiración, incluida la profética, pero no había un *corpus* inspirado de literatura considerada generalmente como autoridad decisiva y vinculante. Sin embargo, esta afirmación puede modificarse por dos consideraciones.

1) Había algunos libros inspirados. La historia de los Libros Sibilinos es demasiado conocida para ser repetida. Las palabras de la Sibila en su divino frenesí eran valiosas como colección escrita, lo mismo que cuando fueron pronunciadas por primera vez. Estas proporcionaban medios de adivinación en tiempos posteriores. La gran estima en que eran tenidas está testimoniada por numerosos oráculos espurios; y las «Sibilas» judías y cristianas tienen para nosotros particular importancia.

2) Un rasgo importante y muy difundido de la práctica religiosa y filosófica de los griegos era el método de la alegoría, aplicada a la exégesis de las antiguas tradiciones helénicas, en especial las contenidas en Homero. Este método fue practicado de modo notable por los estoicos y neopitagóricos; y era especialmente conveniente en unos tiempos en que

---

[19] *Tosefta Sotah* 13, 2; *Sanh.* 11a. Las revelaciones siguientes eran dadas por una *bat qôl*.
[20] *Op. cit.*, 238.

la tendencia filosófica prevalente era sincretista[21]. Los impulsos que dirigieron el pensamiento humano hacia la alegoría fueron principalmente dos. a) Había entre los pensadores una «falta de nervio»; buscaban ulteriores apoyos para sus opiniones, además de lo que les proporcionaba la libre actividad de sus propias mentes. Había autoridad en la antigüedad; así se creía. Si las opiniones de uno se podían encontrar, por ejemplo, en Homero, se contaba con el apoyo de una tradición inmemorial. Y el camino para encontrar cualquier opinión posible en el nada sospechoso Homero era el de la exégesis alegórica. b) Había mucho en Homero, y en otros poetas, que chocaba con un gusto y moralidad más evolucionados; era inconcebible que Homero hubiera estado contando solo fábulas indecorosas; por tanto, Homero tuvo que haber intentado alguna otra cosa. En efecto, lejos de ser obsceno, estaba escondiendo la verdad filosófica detrás de un camuflaje capaz de engañar a todos menos a los iniciados.

Cuando se describen de este modo los motivos de la interpretación alegórica está claro que su tendencia era atribuir cierto grado de autoridad a Homero y a otras fuentes que se empleaban. Se ha afirmado a menudo que Homero fue la Biblia de los griegos. En esto, como en muchos epigramas, andan mezcladas la verdad y la mentira. Homero nunca llegó a ser la Biblia de los griegos, como el A.T. lo fue para el judaísmo y el cristianismo. Fue una cantera de mitos; en el mejor de los casos, un precoz estoico o neopitagórico, o lo que fuese. Sin embargo, el hecho de que sus deslices fuesen hábilmente justificados y que fuese necesaria una buena dosis de manipulación artificiosa para tenerlo a favor de uno indican que su autoridad era algo más que de mera antigüedad o tradición.

A los mismos poetas no se les concedía la misma autoridad que el N.T. atribuye a los escritores del A.T. La mayoría de las veces, bien poco es lo que se dice de ellos. La exposición más notable acerca de su inspiración se encuentra en el *Ión* de Platón[22]. En este diálogo se trata de la obra y la utilidad del rapsoda. Es a veces difícil distinguir entre las opiniones corrientes y las propias de Platón; para nuestro propósito tampoco es necesario. Se propone la idea de que los poetas estaban inspirados y que su inspiración pasa al rapsoda, y de él a su auditorio, como la piedra imán «no solo atrae los anillos de hierro, sino que comunica a los anillos una

---

[21] Bréhier, *Les Idées philosophiques et religieuses de Philon d'Alexandrie*, 37.
[22] Cf. *Apol.* 22c; *Menón* 99c, d.

fuerza que les da el mismo poder que tiene la piedra, el de atraer otros anillos» (533d). En el mismo contexto aparecen unas palabras que resumen la opinión sobre los poetas contenida en el diálogo: πάντες γὰρ οἵ τε τῶν ἐπῶν ποιηταὶ οἱ ἀγαθοὶ οὐκ ἐκ τέχνης ἀλλ' ἔνθεοι ὄντες καὶ κατεχόμενοι πάντα ταῦτα τὰ καλὰ λέγουσι ποιήματα (533e). Más adelante se les compara a los coribantes *(ibid.)*. Los poetas eran extáticos inspirados, que decían cosas bonitas pero no sabían lo que estaban diciendo, lo cual no les recomendaba ante Sócrates como sabios (*Apol.* 22e)[23].

Pero no se les describe así muchas veces a los poetas. Decharme[24] dice de los estoicos: «Alistaron a Homero y a Hesíodo en sus filas»; o sea, no los consideraron tan inspirados como a los antiguos (y por tanto sapientísimos) filósofos, que por fortuna estaban de acuerdo con ellos (los estoicos). Esta opinión, que era la que prevalecía, quita toda idea de autoridad e inspiración comparable con las ideas judías y cristianas sobre la autoridad e inspiración del A.T.

Hay además otro punto a tener presente en este contexto. No son las palabras de un poeta particular las que son objeto de alegoría, sino los mitos que subyacen en la gran masa de la literatura griega y eran el fondo común de todos los escritores griegos. Una fuente representativa de la interpretación alegórica griega es el περὶ θεῶν de Cornutus. Podemos señalar cómo son tratados ahí «los poetas». Conviene hacer una observación interesante simplemente sobre la forma de su obra. Cornutus, que tiende a alegorizar todo lo que cae en sus manos, no cita en realidad versos con la frecuencia con que lo hace Plutarco, que pone reparos al método alegórico, en *De audiendis poëtis*. Para Cornutus, los poetas en sí tienen poca importancia; son simplemente los portadores de los mitos que él alegoriza. Así, en el cap. 17[25]: ἔοικε γὰρ ὁ ποιητὴς μυθοῦ [τε] παλαιοῦ παραφέρειν τοῦτο ἀπόσπασμα; cf. cap. 30[26]: ὁ παρὰ τῷ ποιήτῃ δὲ μῦθος... En la introducción a una referencia particular tenemos πάλιν τοίνυν πρῶτον μὲν ἐμύθευσαν (una palabra característica) τὸ χάος γενέσθαι, καθάπερ ὁ Ἡσίοδος ἱστορεῖ... (cap. 17; p. 28, lin. 2-4). Cf. Sallustius, III[27].

---

[23] Platón no usa en este contexto la palabra πνεῦμα, pero este hecho no tiene importancia especial. Las palabras ἔνθεος, ἐνθουσιάζω son comunes; no se encuentran en el N.T.

[24] *Critiques des Traditions religieuses chez les Grecs*, 352. El capítulo «L'Exégèse stoïcienne», 305-53, es importante; también 270-303.

[25] P. 26, lín. 16 s., ed. Lang (Teubner).

[26] P. 62, lín. 16.

[27] Ed. Nock, pp. 2. 4.

No es necesario que nos ocupemos del origen de estos mitos más de lo que lo hicieron los alegoristas. Tales mitos, más que ninguna otra cosa, fueron la Biblia de los alegoristas; eran el dato de la tradición. No es necesario señalar que no hay aquí, en un sentido verdadero, nada que sea paralelo a la primitiva reverencia cristiana para con el A.T.; la Iglesia y el judaísmo forman aquí un bloque contra el helenismo.

Filón. Filón es interesante porque representa un doble eslabón. Se encuentra entre el judaísmo y el helenismo con respecto a sus autoridades, y entre el platonismo y el judeocristianismo en su noción de inspiración y en su terminología.

1) Filón fue siempre consciente de que era judío, y nuncase apartó de su lealtad a las tradiciones, a su carácter exclusivo y a la Biblia del judaísmo. Con todo, estaba familiarizado con la alegoría griega y los autores griegos, y hacía alusiones y se servía de ellos[28], y su uso de los libros de Moisés se parece en algunos aspectos al que hemos visto que se hacía de Homero; se le hace concordar a Moisés con la filosofía ecléctica de Filón. Sin embargo, existe al menos una diferencia importante: Filón nunca suprime del todo el fondo subyacente de la historia y de la ley, que siempre lo tomó seriamente.

2) Habla de Moisés como de un hombre inspirado, pero no como de un extático, que no sabía lo que estaba diciendo; en este contexto usa frecuentemente el término πνεῦμα. Según *De vita Moysis* 2, 40, el Espíritu inspirador está encerrado en el Pentateuco, en sus dos formas hebrea y griega. En *De Decalogo* 175 es también Moisés el portador del Espíritu de Dios. Hay una exposición importante de lo que significa πνεῦμα θεοῦ (Gen 6, 3) en *De gigantibus* 22-26. En un sentido se usa del tercero de los elementos (como en Gen 1, 2); en otro, del conocimiento puro del que participa de un modo natural todo sabio (Ex 31, 2 s.). Moisés poseía este Espíritu en un grado preeminente; este es el Espíritu sabio y divino (τὸ σοφό, τὸ θεῖον). Sin embargo, no es peculiar de Moisés; acabamos de ver que pertenece a todo hombre sabio; Balaam (*De vita Moys.* 1, 277) recibió el προφητικὸν πνεῦμα; y el mismo Filón (*De somn.* 2, 252) oyó la voz del πνεῦμα; ἀόρατον.

Lo que observamos en Filón es la asimilación del pensamiento judío a la clase de pensamiento griego que estaba en boga en aquel tiempo en el neoplatonismo. Puede escribir fácilmente (mucho más fácilmente que

---

[28] Cf. Bréhier, *op. cit.*, 38 s.

los cristianos) sobre el Espíritu porque es lo suficientemente estoico para pensar que es como la razón inmanente que impregna todo ser natural, y que pertenece de un modo especial al sabio (estoico), que vive de acuerdo con la naturaleza y con la razón; y al mismo tiempo su platonismo tiene la suficiente marca mística como para que la palabra πνεῦμα le sugiera la experiencia de iluminación extática, de unión con la divinidad y de conocimiento sobrenatural[29].

La situación que hemos descubierto puede expresarse brevemente como sigue. Se hubiera esperado que los Evangelios, ya que citan frecuentemente el A.T. y están en contacto con el judaísmo palestinense al menos en su temática (si, como es probable aunque no cierto, podemos deducir el estado del judaísmo en Palestina antes del año 70 d. C. de fuentes rabínicas algo tardías) hablasen con más frecuencia del Espíritu Santo de profecía. De hecho, solo lo hacen en una ocasión. Este silencio no se puede explicar por el influjo del helenismo, pues, como hemos visto, la atmósfera mental y espiritual del helenismo es, al menos en este punto, muy diferente de la de los Evangelios. Por otra parte, es significativo que los rabbíes, que hablaban con tanta frecuencia del Espíritu Santo en conexión con los profetas, no reclamasen para sí semejante inspiración. Para ellos la revelación de Dios ya no era directa, sino que se llevaba a cabo por medio de una audición indirecta (la *bat qôl*). No había una verificación en sus afirmaciones sobre los profetas en la forma de una experiencia presente. En la Iglesia la situación era diferente. Los cristianos estaban muy familiarizados con la profecía, y creían que esta se debía a la inspiración inmediata del Espíritu. Quizá por esta misma razón sienten aversión a tratar de los profetas del A.T. y de su relación con Dios; no porque los menospreciasen, sino porque los entendían, y ellos mismos sabían lo que era ser profeta. Sabían que la autoridad de la profecía no residía en una arrebatadora experiencia espiritual en la que la mente estaba paralizada, sino en una inmediata percepción de los planes de Dios en la historia.

Filón, en un principio, parece estar más cerca del pensamiento del N.T. sobre el Espíritu como inspirador de los hombres del A.T.; pero se demuestra que difiere de esta concepción en dos puntos radicales. Según él, hay que entender el Espíritu como un principio cósmico, penetrante; y produce un éxtasis en el que no es necesario, aunque realmente sea posible, a la mente humana actuar con independencia.

---

[29] Cf. los pasajes platónicos antes mencionados, pp. 163 s.

El Espíritu Santo en la tradición sinóptica

Con esto hemos terminado nuestro examen del material de los Evangelios sinópticos que relaciona a Jesús con el Espíritu de Dios[30]; en el capítulo próximo vamos a sacar de toda esta exposición algunas conclusiones antes de seguir adelante en nuestro estudio.

---

[30] Como complemento podemos mencionar, sin necesidad de exponerlas, las variantes de Lc 9, 55 y 11, 2.

CAPÍTULO VIII

CONCLUSIÓN DE LA PARTE PRIMERA: JESÚS Y EL ESPÍRITU

A

De la observación del N.T. y de las fuentes más o menos contemporáneas hemos aprendido cierto número de rasgos del hombre «espiritual» o «pneumático», y estará bien el sintetizarlos, y decir lo que se entiende por este término con la precisión que permitan los hechos más bien nebulosos. Otto ofrece una extensa descripción de los fenómenos aquí implicados en el Libro Cuarto («El reino de Dios y el carisma») de su *The Kingdom of God and the Son of Man*. Habla del «tipo carismático» como de una característica de todas las religiones, antiguas y modernas. Vale la pena citar por extenso un importante pasaje en el que habla especialmente de San Pablo:

> Se puede reconocer en San Pablo tanto la naturaleza como la conexión interna de los dones carismáticos. Los puntos a considerar son:
> Los dones no implican de ningún modo omnipotencia u omnisciencia. No son poderes mágicos, tales como un γοήτης (hechicero) creía poseer. Son una misteriosa potenciación de los talentos y aptitudes, que tienen al menos sus análogos en la vida general del alma.
> No son invasiones mágicas en la vida de la naturaleza; no hacen violencia alguna a las fuerzas naturales ni son facultades naturales intensificadas mágicamente. No obran milagros naturales, como portentos y prodigios, p.ej., el detenerse el Sol o el derrumbamiento de las murallas de Jericó.
> Sino que son:

Capacidad para experiencias espirituales y psíquicas de un tipo característico.

Talentos intensificados tales como la κυβέρνησις (gobierno) y διάκρισις (discernimiento).

Operaciones del alma y de las facultades psíquicas sobre otras almas, fenómenos que realmente superan con mucho los límites de una operación psíquica normal, pero que a pesar de todo están enraizadas en el misterio general del proceso psíquico de la voluntad.

Constituyen un círculo casi cerrado de posibilidades que tienen una perceptible relación de clase entre sí. Se les considera como de carácter milagroso, y con todo el carismático se da cuenta de ser diferente del taumaturgo real, y rechaza el milagro en el sentido de milagro de exhibición, o sea, un milagro de la naturaleza, como portento o prodigio (*op. cit.*, 340 s.).

Más adelante, en la misma sección de su obra, Otto clasifica los dones carismáticos como sigue: el don de curaciones y exorcismos; predicación con autoridad (sobrenatural); el don de discernimiento de espíritus; el don de profecía (predicción); el don de perdonar pecados; el don de estar inmunizado contra las injurias (*op. cit.*, 346-367). Por persona «pneumática» o «espiritual» entendemos, pues, uno que posee, o aparenta poseer, alguno o todos estos dones; uno que parece diferente de sus compañeros, aunque con una diferencia difícil de definir, porque hay en torno a él una aura de poder misterioso, «numinoso». Hace y dice cosas que otros hombres no las dicen ni hacen; y viviendo la vida de un ser humano, aparece claramente como habitante de otro mundo invisible, en el que posee una autoridad efectiva.

A lo largo del examen de los testimonios que han pasado ante nosotros, ha sido imposible evadir la marcada correspondencia entre Jesús y el «tipo carismático». Esto no quiere decir que los evangelistas no tuviesen otra descripción de Jesús. Aparte de la fe en el aspecto divino de su naturaleza, Jesús aparece retratado en sus páginas (en las palabras de sus amigos y enemigos) en una variedad de funciones. Pero pertenece inconfundiblemente a la categoría de personas «espirituales». Los motivos en los que se apoya esta afirmación han sido ya expuestos extensa y detalladamente; pero podemos recapitularlos aquí brevemente como sigue:

1) El mundo del N.T. era un mundo de espíritus y demonios. Este hecho aparece claramente tanto en el mismo N.T. como en la literatura judía y pagana contemporánea. Los mismos Evangelios hacen mención

de legiones de demonios (Mc 5, 9 y paralelos) y de ángeles (Mt 26, 53). Pablo tuvo conocimiento de ángeles y principados, potestades de altura y profundidad, que separarían, si pudiesen, a los hombres del amor de Dios (Rom 8, 38 s.). El autor de Efesios tenía conocimiento de una lucha, no contra la carne y la sangre, sino contra los principados y potestades, contra los jefes del mundo de estas tinieblas y los poderes espirituales del mal en lugares celestes (Ef 6, 12). Con no menor claridad se refiere, p. ej., 1 *Enoc* a los espíritus que «destruirán hasta el día de la consumación» (16, 1); y hemos visto en otras partes testimonios suficientes de una creencia muy difundida en los demonios que caracteriza el mundo antiguo.

A Jesús se le representa en los Evangelios como familiarizado con este mundo de espíritus, y como capaz de mantener contacto directo con los demonios y ángeles.

2) Jesús no solo estaba familiarizado con este mundo de espíritus; era su Señor, y en él los demonios reconocían a su dueño. Los evangelistas están claramente convencidos de que no había demonio que Jesús no pudiese expulsar. Esta misma impresión sacamos de las narraciones de milagros, pues, aunque la racionalización pueda algunas veces orientarnos hacia lo que realmente sucedió, esto no nos ayuda a comprender lo que los evangelistas creían acerca de Jesús. Para ellos, los milagros eran manifestaciones del poder divino (Lc 5, 17) que residía en Jesús y es como si manara de él para un contacto saludable con los enfermos. Jesús actúa, no como un médico que trata la enfermedad, sino como un hombre «pneumático» que tiene poder sobre ella.

3) Como taumaturgo, Jesús se asemeja en un detalle a algunos profetas del A.T.; y, como hemos visto[1], hay también otras semejanzas notables. Jesús hizo predicciones sobre su propio destino y el de Jerusalén, que eran el resultado de «una adivinación, no de un raciocinio» (Otto, *op. cit.*, 357, donde esta frase se aplica a los profetas).

4) Se pueden observar otros ejemplos de «dones carismáticos» mencionados por Otto. Las tentaciones de Jesús aparecen en Q como una serie de experiencias visionarias. La interpretación más natural, aunque no la única posible, de Lc 10, 18, es que Jesús tuvo una visión de la caída de Satán. En varias ocasiones se dice de Jesús que conocía el pensamiento de los hombres antes de que estos fuesen exteriorizados (p. ej., Mc 2,

---

[1] Pp. 143-49.

8)². Fue empujado por la chusma con la intención de despeñarlo, pero pasó ileso por medio de sus agresores (Lc 4, 30). El *milieu* «pneumático» de la vida de Jesús se acentúa por otros hechos, no directamente relacionados con él. Así, cuando Pedro hace su confesión mesiánica en Cesarea de Filipo, Jesús contesta (Mt 16, 17): «¡Dichoso tú, Simón, hijo de Jonás, porque no es la carne ni la sangre quien te ha revelado eso, sino mi Padre que está en los cielos». La revelación dada a Pedro depende, sin embargo, de su relación con Jesús. Quizá haya que mencionar aquí la transfiguración. La escena se presenta en la tradición evangélica como una especie de anticipación o representación de la parusía³, pero es muy difícil decidir qué hecho histórico (si es que hay alguno) está en el fondo del relato en su forma actual. A pesar de todo, está bastante claro que, aunque la escena en su conjunto fue creada por motivos teológicos, tuvo que haber tenido su origen en una especie de visión que tuvieron los apóstoles (no Jesús), pero dependiendo siempre de él.

5) Es importante dejar aquí anotado en qué sentido debe ser entendido el relato del bautismo. Hemos señalado ya que los evangelistas no nos transmiten este hecho como una *Berufungsvision* (visión de vocación); no se trata simplemente de la vocación de un profeta o de la comunicación de un poder sobrenatural a un taumaturgo. Esencialmente se trata de la designación del Mesías para su ministerio, de la entronización del Hijo de Dios, y se encuentra en la tradición evangélica como una indicación de cómo hay que entender ese ministerio, según la forma que le dio la misma tradición. Este es el indicador más importante para la comprensión de los varios fenómenos «pneumáticos» a los que hemos aludido. En este ejemplo fundamental del bautismo, los detalles, que tal como se encuentran se refieren a la inspiración por el Espíritu, están de hecho subordinados a la intención de los escritores de presentar a Jesús como el Mesías; en consecuencia, hay que contar con que, en los sucesos posteriores, nos equivocaríamos acentuando demasiado los rasgos «pneumáticos» de los relatos, y no los subordinamos a la intención expresada por los evangelistas. No hay que recalcar demasiado que la Iglesia primitiva se sirvió de una variedad de categorías para describir a Jesús, y que a

---

² No se indica que el único significado de estos incidentes, o incluso su significado primario, sea que Jesús era un visionario. También aquí hay un trasfondo del A.T. (p. ej., Sal 93, 11; Lam 3, 60 s., LXX). Pero si los hechos sucedieron tal como están escritos, la *impresión* que dieron tuvo que ser de un conocimiento sobrenatural.

³ Véase G. H. BOOBYER, *St. Mark and the Transfiguration Story*.

veces una idea particular sobre él (p. ej., el creer que era el Mesías dotado del espíritu profético y milagroso) pudo haber dado origen a relatos no históricos en los Evangelios.

6) Estas consideraciones hay que examinarlas a la luz deun conocimiento más profundo, o más bien fe, que poseían los evangelistas. Para todos ellos, los acontecimientos que tienen lugar entre el bautismo y la crucifixión no agotaban ni el significado ni la actividad de Jesús. El Calvario no era un fin sino un comienzo. Vivían en un ambiente carismático, en una Iglesia que estaba muy segura de poseer el Espíritu de Dios, pero que nunca soñó que esa posesión se fundaba en su propio derecho o en sus méritos. El Espíritu había venido a causa de Jesús, el Señor de la Iglesia, que ahora había subido a los cielos; «él ha derramado lo que estáis viendo y oyendo» (Act 2, 33). Cuando escribieron las partes más antiguas de sus obras, los evangelistas sabían que iban a narrar la historia de la tumba vacía y las apariciones de la resurrección[4]. No pertenece a nuestro propósito el discutir la historicidad de la tumba vacía o comparar las diversas narraciones de la resurrección corporal de Jesús. Pero los relatos en cuestión tienen la *forma* de visiones, y, p. ej., la aparición de ángeles[5] sugiere que se consideraba a estos hechos relacionados con el mundo de los espíritus. La «aparición» con los detalles materiales más crasos (Lc 24, 36-52) se abre con una aparición misteriosa de Jesús (αὐτὸς ἔστη ἐν μέσῳ αὐτῶν, 24, 36), y se cierra con una desaparición igualmente misteriosa (διέστη ἀπ' αὐτῶν, 24, 51).

Además, los relatos de la resurrección apuntan hacia una posterior experiencia espiritual de la Iglesia. En Mateo se les da a los discípulos un encargo solemne de evangelizar el mundo y se les promete la presencia espiritual del mismo Cristo (28, 19 s.). Lucas aplaza, para su segundo volumen, el gran acontecimiento de la venida del Espíritu, pero con mucha claridad hace referencia a la misma. No poseemos un final auténtico de Marcos, pero el «final más largo» describe explícitamente los rasgos «pneumáticos» que se esperaban en la Iglesia (con un lenguaje basado probablemente en Hechos; véase Mc 16, 17-20).

Hemos podido observar hasta ahora cierto número de rasgos «pneumáticos» en el retrato sinóptico de Jesús, y anotado dos indicaciones

---

[4] Esto se refiere también a Marcos. W. L. Knox, respondiendo a la crítica reciente, ha mostrado (*HTR*, XXXV, 13-23) que Marcos no intentaba terminar su obra en 16, 8, lograse o no de hecho escribir más.

[5] El «joven» de Marcos hay que entenderlo sin duda como un ser de este género.

principales que nos ayudan a entenderlos. Son estos: a) que fenómenos semejantes tuvieron lugar indudablemente en la Iglesia primitiva y fueron narrados allí como ejemplos de cumplimiento de profecías, que propiamente había que esperar en los últimos días; y b) que el relato del bautismo define cuidadosamente la inspiración de Jesús en términos de mesianidad y de su condición de Hijo de Dios. Estas consideraciones son de una importancia capital para mostrar cómo querían los evangelistas que fuese comprendida su obra; pero no nos ayudan a responder a la cuestión de si los rasgos «pneumáticos» de los Evangelios nos pintan con exactitud histórica lo que realmente sucedió en la vida de Jesús, o fueron creados por una forma particular de fe en Jesús como Mesías.

B

No hay duda de que estos rasgos «pneumáticos» se encuentran en los Evangelios sinópticos; pero también es verdad que no se los encuentra si no se los busca. Los evangelistas no los presentan como lo hemos presentado en las páginas anteriores. El término πνεῦμα aparece solo raramente en los Evangelios sinópticos, y esto es un exponente de la actitud de los evangelistas que ya hemos observado en varias ocasiones con respecto a los hechos de Jesús, que fueron, o podían haber sido, atribuidos al Espíritu. Jesús guarda en secreto sus exorcismos y curaciones, nunca hace referencia a su bautismo (Mc 10, 38 s. y Lc 12, 50 tienen una connotación completamente diferente de la de Mc 1, 1, 9-11), no da ninguna importancia a sus visiones, y apenas si habla alguna vez de sí mismo como profeta. Los rasgos «pneumáticos» de su persona y de la narración se mencionan ocasional e incidentalmente. Con todo, sería erróneo decir que estos rasgos fueron suprimidos. Si aquellos que transmitieron y al mismo tiempo modelaron la tradición evangélica intentaban deshacerse de todos los vestigios de fenómenos espirituales en la materia que estaban tratando, lo habrían hecho sin duda con un éxito mayor que el que en realidad han tenido, ya que tales vestigios están ahí en los Evangelios. Tampoco corresponden los datos a la teoría propuesta por Windisch en la obra ya mencionada[6], a saber, que los usos de la palabra πνεῦμα y las indicaciones de hechos «pneumáticos» fueron primeramen-

---

[6] *Jesus und der Geist*, in *Studies in Early Christianity*, ed. S. J. Case.

Conclusión de la parte primera: Jesús y el Espíritu

te suprimidos de los Evangelios por consideraciones dogmáticas, y más tarde fueron de nuevo introducidos porque ocupaban un lugar muy importante en la vida de la misma Iglesia.

El hecho es que los evangelistas no tenían un interés particular en las referencias generales al Espíritu, ni para acentuarlas ni para suprimirlas. Este es el hecho que tenemos que explicar.

Los autores de los Evangelios no tenían interés por los hombres «pneumáticos» como tales. No tenían ningún motivo para ello. Semejantes hombres eran demasiado comunes para llamar la atención. En unas cuantas páginas de los Hechos nos encontramos con Simón Mago y Elimas, que eran paganos; con la mujer ventrílocua de Filipos; con los siete hijos de Sceva, que eran judíos; y con una multitud de cristianos, todos los cuales tenían dones espirituales y se ocupaban de fenómenos extáticos. El describir a otra persona como estas no hubiera atraído ni merecido la atención en un tiempo en que todos los fieles de Corinto se consideraban a sí mismos como πνευματικός. Cuando Filóstrato escribió la vida de Apolonio de Tiana tuvo la sagacidad suficiente para hacer de él un filósofo a la vez que un taumaturgo; y cuando Luciano se quiso burlar de los cultos orientales (incluido el cristianismo) retrató a su representante pura y simplemente como un «pneumático». Los evangelistas (y sus predecesores), en consecuencia, no estuvieron tentados de multiplicar las referencias a los fenómenos espirituales en sus obras. El hacerlo así hubiera supuesto poca gloria nueva para su personaje a los ojos del mundo no cristiano, y todavía menos entre los que habían encontrado en él al κύριος, σωτήρ y θεός.

Pues, como ha puesto de relieve la reciente investigación sobre los Evangelios, los evangelistas, no menos que los demás autores del N.T., estaban interesados en el aspecto divino y exaltado de la naturaleza de Jesús de Nazaret. Las opiniones se dividen en la cuestión de si los autores de los Evangelios encontraron ya este interés en su material o fueron ellos mismos los que lo introdujeron; pero apenas se puede dudar de que los Evangelios tal como están fueron escritos bajo el influjo de una «alta» cristología y al servicio de un *kerygma* eclesial completamente dogmático.

En particular, Jesús es presentado como el Mesías prometido del judaísmo. Es verdad que el título Χριτός no se encuentra con frecuencia en los Evangelios sinópticos; en realidad, en Q no aparece en absoluto. Pero hay sustitutos importantes de este título. No es demasiado decir que el Evangelio de Marcos está construido sobre un marco de declaraciones de mesianidad. El primer versículo de su Evangelio proclama la función de Jesús en un titular. Los hombres pueden ser torpes, pero los demonios, seres sobrenaturales, le reconocen en seguida (1, 34; usan otros títulos, p. ej., «el Santo de Dios», 1, 24; «el Hijo de Dios Altísimo» 5, 7). El punto crítico del Evangelio es la confesión de Pedro en Cesarea de Filipo (8, 29), y su clímax (por lo que toca a la revelación de la persona de Jesús) se encuentra en su propia confesión de la mesianidad delante del Sumo Sacerdote (14, 61 s.)[7]. El material de Q, como hemos dicho, no contiene la palabra Χριτός, pero un pasaje como Mt 11, 2-6 (=Lc 7, 18-23), donde Jesús, según el texto probativo de Is 61, 1 s. (entendido mesiánicamente) afirmó con suficiente claridad que era el que Juan entendía por «el que iba a venir», es tan significativo como si dijese Χριτός cinco veces.

Son muchos los testimonios que apuntan a la mesianidad de Jesús. Hemos visto ya que los demonios, los discípulos y Jesús mismo la afirmaron directamente. En Juan el Bautista, cuando viene identificado con Elías, está implícito en Mesías que le sigue. Continuamente se cita el A.T., o se hace alusión a él; una indicación clara de que se estaba cumpliendo la esperanza mesiánica (según la mente de los narradores).

Jesús era el Mesías; y lo era en el período de su ministerio. No basta con hablar de él como si en ese período no fuese más que *Messías designatus*[8], un Mesías *futurístico*[9]. Jesús no se limitaba a las ideas de mesianidad que tenían sus contemporáneos y antepasados, ni estaba vinculado a cumplir rigurosamente cualquier arbitrario programa escatológico; mesianidad era una forma que usó —inevitablemente, a la vista del A.T.— para expresar la conciencia de su misión, pero Jesús controló sus instrumentos y no se dejó dominar por ellos[10]. El aplicar el título de «Mesías» a uno que estaba viviendo la vida ordinaria de los hombres no era una *tour de force*; era un título que se aplicaba en el A.T. con mucha más frecuencia a los reyes y sacerdotes que a un ser sobrenatural, y mucho más frecuentemente a un hombre del presente que a uno del futuro.

---

[7] Héring (*Le Royaume de Dieu et sa Venue*, 111-20) arguye que Jesús no reclamó para sí la mesianidad ante el Sumo Sacerdote.

[8] Como lo hace, p. ej., Michaelis, en su interesante librito *Reich Gottes und Geist Gottes*.

[9] Cf. Schweitzer, *Mystery of the Kingdom of God*, cap. VIII: «Todavía no era el Mesías» (185). «En medio de la expectación mesiánica de su pueblo estaba Jesús como el que iba a ser el Mesías... Esta conciencia futurística de la mesianidad...» (189). Cf. Héring, *op. cit.*

[10] Es un grave error de Schweitzer, quizá su único error serio, suponer que Jesús estaba dominado por un determinado programa escatológico; es verdad que la escatología determina tanto el dogma como la historia de los evangelios, pero es una escatología de la que Jesús mismo fue siempre el dueño.

No sucede así con la designación «Hijo del hombre». En todas partes (sobre todo en Daniel y 1 *Enoc*), el título «Hijo del hombre» trae a la mente una figura de gloria, que habita en los cielos o aparece desde allí sobre las nubes. No era nada menos que una revolución dentro del pensamiento de la época el decir δεῖ τὸν υἱὸν τοῦ ἀνθρώπου πολλὰ παθεῖν (Mc 8, 31). No es imposible que el sufrimiento del Hijo del hombre fuese una relectura de la Iglesia en la enseñanza de Jesús a la luz del Calvario; pero es más probable que el molde creador de la tradición más antigua fuese la obra del mismo Jesús. De lo contrario, ¿cómo pudo haberse usado en absoluto el título «Hijo del hombre»? La introducción de una paradoja sorprendente no es la mejor manera de resolver una dificultad.

Jesús era el Mesías; y si tuviéramos que añadir un calificativo a ese título, tendría que llamarse, no *Messias designatus* o *Messias futurus*, sino *Messias passurus*, y *Messias absconditus*. Como hemos visto, toda la vida de Jesús estaba dirigida por una fuerza misteriosa hacia el sufrimiento; esa era su vocación. Además, su mesianidad estaba oculta. La explicación dada por Wrede al secreto mesiánico era equivocada, pero la demostración que hizo de su existencia no solo no ha recibido impugnaciones, sino que ha sido notablemente reafirmada[11], desde un lado opuesto y con una diferente interpretación, por Schweitzer[12]. En un principio, el secreto se mantiene oculto para todos; luego se les revela a los Doce; pero solo en el proceso ante el Sumo Sacerdote hace Jesús una confesión abierta de su pretensión. Estos hechos gemelos, del inevitable sufrimiento y del secreto mesiánico cuidadosamente guardado, son de la máxima importancia para el argumento que nos ocupa.

Los evangelistas, ya lo hemos dicho, no tenían ningún motivo para interesarse o dejarse impresionar por unos hombres «pneumáticos» en cuanto tales. Sin embargo, creían en Jesús como el Mesías, y por esta razón incluyeron aquellos elementos «espirituales» que hemos detectado en los Evangelios. Pues, como hemos señalado en cada caso, los rasgos «pneumáticos» de la persona de Jesús apuntan a su mesianidad, y en ello reside para los evangelistas su valor. Tenían esos rasgos un valor probativo. Con todo, la prueba no resultaba del todo adecuada, y por esta razón se usaba de ella con parquedad. Cuanto más fuertemente se acentuasen los elementos «pneumáticos», p. ej., en los milagros de Jesús, tanto más

---

[11] Véase WREDE, *Das Messiasgeheimnis in den Evangelien*.
[12] *Mystery of the Kingdom of God*, cap. VIII.

se asemejaban esos milagros a los hechos de un taumaturgo ordinario, y en consecuencia tanto menos íntimamente se relacionaban con la salvación mesiánica. El Mesías era necesariamente (dado que iba a aparecer en las condiciones de una vida humana ordinaria) un hombre «pneumático»; era el Mesías. Aquí está la explicación de la actitud extrañamente combinada o mixta que ya hemos notado por parte de los evangelistas. Como Jesús era el Mesías, tenían que aparecer algunos detalles «pneumáticos»; pero tenían que aparecer como si fueran subproductos, con una importancia solo secundaria.

Los pocos usos del término πνεῦμα en los Evangelios sinópticos sin conexión directa con los fenómenos «pneumáticos» son un testimonio más de esta misma situación. Hemos mostrado ya cómo la mediación del Espíritu en el nacimiento de Jesús indica su rango en la nueva creación de Dios; hemos visto que el bautismo es no tanto un momento de inspiración cuanto la iniciación del Mesías en su función. En cada caso, la palabra πνεῦμα, como la usan los evangelistas, apunta hacia su interés central en la dignidad mesiánica de Jesús; pero un uso más libre de este término pudo haber ocultado su función detrás de una idea superficial de su inspiración.

Hay que hacer aquí una ulterior observación, aunque después haya que tratarla más de lleno. Jesús era el Mesías; *como tal* era el portador del Espíritu. Pero mantuvo en secreto su mesianidad, y se dio cuenta de que él mismo era el Mesías destinado al sufrimiento y a la muerte; por tanto, se podía esperar que el Espíritu que reposaba sobre él no se manifestase abiertamente y por completo. Y así fue. Los milagros no fueron portentos inequívocos; no estaba exento de dudas que Jesús expulsase los demonios con el dedo de Dios. No había un poder espiritual en la predicación o enseñanza de Jesús capaz de forzar un asentimiento universal. Jesús mismo apenas si habló alguna vez del Espíritu; no podía haberlo hecho así (el único modo en que podía con verdad haber referido el Espíritu a sí mismo) sin declarar su mesianidad, que se propuso mantener en secreto.

C

No son abundantes los testimonios que apoyen la creencia de que cuando viniese el Mesías estaría equipado del Espíritu de Dios[13]. En gran

---

[13] Estos pasajes ya han sido considerados en pp. 73-78.

parte, la razón de ello está en que el mismo Mesías era considerado (por supuesto, no de un modo general) como una figura celeste, del que no podía decirse sin más que poseía el Espíritu; un Mesías como Jesús no era esperado por nadie. Sin embargo, hay muy buenos testimonios en favor de la esperanza de que en los últimos días del Espíritu sería comunicado de modo general a todos los hombres o, más bien, a todo Israel. Esta esperanza se puede encontrar en varios pasajes del mismo A.T., sobre todo en Joel 3, 1 ss.; Ez 36, 27; 37, 14; 39, 29; Is 44, 3; Zac 12, 10; Num 11, 29[14]. Podemos comparar *Test. Jud.* 24, 2 s.; *Fragmentos Sadoquitas*, 2, 10.

No hay duda de que la Iglesia pensó que estas profecías se cumplían en ella misma. Ningún escritor del N.T. hubiera discutido el uso del pasaje de Joel en Hechos 2. Pablo y Juan, con otros teólogos del N.T., no son inferiores al historiador popular al afirmar que la Iglesia era el hogar del Espíritu de Dios. ¿Qué justificación había para esta confidencia, para esta atrevida apropiación del A.T. por parte de la comunidad que profesaba tener a Jesús por su Señor? Cualquier lector atento del N.T. tiene que observar que hay un cambio de tono y de énfasis entre la enseñanza de Jesús y (p. ej.) la de Pablo. Dice mucho en favor del crédito de los Evangelios sinópticos como fuentes históricas el que se haya conservado este contraste. Ciertamente se da una unidad profunda y significativa, que está en el fondo de las diferencias; Pablo y Jesús hablan igualmente de Dios y del hombre, del pecado y de la gracia, de la reconciliación y redención. Pero también es verdad que un judío de Galilea hubiera encontrado familiar la enseñanza de Jesús, porque habló en términos apocalípticos del reino de Dios y del Hijo del hombre, de un juicio inminente y de la salvación escatológica; mientras que un mistagogo de Corinto habría entendido a Pablo porque hablaba de un Señor divino que

---

[14] Este pasaje fue interpretado escatológicamente. Véase *Midr. Ps.* 14, 6 (57b) (citado por Str.-B. II, 134 *et al.*): «Dos veces lo encuentras escrito en el libro de los Salmos, "¡Ojalá venga de Sión la salvación de Israel!", una vez en el libro primero (Sal 14, 7) y otra en el libro segundo (Sal 53, 7). ¿Por qué? R. Leví (c. 300) dijo: "Por referencia al maestro y por referencia al discípulo...". El maestro es Dios, que dice: "¡Ojalá tengan un corazón tal, que me respeten!" (Dt 5, 29); y el discípulo es Moisés, que dijo: "¡Ojalá todo el pueblo del Señor fuera profeta!" (Num 11, 29). Pero las palabras del maestro y del discípulo todavía no han llegado a cumplirse en este mundo; sus palabras llegarán a cumplirse en el futuro. Las palabras del maestro: "Os daré un corazón nuevo" (Ez 36, 26); y las palabras del discípulo: "Derramaré mi espíritu sobre toda carne" (Joel 3, 1)». El uso de las dos últimas profecías muestra que Str.-B. tienen razón al explicar el «futuro» al que se refieren las palabras como «el tiempo mesiánico».

instituyó una comida cúltica y una iniciación ritual que aseguraban al neófito una salvación espiritual procurada por el Espíritu de Dios en el ambiente del mundo presente. He aquí una diferencia real de acento que no hay que perder de vista en el interés actual de los teólogos por demostrar la unidad del N.T.; una diferencia que se puede resumir en el hecho estadístico de que mientras Jesús en los Evangelios sinópticos (contando todos los casos, auténticos o no) habla del Espíritu siete veces, Pablo lo menciona unas noventa veces[15].

¿Se debía esta diferencia solo a una explosión de sentimiento religioso? ¿Se fundaba sobre la enseñanza del mismo Jesús?

¿O no es verdadera ninguna de las dos alternativas? Con otras palabras, ¿se basaba esta diferencia en una ampliación de lo que estaba implícito, no tanto en la enseñanza, cuanto en el hecho de que Jesús había aparecido torciendo de modo desconcertante las esperanzas escatológicas? Un examen de los datos que ponen a la Iglesia en relación con el Espíritu nos llevará a tratar el problema de la relación entre la doctrina del Espíritu en el N.T. y la enseñanza escatológica de los Evangelios.

[15] El cálculo es necesariamente inexacto, porque en algunos casos es imposible saber con certeza si Pablo estaba hablando del Espíritu divino o humano. Efesios y Pastorales no entran en esta estadística.

Nota.— Aunque creo todavía que el argumento de este capítulo, que aparece aquí como en la primera edición, sustancialmente sigue siendo válido, ahora hubiera escrito de un modo diverso sobre el tema de la mesianidad en los evangelios.

PARTE SEGUNDA

Capítulo IX

EL ESPÍRITU Y LA IGLESIA

Podemos presentar los datos como sigue:

A) LOS PROFETAS DE LC 1-2: JUAN EL BAUTISTA

En los relatos de la infancia lucanos las personas aparecen una tras otra llenas del Espíritu Santo y profetizan. Consideremos los siguientes ejemplos:

1, 41: Isabel, cuando encuentra a María, siente que su criatura salta en su vientre, se llenó del Espíritu Santo, y pronuncia palabras proféticas[1].

1, 67: Zacarías se llenó del Espíritu Santo, y profetiza sobre su hijo Juan (el *Benedictus*).

2, 25-27: Simeón era un hombre justo y piadoso: el Espíritu Santo estaba con él; el Espíritu Santo le había revelado que no moriría antes de la venida del Mesías del Señor; cuando los padres de Jesús le llevaron al templo, Simeón estaba (en un sentido especial, según se presume) en el Espíritu, y bendijo a Dios y pronunció el *Nunc dimittis*, y la profecía de 2, 34 s.

2, 36-38: Nada se dice del Espíritu Santo en relación con Ana, pero era profetisa.

Además, se hacen estas afirmaciones acerca de Juan el Bautista:

1, 15. 17: No beberá vino ni bebida fermentada; será lleno del Espíritu Santo; irá delante del Señor en el Espíritu y poder de Elías.

1, 76: Será llamado profeta del Altísimo y preparará los caminos del Señor.

---

[1] Incluyendo probablemente el *Magnificat*; véase Creed, *ad loc.*, con sus referencias.

Podemos comparar Mt 11, 9 s. (=Lc 7, 26 s.) y Lc 7, 28 (v. 1): Juan es profeta, y más que profeta, porque lleva a cumplimiento Mal 3, 1; y Mt 11, 12-14 (= Lc 16, 16), que es de sentido dudoso pero parece al menos que enlaza a Juan con los profetas[2].

En estos capítulos de Lucas encontramos una Iglesia *precristiana*, dotada del Espíritu Santo y profetas. Los versículos que hemos citado, por lo que insinúan con respecto a la inspiración como también en sus contenidos, corresponden a unos cuantos pasajes del A.T. Es bien sabido que los cánticos mismos —siendo excelentes— en su estructura son poco menos que colecciones de frases del A.T.; así mismo, hay pasajes en el A.T. donde la profecía se atribuye a la acción del Espíritu[3]. Sin embargo, es más notable la correspondencia con el pensamiento rabínico sobre la profecía, pues en la literatura judía tardía la conexión entre profecía y el Espíritu Santo es regular, y tan frecuente que Str.-B. escriben (II, 127 s.): «Por esta razón, hay que suponer sin más pruebas que los maestros rabínicos en todas partes (excepto donde el contexto obligue a pensar en el Espíritu inspirador de la Escritura) entendieron por el Espíritu Santo el Espíritu de profecía, o de comunicación profética». Algunos de los mismos rabbíes experimentaron también la obra del Espíritu, pero no eran profetas en el sentido estricto del término. Tienen un conocimiento sobrenatural, pero no profieren palabras inspiradas. Esto es verdad en todos los casos mencionados por Str.-B.[4] y por Abelson[5]. La serie de profetas terminó con Ageo, Zacarías y Malaquías, y con el primer templo[6]. Desde entonces, el Espíritu Santo era un don ético más que profético[7]. Como

---

[2] Otros pasajes que ponen a Juan en conexión con los profetas (y en particular con Elías) son Mc 1, 6 y paralelos; 3, 11 y paralelos; Mt 17, 13.

[3] P. ej., Num 11, 25. 29; 24, 2; 1 Sam 10, 6. 10; Ez 2, 2; Joel 3, 1. No todos ellos implican *lenguaje* profético.

[4] *Op. cit.*, II, 133q.

[5] *The Immanence of God in Rabbinical Literature*, 259.

[6] «Cinco cosas que existían en el primer templo faltaban en el segundo. Estas eran *(a)* el fuego de lo alto, *(b)* el óleo de la unción, *(c)* el arca, *(d)* el Espíritu Santo, *(e)* los *urim* y *tummim*» (*Cant. Rabba* 8, y de diversas formas en otras partes, p. ej., *T. b. Yoma*, 21b; *Num. Rabba*, 15, 10). «Con la muerte de Ageo, Zacarías y Malaquías el Espíritu Santo cesó en Israel» (*T. b. Sukkah*, 48a; *Sanh.* 11a; *Cant. Rabba*, 8, 9 s.).

[7] *Mišnah Sotah*, 9, 15: R. Phineas b. Jair dice: «La vigilancia lleva a la limpieza, y la limpieza lleva a la pureza, y la pureza lleva a la abstinencia, y la abstinencia lleva a la perfección, y la perfección lleva a la humildad, y la humildad lleva a la huida del pecado, y la huida del pecado lleva a la santidad, y la santidad lleva al Espíritu Santo, y el Espíritu Santo lleva a la resurrección de los muertos».

dice Abelson[8]: «Es un don divino semejante a la profecía que está al alcance de cualquiera, con tal que viva la vida que conduce a este alto estado de perfección moral, religiosa e intelectual».

Sin embargo, los salmos y los cantores de Lc 1-2 recuerdan ante todo lo que sabemos por el resto del N.T. sobre el culto de la Iglesia primitiva. Oestereley[9] supone que basta 1 Cor 14, 26 para mostrar que en las iglesias gentiles el uso litúrgico de los salmos era habitual desde los comienzos; y esto solo pudo haberse adoptado de la Iglesia judía. Pero (como demuestran otros pasajes citados por Oesterley, Ef 5, 19; Col 3, 16, como también por el contexto de 1 Cor 14, que trata del culto espontáneo inspirado por el Espíritu), los «salmos» en cuestión no eran los salmos de David, tomados de la sinagoga, sino nuevas composiciones cristianas; o sea, composiciones tales como los cánticos de Lc 1-2. Tendríamos que mencionar también Act 2, 47; 4, 24 ss.; pero la referencia a 1 Cor 14 tiene una importancia especial, porque se podía decir de estos cantores, sin duda de ninguna clase, que estaban llenos del Espíritu Santo, precisamente como se decía de Zacarías (el padre del Bautista) que estaba lleno del Espíritu Santo[10].

Juan es el sucesor de esta anterior generación de profetas, como Zacarías y Simeón. El ángel anuncia a Zacarías que Juan será profeta («irá delante de él en el espíritu y poder de Elías»), y nazireo («no beberá vino ni licor»), y que estará lleno del Espíritu Santo desde su nacimiento.

En parte ya hemos dado cuenta de la actividad profética de Juan Bautista[11]. Bastará aquí acentuar el hecho de que en Lucas (o en su fuente) la función profética está íntimamente ligada al Espíritu Santo. El padre y la madre de Juan tienen el Espíritu (Lc 1, 41; 1, 67); se promete que Juan mismo estará lleno del Espíritu (Lc 1, 15; c. 1, 80, donde πνεύματι *puede* referirse al Espíritu de Dios). Juan, para decirlo en dos palabras, era, o sea, predicaba, del mismo modo (y en gran parte con los mismos resultados) que los grandes profetas del A.T.[12]; y Lucas no dudó en atribuir su profecía al Espíritu.

---

[8] *Op. cit.*, 260.
[9] *The Jewish Background of the Christian Liturgy*, 148.
[10] La expresión «llenarse del Espíritu Santo» es corriente en los Hechos: 2, 4; 4, 8. 31; 9, 17; 13, 9.
[11] Véase pp. 52-64.
[12] Tiene, como es sabido, una especial conexión (aquí, y en otras partes en los Evangelios) con Elías (Lc 1, 17). Muchos de los paralelos que hemos establecido (pp. 116-49) entre Jesús y los profetas tienen también su aplicación aquí.

El uso libre que hace Lucas del término πνεῦμα y su descripción de Juan como profeta suscitan un problema, porque son únicos en los Evangelios. En ninguna otra parte de los Evangelios se dice que alguien, fuera de Jesús, haya recibido el Espíritu Santo. En otras partes, estos Evangelios justifican la declaración de Juan Evangelista, οὔπω ἦν πνεῦμα ὅτι Ἰησοῦς οὔπω ἐδοξάσθη (Jn 7, 39). Pero no resulta trabajoso encontrar la explicación de esta dificultad; es mucho más sencillo que la complicada conexión que Leisegang[13] intenta establecer entre el manticismo y el nacimiento de un niño divino. Dibelius nos sitúa en la pista en su observación sobre las leyendas[14]: «Las "leyendas" ponen aureolas en torno a los hombres, y colocan en una luz transfigurante las mismas cosas que tuvieron que ver con los hombres religiosos. De aquí que todo lo que forma parte del hecho mismo de unos hombres considerados como santos puede ser importante en una "leyenda". Los "paradigmas" tienen que ver con el mensaje en cuanto tal, y los "cuentos" con el milagro. Pero las "leyendas" algunas veces carecen de concentración, y sus intereses son múltiples, porque *no ha de excluirse nada que sea apropiado a la condición de un hombre de Dios*» (el subrayado es mío). Ahora bien, Lucas, que elaboró sin duda con mucho cuidado las fuentes de sus relatos de la infancia, estaba familiarizado con dos grupos de hombres santos: los del A.T. y la nueva generación, sus sucesores en la Iglesia. Todos ellos, en particular los últimos, fueron hombres del Espíritu, y Lucas no daba a Zacarías y a los otros más de lo que les era debido, al afirmar que también ellos estaban llenos del Espíritu. Además, Lucas sabía bien que, aunque había habido un nuevo y supremo don del Espíritu después de la muerte y resurrección de Jesús, era imposible negar la obra del Espíritu en la Antigua Alianza, y que a esta Alianza pertenecen los personajes de Lc 1-2 (a excepción de Juan, Jesús y quizá María); están todavía esperando la consolación de Israel.

Juan mismo tenía cierta conexión con la nueva era. Él era más que un profeta. El último en el reino de los cielos era mayor que él, pero al menos se encontraba en el límite del reino, y se podía esperar que llegase a experimentar los prodigios de la era que iba a venir (Mt 11, 12-14; Lc 16, 16).

Lc 1-2 nos muestra en realidad una isla del A.T., rodeada por el N.T., aunque Lucas haya tomado (en último término) de fuentes cristianas las palabras que pone en boca de sus personajes, y probablemente en la des-

---

[13] *Op. cit.*, 14-72; véase más adelante, p. 345.
[14] *From Tradition to Gospel*, 132.

cripción que hace de ellos ha actuado bajo la influencia de experiencias cristianas del Espíritu y en las creencias acerca del mismo. Lucas compara a Zacarías y a sus compañeros con el mismo Elías; en la narración evangélica ellos llevan su manto y han recibido una porción doble de su espíritu.

B) ÉL OS BAUTIZARÁ CON EL ESPÍRITU SANTO

Este *logion* de Juan el Bautista se ha conservado en dos formas. Estas son:

Mc 1, 8: Él os bautizará en (ἐν) el Espíritu Santo.
Mt 3, 11 = Lc 3, 16: Él os bautizará en (ἐν) el Espíritu Santo y fuego.

La forma marcana, la más corta, la debieron entender sin duda los evangelistas y sus lectores como una referencia al don del Espíritu a la comunidad eclesial. Esto se desprende claramente de Lc 24, 49; Act 1, 5; 11, 6; 19, 1-7; este último texto pone en modo particular de manifiesto que el rasgo distintivo del bautismo cristiano era su poder de conferir el Espíritu, cosa que no poseía el rito de Juan. Es una conjetura atractiva, aunque naturalmente no es más que una conjetura, que si poseyéramos el final del Evangelio de Marcos encontraríamos allí el cumplimiento de la profecía registrada en el capítulo primero. Pero sea de esto lo que fuere, nos encontramos aquí ante una afirmación completamente clara de que Jesús, quien estaba para recibir en persona el Espíritu Santo al ser bautizado por Juan, iba a conferir a su vez el mismo don a sus seguidores. Marcos no da ninguna indicación de que este acontecimiento tuviese lugar antes de la resurrección, y por tanto debió de entender que pertenecía al período siguiente. El averiguar si usó la palabra «bautizar» metafóricamente (como en Mc 10, 38) o pensó específicamente en el rito del bautismo cristiano, que se creía que confería el don del Espíritu, es una cuestión difícil, a la que no tenemos necesidad de responder.

Mateo y Lucas añaden al *logion* marcano «y fuego»; estas palabras procedían sin duda de la fuente común de la que sacaron también otro pasaje sobre la predicación de Juan (Mt 3, 7-10 = Lc 3, 7-9). Act 2, 3 es una indicación suficiente de que, al menos para Lucas, la añadidura no aportaba ninguna idea nueva; el fuego era el fuego del Espíritu. Leisegang[15] piensa que este fue el significado original del bautismo de fuego. El fuego tiene conexiones con el bautismo de Jesús[16]; y en una buena parte del pensamiento griego πνεῦμα y πῦρ están íntimamente relacionados; y así, el fuego está también unido con la experiencia del éxtasis, p. ej., en Filón, *De vita Moys.*, 1, 70, y en la liturgia de Mitra[17]. Leisegang dice (p. 76): «El bautismo con fuego no es otra cosa que el bautismo con el Espíritu, que en círculos helenísticos del cristianismo primitivo, por comparación con el culto griego de Dionysos, con la magia y los misterios, pudo considerarse como unido con la aparición del fuego». De este modo, Leisegang cree encontrar otra referencia sinóptica al Espíritu fundada en la religión helenística. Pero no podemos aceptar esta opinión[18]. El contexto de Q sugiere fortísimamente que el fuego debe ser entendido como el fuego del juicio[19]. No hay dificultad alguna en la objeción presentada por Leisegang de que el bautismo es esencialmente un medio para crear nuevos creyentes, y el fuego del juicio no es un medio para ello. El discurso de Juan en su conjunto tiene presente, no la vida de una comunidad establecida con una ceremonia de iniciación, sino la llegada inminente de la era mesiánica, que llevaba consigo tanto la efusión del Espíritu sobre los fieles (el «trigo» de Mt 3, 12 = Lc 3, 17) como el juicio de los malvados (la «paja», en los mismos versículos).

Wellhausen[20] y Bultmann[21] son de la opinión de que la forma original del *logion* era «Él os bautizará con fuego», y que este simple *logion* del juicio escatológico se corrompió en su forma actual por la experiencia cristiana del Espíritu. Parece todavía más plausible la conjetura de que la forma más antigua del *logion* era «Él os bautizará con πνεῦματι καὶ πυρί», tomando πνεῦματι para significar no «espíritu», sino «viento». En este

---

[15] *Op. cit.*, 72-80.
[16] Justino, *Dial. c. Tryph.* 88: κατελθόντος τοῦ Ἰησοῦ ἐπὶ τὸ ὕδωρ καί πῦρ ἀνήφθη ἐν τῷ Ἰορδάνῃ. Una tradición semejante se encuentra en los mss. a g¹ de la *Vetus Latina*, y en Efrén Sirio. Véase Burkitt, *Evangelionda-Mepharreshe*, II, 114 s.
[17] Véase Dieterich, *Mithrasliturgie*, 2, 12; 8, 16-24; 10, 13 s.(ταῦτα πάντα λέγε μετὰ πυρὸς καὶ πνεύματος).
[18] Con Bultmann, *GST*, 116, n. 1.
[19] Cf. Mt 3, 10. 12; Lc 3, 9. 17; y cf. Bultmann, *ad loc.*: «El fuego del juicio es un concepto que se encuentra en Mt 3, 12, lo mismo que, p. ej., en Mal 3, 2 s., y el bautismo como imagen de una aniquilación se encuentra en Mc 10, 38 s.; Lc 12, 50». «Fuego» no forma parte del texto original de Mc 1, 8, pero tal como está allí, en ciertos manuscritos, no *es necesario* que signifique «juicio».
[20] Comentario a Mt 3, 11 s.
[21] *GST*, 116, n. 1.

caso tenemos un paralelo del versículo que sigue a continuación: «Él os bautizará (o sea, juzgará) con viento y fuego; el viento pasará majestuosamente por la era para llevarse la paja, que luego será quemada». Viento y fuego son los instrumentos del juicio.

Un ligero apoyo para esta opinión se puede encontrar en unos cuantos testimonios de Lc 3, 16 que omiten la palabra ἁγίῳ. Son los manuscritos 63, 64, y Tertuliano (*De bapt.*, 10), Agustín (*De cons. ev.* 2, 26) y Clemente de Alejandría (*Eclog.* 25)[22].

La forma en que el *logion* aparecía en Marcos (y en la fuente Q) se debía al influjo de la experiencia cristiana; no podemos ver aquí una profecía del don del Espíritu a la Iglesia. Se acentúa el contraste entre el uso muy raro de πνεῦμα en los sinópticos y su frecuencia en el resto del N.T.; pues su presencia en este pasaje se debe a una «relectura» de un período más tardío.

C) DIOS DARÁ EL ESPÍRITU SANTO

Lc 11, 13: Nos detendremos poco en este texto. Apenas podrán encontrarse en nuestros días exegetas que discutan la grandísima probabilidad de que la forma mateana del *logion* (Mt 7, 11: «...dará cosas buenas a los que se las pidieren») es la original por comparación con la de Lucas. El interés especial de Lucas por el Espíritu Santo le ha llevado a sustituir por la cosa buena en el más alto grado (según su estima) la afirmación más general de su fuente. Vemos aquí, todavía con mayor claridad que en el ejemplo anterior, el influjo de la experiencia cristiana sobre la tradición evangélica, y la ausencia del Espíritu Santo de los relatos de la vida de Jesús se destaca incluso de modo mucho más perceptible[23].

---

[22] Merece citarse este pasaje por la interpretación que se da en él. Se cita el versículo; luego πυρὶ δὲ οὐδένα ἐβάπτισεν. Ἔνιοι δέ, ὥς φησιν Ἡρακλέων. πυρὶ τὰ ὦτα τῶν σφραγιζομένων κατεσημήνατο (*sic* MPG IX, 70 con la nota «Pluraliter legendum videtur κατεσημήνατο ut feratur ad ἔνιοι.») οὕτως ἀκούσαντες τὸ ἀποστολικόν· τὸ γὰρ πτύον ἐν τῇ χειρὶ αὐτοῦ τοῦ διακαθᾶραι τὴν ἅλω· καὶ συνάξει τὸν σῖτον εἰς τὴν ἀποθήκην· τὸ δὲ ἄχυρον κατακαύσει πυρὶ ἀσβέστῳ. Πρόσκειται οὖν τῷ Διὰ πυρὸς τὸ Διὰ πνεύματος. Ἐπειδὴ τὸ σῖτον ἀπὸ τοῦ ἀχύρου διακρίνει τουτέστιν ἀπὸ τοῦ ὑλικοῦ ἐνδύματος διὰ πνεύματος καὶ τὸ ἄχυρον χωρίζεται διὰ τοῦ πνεύματος λιμώμενον· οὕτως τὸ πνεῦμα διαχωριστικὴν ἔχει δύναμιν ἐνεργειῶν ὑλικῶν.

[23] En este punto podemos mencionar también la variante marcionita en la versión lucana de la oración dominical (Lc 11, 2): ἐλθέτω τὸ ἅγιον πνεῦμά σου (ἐφ' ἡμᾶς) καὶ καθαρισάτω ἡμᾶς. También aquí tenemos la introducción de una referencia del Espíritu en un *logion* sinóptico que originalmente no lo contenía.

D) LA EXHORTACIÓN MISIONAL

Mc 3, 15; 6, 7-13; Mt 10, 1-42; Lc 9, 1-5; 10, 1-16. Nos hemos referido brevemente a estos pasajes un poco antes, pp. 92 s., 104.

Surge ahora inevitablemente la cuestión de la historicidad de la misión de los apóstoles[24]. Es difícil encontrar una razón satisfactoria para pensar que no tuvo lugar este hecho, testimoniado por Mc, Q y L. Wellhausen piensa que la narración en Marcos es el relato de una experiencia: «(El pasaje en cuestión) no contiene ninguna tradición histórica. Aquí el apostolado ha sido ya fundado por Jesús, pero sin desempeñar ninguna función; los Doce —la expresión es sinónima de apóstoles, y en Mc siempre tiene su significado especial— hacen solamente una experiencia, y después de ella quedan tan dependientes y pasivos como antes, aunque la experiencia tiene éxito. Lo cierto es que Jesús no organizó viajes de prácticas con su seminario *(hat keine Übungsreisen mit seinem Seminar veranstaltet)*»[25]. Pero ciertamente Marcos no presenta este hecho como una experiencia, y aún menos lo consideraba así la fuente Q. Más bien aparece como una etapa muy significativa en el desarrollo de la narración sobre Jesús. Sencillamente no es verdad que los discípulos aparezcan después solo como pasivos; cierto que no desempeñan un papel muy glorioso, y que continúan exhibiendo su falta de comprensión tanto de la persona como del mensaje de Jesús; pero después de la misión de los Doce (en Marcos) tienen lugar los milagros de la multiplicación de los panes, donde los discípulos toman parte activa, aunque secundaria; hacen preguntas a Jesús (Mc 7, 18; 9, 11. 28; 10, 26. 28; 13, 3 s.; cf. 11, 21); por medio de Pedro confiesan la mesianidad de Jesús en Cesarea de Filipo, y se atreven también a censurar a Jesús cuando profetiza su pasión; se les predicen sus propios sufrimientos, y están representados en la transfiguración; intentan (sin éxito) expulsar a un demonio; reprenden a un exorcista que no era de su grupo, pero que emplea el nombre de Jesús; se oponen a los que traían niños a Jesús; los hijos de Zebedeo piden los mejores puestos en el banquete mesiánico, y los diez se disgustan; todos toman parte en la entrada triunfal en Jerusalén (según la interpretación

---

[24] No es necesario discutir sobre los números «doce» y «setenta-y-(dos)». El relato lucano de la misión de los «setenta-y-(dos)» es claramente un duplicado de la exhortación misional a los «doce»; para el primero ha empleado material de Q; para el segundo, a Marcos.

[25] *Das Evangelium Marci* (1.ª ed.), 46.

mateana de Marcos); se lamentan del gasto inútil del nardo derramado sobre la cabeza de Jesús; todos están presentes en la Última Cena, y tres de ellos en Getsemaní; uno de ellos le traiciona y otro le niega. Especialmente cuando consideramos la sinceridad con la que Marcos sigue la carrera de Jesús, resulta que esta pasividad es —valga la paradoja— notablemente activa. En efecto, la misión de los Doce sería más fácilmente comprensible después de algunos de estos hechos que antes de todos ellos.

Además, parece que no hay ninguna razón buena para que Bultmann[26] pueda decir: «Originalmente el que habla aquí es el resucitado, el exaltado (cf. Mt 28, 19 s.; Lc 24, 47 ss.), o sea, tenemos una instrucción de la comunidad». Ningún crítico llegaría a afirmar que los pasajes mencionados de Mateo y Lucas son frases auténticas de Cristo resucitado, y, por tanto, apenas pueden ser empleadas del modo en que lo hace Bultmann. Otra cuestión muy diferente es si el conjunto de la exhortación misional es histórico; parece muy probable que la comunidad haya introducido en la misma unas normas para los misioneros. Pero esta probabilidad de ningún modo afecta a la afirmación (testimoniada, lo repetimos, por no menos que tres fuentes evangélicas) de que Jesús envió a sus discípulos a una gira para curar y predicar.

La cuestión es si esta misión llevaba consigo la posesión del Espíritu Santo por parte de los discípulos; según Mt 10, 20 se incluía esta posesión; pero este versículo se encuentra en un pasaje de historicidad dudosa[27], en el que, además, la referencia al Espíritu es probablemente secundaria[28]. De momento vamos a dejar este pasaje y considerar los restantes testimonios.

En Mc 3. 15 se les promete a los discípulos la ἐξουσία para expulsar demonios; es de suponer que sea la misma ἐξουσία que poseía Jesús. En Mc 6, 7 reciben, especialmente para la misión, la ἐξουσία sobre los espíritus impuros. Nada se dice en este Evangelio sobre la predicación hasta después de la misión, 6, 12; la predicación era de conversión. El largo discurso de Mateo 10, 1-42 comprende el material pertinente de Q (y algo que no tiene tanto que ver), además de la exhortación de Marcos. Mateo repite el don de la autoridad sobre los demonios y añade el poder de curar otras enfermedades. Los discípulos tienen que predicar el reino

---

[26] *GST*, 156.
[27] Mt 10, 18 trata de la presentación de los discípulos ante los gobernadores y reyes, para dar testimonio ante ellos y ante los gentiles, posibilidad que ciertamente no se dio durante el ministerio de Jesús.
[28] Véase más adelante, pp. 194-96.

de Dios (κηρύσσειν τὴν βασιλείαν τοῦ θεοῦ, Lc 9, 2), o sea, anunciar su inminencia (ἤγγικεν [ἐφ᾽ ὑμᾶς] ἡ βασιλεία τῶν οὐρανῶν [τοῦ θεοῦ], Mt 10, 7 [Lc 10, 9]). En virtud del mensaje de que son portadores pueden conferir la «paz» a la casa que les recibe, y denegarla allí donde se les rechace[29]. Sin embargo, en todo esto no hay nada que implique como necesario el don del Espíritu Santo. En Lc 10, 17; Mc 9, 38 y paralelos se supone que los exorcismos se realizan en el nombre de Jesús[30]. Los exorcismos de los discípulos se colocan en conexión mucho más íntima con los de Jesús por medio de un *logion* mateano relativamente accidental, Mt 10, 25. Este versículo es reminiscencia de Mc 3, 22 y paralelos, donde Jesús es acusado de expulsar demonios por el poder de Beelzebul. Nuestro pasaje es una indicación sobre el significado del nombre de Beelzebul, que es probablemente, como sugiere el juego de palabras, *ba'al zebûl*, οἰκοδεσπότης. Esto tiene su importancia, porque apunta inmediatamente a la existencia de una casa gobernada por el οἰκοδεσπότης, que no es una sinagoga de Satanás, sino una verdadera morada de Dios. Como acertadamente dice Schlatter[31]: «Desde que Jesús forma con sus discípulos un οἶκος, la nueva comunidad es visible. En lugar del οἶκος Ἰσραήλ está el οἶκος Ἰησοῦ y ahora esta casa es la casa de Dios». Es extraño que Schlatter, rechazando la opinión de que Beelzebul es *ba'al zebûl*, adopte la sugerencia de Riehm de que el origen de la palabra es *ba'al debāb (be'ēl debābā»)*.[32]

Con todo, sería erróneo suponer que este *logion* de Jesús sobre su casa (si es auténtico, cosa que no se puede fijar con certeza, podría bien pensarse que refleja las controversias de las comunidades palestinenses) postula la existencia de una comunidad llena del Espíritu. Aun cuando la calumnia contra los discípulos, de la que se trata, haya estado motivada por sus exorcismos, sin embargo no era este el caso. Hemos visto arriba[33] que en la controversia de Beelzebul, aunque la opinión de los adversarios judíos de Jesús pudo haber comenzado simplemente como una acusación de hechicería (cf. *Sanh.* 43a. 107b; *Soṭa*, 47a), el argumento, tal como se encuentra en los Evangelios, se dirige a la relación de la obra de Jesús

---

[29] Si es que se puede justificar el ver en la εἰρήνη de Mt 10, 13 yLc 10, 5 s. más que el ordinario saludo de los semitas.
[30] Véase anteriormente, p. 91.
[31] *Der Evangelist Matthäus, ad loc.*
[32] Véase McNeile, *Matthew*, 143. Según se puede suponer, la referencia es de Riehm, *Handwörterbuch des biblischen Altertums*, 195 s.
[33] Pp. 90 s.

con la era mesiánica; este era (para los evangelistas, si no para Jesús mismo) el centro de interés, más que la acusación original. Los discípulos, a su vez, por medio de sus exorcismos junto con su predicación (de conversión, según Marcos, que recuerda la predicación de Juan; del reino de Dios [de los cielos], según Q, que recuerda la del mismo Jesús), hacían un llamamiento semejante. La importancia de su obra, incluyendo sus hechos milagrosos, reside en su relación con la era mesiánica. Con este llamamiento, se exponían a sí mismos a una acusación similar a la que se hizo contra su maestro. No es necesario considerar si estos *logia*, tal como aparecen en los Evangelios, gozan de exactitud histórica; si en su forma presente no implican el don del Espíritu, es muy poco probable que lo implicasen en una forma más antigua.

No hay, pues, motivo alguno para encontrar en la exhortación misional cualquier indicación de que el Espíritu había sido dado, o les fue dado en aquel momento, a los apóstoles[34]. Eran heraldos[35] más que profetas, y su ministerio de curaciones se llevó a cabo probablemente «en el nombre de Jesús», una fórmula que ciertamente llevaba consigo no poco de lo numinoso, pero que de ningún modo se apoyaba en un don personal del Espíritu Santo. Es digno de anotarse que, cuando los discípulos preguntan a Jesús (Mc 9, 28 s. y paralelos) por qué no habían podido expulsar un demonio, su respuesta no fue que, si hubiesen poseído el Espíritu habrían sido capaces de realizar la curación, sino que la clave del éxito estaba en la oración (en Mt 17, 19 s., en la fe).

E) EL DON DEL ESPÍRITU EN TIEMPO DE PERSECUCIÓN

Jesús prometió que sus seguidores gozarían de la asistencia divina cuando fuesen llevados a un juicio ante las autoridades humanas. La tradición a este respecto está tan bien testimoniada que apenas se puede dudar de su autenticidad. En Marcos tenemos 13, 11, en el discurso apocalíptico. Hay un paralelo en Mt 10, 19 s., o sea, en la exhortación misional a los discípulos. Dos pasajes lucanos entran en esta sección. En 12, 11 s. hay un *logion* semejante en la forma al de Mt 10, 19 s. Apare-

---

[34] Excepto en Mt 10, 20, sobre el cual véase más adelante pp. 193-96.
[35] χηρύσσειν· Mt 10, 7; Lc 9, 2.

ce en una colección de enseñanzas, cuyas diferentes partes guardan una relación íntima, en algunos casos solo por medio de palabras o frases comunes. Del *logion* sobre confesar o negar al Hijo del hombre (vv. 8 s.), Lucas pasa a aquel que contrasta las palabras contra el Hijo del hombre con la blasfemia contra el Espíritu (v. 10); de aquí (sirviendo de lazo de unión el término Espíritu Santo) continúa con la promesa de asistencia en el momento del juicio (vv. 11 s.); después, sin ninguna conexión aparente, relata el incidente del hombre que pidió a Jesús que efectuara la repartición de su herencia. En 21, 14 s., Lucas tiene un paralelo de Mc 13, 11, que, sin embargo, no habla del Espíritu Santo: «Yo os daré (dice Jesús) boca y sabiduría».

No es necesario (ni tampoco sería fácil) el atribuir las formas mateana y lucana de la promesa a sus fuentes. Se plantean dos cuestiones:

1) El *logion*, en diferentes contextos, se aplica a tiempos diferentes. ¿Cuál es el original (si es que existe)?

2) ¿Qué forma del *logion* es la más antigua?

1) Según Marcos, el *logion* fue pronunciado por Jesús la última semana de su vida, y se refiere al período después de su muerte. Mateo lo coloca en la exhortación misional (Mt 10), donde, sin embargo, aparece unido a un material que no encaja con mucha propiedad en un restringido viaje dentro de Palestina (Mt 10, 18; contrástese con 10, 23). Lucas, como hemos visto, pone este *logion* una vez en una cadena de *logia*, coleccionada y colocada arbitrariamente, que no nos da ninguna pista con respecto al tiempo original de la promesa; y otra vez, en forma modificada, en el mismo contexto que Marcos.

Schweitzer acepta tanto la unidad del discurso mateano como el lugar donde lo sitúa el evangelista en la vida de Jesús[36]. Los sufrimientos que se predicen allí son los dolores pre-mesiánicos, y el don del Espíritu que se promete es el de la era mesiánica. Por desgracia, Schweitzer no ha concedido la misma importancia al otro contexto del *logion* del que nos ocupamos, o sea, al discurso apocalíptico de Mc 13. ¿Es posible que tengan cabida también allí las predicciones de sufrimientos para los dis-

---

[36] *The Mystery of the Kingdom of God*, 91: «En el encargo a los Doce, Jesús les da una instrucción sobre los sufrimientos del reino que se acerca. En las partes descriptivas de la misma puede haber tal vez mucho que revela el estilo de un tiempo posterior. Sin embargo, con esta concesión no se quiere prejuzgar el carácter del discurso en su conjunto».

cípulos, después que Jesús (según Schweitzer) ha llegado a creer que la aflicción mesiánica sería absorbida en la cruz? ¿Es posible que tengan cabida tales predicciones, que presuponen la vida de la Iglesia, que continúa como comunidad en el mundo?[37]. El lugar del *logion* en Lc 12 no nos proporciona ninguna ayuda; y este hecho quita al contexto mateano (Mt 10) gran parte de su importancia. Schweitzer[38] niega rotundamente el carácter artificial del discurso mateano, pero ningún género de justificación teológica puede cambiar el hecho de que Mt 10 contiene material de Marcos, de Q y de M, y que el material de Q está disperso en varias partes de Lucas. Tenemos que llegar forzosamente a la conclusión de que la promesa de la asistencia divina a los discípulos en el juicio no tenía un lugar fijo en la tradición; probablemente se remonta a unas palabras auténticas de Jesús, pero no podemos estar seguros de la ocasión en que fueron pronunciadas, como tampoco si se refieren al tiempo antes o después de su muerte, si es que en realidad esperaba que pasase algún tiempo entre su muerte y la parusía. El *logion* pudo haber sufrido, como es natural, alguna modificación y ampliación en el curso de la tradición.

2) ¿Prometió Jesús el Espíritu Santo como ayuda a sus seguidores perseguidos? ¿O prometió (como declara Lc 21, 14 s.) que él mismo les daría ayuda? Una consideración general apunta hacia esta segunda alternativa. Se ha señalado más arriba (p. 102) que muchos críticos arguyen, en el caso de Mt 12, 28 = Lc 11, 20, que el «dedo de Dios» lucano es el original en comparación con el mateano «Espíritu de Dios», porque Lucas, que en general muestra un interés tan grande en la obra del Espíritu Santo, no hubiera omitido una referencia al Espíritu, si la hubiese encontrado en su fuente. Precisamente el mismo argumento se puede aplicar aquí. ¿Se puede concebir que Lucas haya suprimido la referencia al Espíritu Santo en un *logion* que originariamente la contenía? En el peor de los casos, esto resulta muy poco probable.

Otras consideraciones vienen en apoyo del argumento de que Lc 21, 14 s. conserva la forma más antigua del *logion* que nos ocupa. Contiene este unos modismos de color claramente semítico, aunque Burney[39] dice que se ha destruido el ritmo semítico del pasaje paralelo de Marcos. En

---

[37] O sea, si Jesús esperaba que su muerte estuviera seguida de una vindicación divina, en la que, para él, no estarían diferenciadas resurrección, ascensión y parusía.
[38] *Quest of the Historical Jesus*, 361.
[39] *Poetry of Our Lord*, 119.

el v. 14, θέτε ἐν ταῖς καρδίαις ὑμῶν, podemos comparar con Ageo 2, 15 *we'attâ śîmû-nā› lebabkem*, que los LXX traducen καὶ νῦν θεσθε εἰς τὰς καρδίας ὑμῶν. Schlatter[40] aduce también *Sifre Deut.* 34, *tēn haddebā-rîm hā'ēllê 'al lebabkā*, pero aquí el paralelo no es tan estrecho. Del siguiente versículo, dice Easton[41] que «στόμα, "boca" en este sentido ("poder del lenguaje") es probablemente hebreo», pero remite a Klostermann, quien, sin embargo, cita como su único paralelo no judío a Nepote, *Alcibiades*, 1, 2: «tanta erat commendatio oris atque orationis, ut nemo ei (dicendo) posset resistere». Podemos citar, por otra parte, numerosos pasajes del A.T.: Ex 4, 11 s., 16; Jue 9, 38; 1 Re 13, 21; Job 16, 5; Sal 17, 3; Prov 11, 9. 11; Is 34, 16; 40, 5; 58, 14; Jer 1, 9; Ez 3, 27; 24, 27; 29, 21; Miq 4, 4. El don de sabiduría no es en verdad particularmente semítico, pero se pueden anotar los siguientes paralelos: Ex 28. 3; 31, 3. 6; 35, 31. 35; 36, 1-2; 1 Re 5, 9. 26; 2 Cron 1, 10. 12; Job 38, 37; Prov 2, 6; Is 11, 2; Dan 2, 23. Esta fraseología la vuelve a tomar Lucas en Act 6, 10.

Hay, pues, buenas razones para pensar que Lc 21, 14 s. contiene la forma más antigua del *logion*[42]. Si esto es así, desaparece otra de las referencias a la posesión ocasional del Espíritu por parte de los discípulos de Jesús. Que la forma más tardía del *logion* haya surgido en la Iglesia es muy natural y comprensible. La persecución que tuvieron que soportar los cristianos era representada algunas veces como parte de su lucha contra los poderes demoníacos[43], y para ese combate estaban armados con el Espíritu Santo, un punto puesto de relieve repetidas veces en los Hechos[44]. Pero esto era lo que la Iglesia experimentó más tarde, no lo que se le enseñó a esperar.

---

[40] *Der Evangelist Lucas*, 417.
[41] *Commentary, ad loc.*
[42] Quizá podamos ir más adelante y dar una explicación de la forma más tardía con la siguiente sugerencia a modo de ensayo. En las versiones siríacas (sinaítica, curetoniana y peshitto), Lc 21, 14b reza así: *'ethyalfin lemappaq ruḥa'*. Es muy probable que la forma aramea de este *logion*, antes de ser traducida al griego, fuese semejante a la siríaca. Ahora bien, *mappaq ruḥa'* es una expresión muy común para significar excusa, apología, defensa. Pero no es imposible que un traductor, no muy familiarizado con el arameo, haya separado *ruḥa'* de *mappaq*, y que lo juntase con la frase siguiente, con el necesario cambio de persona, creando así un nuevo *logion*.
[43] Cf. WEINEL, *Die Wirkungen des Geistes un der Geister*, 18-20.
[44] Un hecho que hace tanto más sorprendente el que Lucas haya conservado este *logion* sin πνεῦμα en 21, 14 s.

Al afirmar esto, hemos coincidido hasta ahora con Leisegang[45]; la forma actual de Mc 13, 11; Mt 10, 19 s.; Lc 12, 11 s. se debe a la interpretación y aplicación de la Iglesia. Pero el resto de la exposición de Leisegang está tan lejos del caso que hay que dejarlo aparte; no hay ningún indicio de *glossolalia* en ninguno de los pasajes analizados, y (lo que quizá tenga mayor importancia) tampoco aparece una insinuación de este género en los relatos de los Hechos sobre la defensa de los apóstoles. Las referencias extrabíblicas que da Leisegang de ningún modo vienen todas al caso[46].

F) PALABRAS DE LOS RELATOS PASCUALES

Las palabras que se encuentran en los relatos pascuales tienen solo una incidencia secundaria en el problema que estamos tratando, pues tan pronto como se llega a la resurrección cada evangelista (como Pablo y otros teólogos del N.T.) se sitúa del mismo lado del hecho divino que trastorna todo esquema escatológico. Por consiguiente, no se puede usar libremente estos *logia* al establecer una comparación de la enseñanza de los Evangelios sinópticos (y la enseñanza de Jesús expuesta en ellos) con las ideas y creencias de la Iglesia posterior, llena del Espíritu. En todo caso, los *logia* en cuestión son pocos y no muy importantes.

Mt 28, 19. Hemos mostrado ya[47] que este *logion*, aunque sea parte genuina del texto de Mateo, es de origen tardío, y, además, no hace una referencia específica al don del Espíritu a los hombres, sino que está más bien como una fórmula teológica, una defensa de la fórmula de la Trinidad.

Mc 16, 17 s., 20. Este pasaje es también tardío. No se menciona la palabra «Espíritu», pero los signos que acompañarán a los cristianos son los que comúnmente se atribuyen a la acción del Espíritu. Aquí se encuentra solo de un modo implícito lo que se afirma explícitamente en el siguiente pasaje.

Lc 24, 49. Lucas se refiere, naturalmente, a los acontecimientos de Pentecostés, que iba a describir en su segundo volumen. Lucas tenía sus propias ideas muy claras acerca del origen de la Iglesia. No se les permite a los discípulos comenzar su obra hasta el acontecimiento de Pentecostés;

---

[45] *Op. cit.*, V.
[46] Büchsel, *Geist Gottes*, cap. IX, tampoco está de acuerdo con Leisegang.
[47] Pp. 154 s.

entonces fueron dotados con el poder del Espíritu, y el don del Espíritu se repetía en cada bautismo (o imposición de manos). Aunque es evidente que Lucas estaba interesado por la doctrina y obra del Espíritu, no habla de él (a excepción de los capítulos 1 y 2) como poseído por más personas que la de Jesús, hasta después de Pentecostés. Para él, la vindicación divina de la vida y muerte de Jesús está completamente diferenciada en tres acontecimientos distintos: la Resurrección y Pentecostés, ambos pasados; y la Parusía, que está todavía por venir. Para Mateo[48], aparentemente, Resurrección y Pentecostés eran una sola cosa; los discípulos reciben el encargo y son enviados con la garantía de la presencia divina desde la montaña de Galilea donde se les aparece Jesús resucitado; y su obra iba a continuar hasta el fin de los siglos. Por desgracia, no tenemos medios para averiguar cómo terminaba el más antiguo de nuestros Evangelios; y si pudiéramos saber con exactitud lo que Jesús esperaba que iba a suceder después de su muerte, nuestros problemas teológicos estarían resueltos. Pero toda la historia, el pensamiento y la experiencia de la Iglesia se unen para ocultar esta creencia de Jesús de nuestra vista. Volveremos, sin embargo, a tratar más adelante este punto.

G) PASAJES QUE DENOTAN UNA COMUNIDAD LLENA DEL ESPÍRITU

Mt 12, 32 = Lc 12, 10. Ya hemos tratado de este difícil *logion*[49], y hemos visto las razones para creer que refleja un período posterior al ministerio de Jesús. En palabras de Procksch[50], citadas arriba, «la posibilidad de este pecado surgió por primera vez en el tiempo que siguió a Pentecostés»; o sea, la posibilidad de pecado denota una comunidad que ha recibido el don del Espíritu Santo, una comunidad para la que Cristo y el Espíritu eran personas (o poderes) que se podían distinguir. La forma marcana del *logion* sobre la blasfemia (Mc 3, 28 s.) muestra que esta no era igual en tiempos del mismo Jesús, y quizá tampoco mientras se estaba realizando la formulación más antigua de la tradición evangélica. En el pasaje marcano no hay ninguna indicación de la existencia de una comunidad, pero tal comunidad, una comunidad post-pentecostal, ya se

---

[48] Y para los cuatro evangelistas.
[49] Pp. 158-60.
[50] *TWNT*, I, 105.

da a entender en Mateo y Lucas. De nuevo tenemos la impresión de un acontecimiento inesperado, un cambio de proyecto, que ha retorcido nuestra visión de las cosas, acontecimientos y enseñanzas, antes de la muerte de Jesús. Mt 12, 32 denota la existencia de una Iglesia llena del Espíritu (especialmente si hay que entenderlo a la luz de la *Didaché* 11, 7), pero, de hecho, es la Iglesia la que denota su propia existencia, y el sutil cambio dado al *logion* marcano da testimonio de los extraordinarios acontecimientos que mediaron entre la crucifixión y los comienzos de la historia de la Iglesia.

Mc 9, 38 ss.; Lc 9, 49 s. Véase más arriba p. 106 s. Esta narración revela un tiempo en el que los exorcistas cristianos empleaban el nombre de Jesús y estaban divididos entre ellos mismos; cuando un grupo dirigente dentro de la Iglesia consideraba que tenía el monopolio del poder espiritual, y se oponía a las expulsiones de demonios que otros realizaban con éxito. Este tiempo tuvo que ser después de la crucifixión, y no hay nada que indique que el *logion* mismo (en su forma actual) tenga un origen anterior. Las palabras de Mc 9, 40 aparecen en otra parte en la tradición y pueden ser un *logion* original de Jesús; pero ahora es imposible establecer su contexto.

Mt 5, 3. Según Leisegang[51], el τῷ πνεύματι de la primera bienaventuranza se refiere al Espíritu Santo: «Dichosos los que son pobremente dotados con el Espíritu Santo». Leisegang observa justamente que esta sorprendente declaración es contraria al deseo general que se expresa del mismo modo en la piedad helenística y en todo el resto de la literatura cristiana. Aquí el deseo es el de ser ricos en el Espíritu (véase 1 Pet 4, 14; *Ep. Barn.* 19, 2; cf. Rom 14, 17). Por esta razón, Lucas omite las palabras τῷ πνεύματι. Este hecho, junto con el agudo contraste que hace Lucas entre el «Ahora» y el «Después» de las Bienaventuranzas y sus maldiciones, coloca el paralelo lucano en el género de la diatriba estoica. La pobreza del sabio era un tema popular en el pensamiento helenístico (pero no en el judío). En Mateo, las Bienaventuranzas son muy generales y se aplican a todos los hombres; en Lucas, se dirigen específicamente a los discípulos, a los que se les considera como filósofos ambulantes, una clase muy conocida en el mundo grecorromano del siglo primero. Demostraban su autenticidad como filósofos y profetas por su pobreza (véase Filón, *Quod det. pot. ins.* 34; Simón en Act 8, 18-24; *Didaché* 11, 8;

---

[51] *Op. cit.*, VI; 134-40.

Hermas, Mand. XI, 1, 7 s.; cf. 1 Jn 4, 1 ss.; 1 Pet 4, 14; 1 Tim 4, 1 ss.). El contraste entre las Bienaventuranzas y Maldiciones lucanas se basa en el que existe entre profetas y falsos profetas, en el sentido helenístico.

Es difícil saber cómo responder a tal exégesis fantástica. Bultmann[52] lo hace con un punto de admiración. Leisegang, por supuesto, tiene toda la razón al afirmar que la bendición sobre los que poseen el Espíritu de Dios en pequeña medida se encuentra en el N.T. sin precedentes de ninguna clase. La conclusión obvia que hay que sacar de aquí es que el *logion* en cuestión, si es susceptible de cualquier interpretación, sencillamente no significa lo que Leisegang dice que significa. Por supuesto que no es nada difícil el encontrar una explicación alternativa. El «pobre» de los Salmos es bien conocido como objeto de la bendición divina; a él se refieren las Bienaventuranzas lucanas (contempladas desde una nueva perspectiva a causa de la venida de Jesús). La forma matean es un tentativo para mostrar que la bendición no es simplemente una aprobación superficial de la ausencia de dinero, sino la garantía de ayuda divina al hombre, que despojado de los bienes de este mundo, tiene su confianza espiritual puesta en Dios.

Así pues, Mt 5, 3, a pesar de lo que diga Leisegang, no tiene que ver con nuestro estudio.

H) JESÚS Y LA IGLESIA

Hasta ahora los resultados de nuestra investigación en los Evangelios sinópticos en busca de pruebas de que Jesús esperaba con ilusión la creación de una comunidad dotada con el don del Espíritu han sido negativos. No hemos encontrado ningún *logion* de Jesús que haga una referencia inequívoca a semejante don del Espíritu, y los pasajes que más se acercan a ello se puede demostrar que son tardíos, y reflejan los acontecimientos que tuvieron lugar después de la crucifixión. Antes de dejar esta sección será conveniente tratar de un modo más general, aunque por necesidad muy brevemente, la cuestión de la relación de Jesús con la Iglesia.

Se han publicado recientemente dos obras[53] que resumen de un modo conveniente gran cantidad de trabajos modernos sobre este tema, y que

---

[52] *GTS*, 117, n. 1.
[53] R. N. FLEW, *Jesus and His Church* (1938); G. JOHNSTON, *The Doctrine of the Church in the NT* (1943).

presentan también diferentes opiniones sobre el tiempo en que se puede decir que comenzó la Iglesia.

Flew trata de mostrar que la enseñanza y actuación de Jesús prueban que tenía en la mente la creación de una comunidad organizada y permanente, en cuanto pueda serlo una «comunidad de intervalo». «Si "Iglesia" significa una nueva comunidad religiosa, con un nuevo estilo de vida, con un nuevo mensaje que comienza a ponerse en marcha y con una conciencia única de ser la heredera de las promesas divinas hechas a Israel desde antiguo, en ese caso Jesús con toda certeza... actuó teniendo en su mente una comunidad de este tipo» (p. 25). Para llegar a esta conclusión, Flew expone primero la enseñanza de Jesús sobre el reino de Dios, y saca esta consecuencia: «Hasta ahora hemos encontrado que los dichos y parábolas de Jesús en relación con la *basileia* no nos han proporcionado más que unas cuantas indicaciones insuficientes de que él tenía una comunidad en perspectiva» (p. 40). Flew se da cuenta de la dificultad que surge al poner esto en conexión con la enseñanza escatológica de los Evangelios y la responde como sigue: «¿Es posible que la misma concepción de *basileia* que Jesús predicó excluya toda clase de nueva comunidad, porque pensó que el final de la historia humana estaba próximo? La respuesta a esta dificultad está en el hecho de que, según nuestras fuentes, Jesús anticipó cierta serie de sucesos en la historia, y que, por tanto, tuvo en cuenta un futuro en el tiempo y sobre esta tierra en el que sus seguidores habrían de vivir y trabajar. Además declaró expresamente que no sabía cuánto tiempo iba a durar este intervalo» (p. 41). Flew (p. 45) rechaza el tentativo de Dodd... de identificar las referencias de Jesús al día del Hijo del hombre con la resurrección, en cuanto que expresa un hecho atemporal[54]. Es en su capítulo tercero donde Flew trata al detalle la «idea de la comunidad que (Jesús) tenía en perspectiva». Reúne en cinco apartados principales los testimonios para probar que Jesús tenía en perspectiva la creación de una comunidad con un carácter nuevo. Estos son: 1) la concepción de un nuevo Israel; 2) la enseñanza ética de Jesús que presuponía una nueva comunidad, dotada con la fuerza —el don del Espíritu Santo— para cumplir sus exigencias; 3) la concepción de la mesianidad y la fidelidad consiguiente; 4) la «Palabra de Dios» o «Evangelio» como constitutivo de la nueva comunidad;

---

[54] Sin embargo, no llega a insinuar que Jesús mismo, en su esperanza de una vindicación divina de su muerte, no distinguió entre la resurrección y la segunda venida, considerando a ambas como teniendo lugar en el tiempo.

5) la misión de la nueva comunidad. Así, antes de considerar la promesa hecha a Pedro, que ciertamente es de una autenticidad discutible, Flew puede llegar a la siguiente conclusión (p. 122): «Una comunidad que puede describirse de esta forma es ciertamente la *ecclesía*, el Israel tal como Dios se había propuesto», y hay que afirmar que tal comunidad existió durante el ministerio de Jesús.

Johnston presenta sus ideas sobre las relaciones entre Jesús y la Iglesia en las pp. 46-58 de su libro. Jesús debe ser considerado como el fundador de la Iglesia, ya que es su Salvador. Johnston cita: «El Redentor es Redentor solo en cuanto creador de un pueblo nuevo, liberado y justificado»[55]. Pero queda todavía la cuestión de en qué fase de la vida de Jesús se puede decir que ha comenzado la Iglesia. Johnston enumera los cuatro períodos que se han sugerido: «1) la llamada de los primeros discípulos; 2) la confesión de Pedro como representante de los Doce; 3) la Última Cena, que establecía una Nueva Alianza, que iba a ser sellada con la muerte de Cristo; 4) la unión de los discípulos en la fe de la resurrección, o sea, bien en la misma Pascua con las apariciones a Pedro, a los otros apóstoles o a los quinientos hermanos, bien en el momento del don pentecostal del Espíritu prometido»[56]. Johnston tiene algo que decir a favor de cada una de estas opiniones en relación con la data del comienzo de la Iglesia. Hace una crítica muy importante del quíntuple argumento de Flew[57]: «El punto débil de este argumento está en que falla por completo al hacer justicia a la necesidad de la muerte de Cristo para la constitución del nuevo Israel. Es cierto que la mesianidad lleva consigo una comunidad; del mismo modo la enseñanza ética, por su misma definición; pero la dignidad "mesiánica" fue reconocida como tal solo a través de la exaltación gloriosa que siguió a la humillación final»[58]. La palabra ἐκκλησία tendría que definirse con más precisión. Es un término técnico para designar a la comunidad cristiana. En Mateo, este término se usa anacrónicamente; Marcos y el cuarto evangelista debieron de conocerlo pero lo omiten; mientras que Lucas, en su historia en dos volúmenes, tiene el cuidado de introducirlo solo después de Pentecostés[59]. El título «Iglesia», *Ecclesia*, habría que reservarlo para la comunidad

---

[55] G. Gloege, *Reich Gottes und Kirche im NT*, 218; citado por Johnston, *op. cit.*, 46.
[56] *Op. cit.*, 46 s.
[57] Flew, *Jesus and His Church*, 48-122; resumido anteriormente.
[58] *Op. cit.*, 50.
[59] *Op. cit.*, 51.

posterior a la resurrección. Johnston concluye[60]: «Ellos (el "pequeño rebaño", el Resto, los discípulos) son la comunidad mesiánica prefigurada, no realizada... Los discípulos son la Iglesia solo potencialmente. Ellos son y no son todavía la ἐκκλησία. Se diría que esto es una eclesiología adopcionista; ellos llegan a ser Iglesia *a través del bautismo del Espíritu. Sin cruz y resurrección no hay Iglesia.* De aquí que, sea cual fuere la respuesta que se dé a la cuestión histórica, no puede haber la menor duda de que la relación de Jesús con la Iglesia es la de un fundador enviado por Dios: Jesús en su vida, muerte y resurrección. *Este* Jesús es el *Salvador*, el Redentor, que reúne a los redimidos en una Comunidad».

Tenemos que hacer algunas observaciones sirviéndonos de las opiniones que acabamos de sintetizar.

a) Tiene una gran importancia el argumento de Johnston de que la existencia de la Iglesia presupone la muerte de Cristo. La Iglesia es la comunidad redimida. No es, y nunca pensaron los cristianos que lo fuese, una comunidad cuyos miembros se esforzasen por llevar una vida buena, según el modelo ético del Sermón de la Montaña o cualquier otro modelo. El rasgo distintivo de la Iglesia no es que sus miembros sean éticamente mejores que otras personas (aunque este sea un hecho que se sigue, o debería seguirse), sino el haber sido salvados por Dios a través de Cristo. Esto es lo que se da a entender con el título de Israel, pues Israel es el pueblo que Dios liberó de la esclavitud, al que adoptó en su debilidad y purificó de su inmundicia (Ez 16, 1-14)[61]. El nuevo Israel, la *Ecclesia*, era el fruto de un nuevo acto de redención, y ese acto, aunque pudo haber comenzado durante el ministerio de Jesús, se consumó solo con su muerte. Tal es el significado, o parte del significado, de Mc 10, 45 y paralelos. El λύτρον era el medio por el que los «muchos» fueron constituidos una comunidad liberada y redimida, y el λύτρον era la vida del Hijo del hombre. Hasta que dio su vida, los «muchos», aunque algunos de ellos estaban unidos en torno a Jesús y vivían en compañía unos con otros, eran un agregado de individuos, pero no Israel. La muerte de Cristo es fundamental para la existencia de la Iglesia en la misma proporción en que es fundamental para la salvación cristiana. En consecuencia, y al margen de cualquier otro testimonio, parece poco deseable decir que la fundación de la Iglesia tuvo lugar antes de la muerte y resurrección de Jesús.

---

[60] *Op. cit.*, 56.
[61] Cf. Dt 33, 29: «Dichoso tú, Israel: ¿Quién hay como tú, pueblo salvado por el Señor?».

b) Jesús es el fundador de la Iglesia en cuanto que es redentor, y en esto están de acuerdo Flew y Johnston. La Iglesia no tiene ninguna existencia si no es como la comunidad redimida, y por tanto no existe separada del redentor[62]. Pero esta afirmación (que es histórica a la vez que teológica) no resuelve la cuestión de si Jesús contempló la existencia continuada de una comunidad en este mundo. Parece sumamente improbable[63] que dejase algunas normas para la organización de semejante comunidad, pero naturalmente es muy posible que pensase en un organismo permanente sin proyectar para él una estructura determinada[64]. ¿Previó Jesús una Iglesia de esa clase? No hemos visto todavía pruebas de que fuese así, pues no hay nada en el quíntuple argumento de Flew que nos haga pensar en una comunidad que siga viviendo en las condiciones terrenas de espacio y de tiempo, antes que en una Iglesia glorificada en el cielo con Dios, después de la consumación completa y final del reino. El «nuevo Israel» podía ser con mucha probabilidad el reino de los santos del Altísimo al final de los tiempos[65]; la enseñanza ética «absoluta» de Jesús sería muy apropiada para un Israel concebido de este modo, el día en el que el cielo y la tierra hayan desaparecido, y con ellos la ley de Moisés[66]. La presencia del Mesías y la fidelidad a él son, en cualquiera de sus manifestaciones, tan apropiadas al cielo como a la tierra; la «Palabra de Dios», el «Evangelio», la misión de los discípulos, pertenecen al período anterior a la crucifixión. Toda la cuestión depende del ulterior problema de lo que Jesús esperaba que seguiría a su muerte (véase más abajo *d*).

c) Si efectivamente la Iglesia propiamente dicha pertenece al período posterior al final del ministerio de Jesús, nos vemos forzados a mirar más lejos para la fundación definitiva de la misma, una fundación que descansa por completo sobre la acción redentora de Dios en Cristo, pero distinta de la actividad de Jesús antes de su muerte.

---

[62] Cf. Ef 5, 25-27.

[63] INGE, *Quarterly Review* (1918), 33 (citado por C. A. A. SCOTT en *The Spirit*, ed. Streerter, 135): «Los primeros discípulos creían que tenían la autoridad de su Maestro para esperar el final del mundo actual en su propia vida. Sea que le entendiesen o no, lo cierto es que no pudieron mantener con claridad esta opinión si habían recibido instrucciones para fundar la Iglesia».

[64] Cf. FLEW, *op. cit.*, 25.

[65] Cf. la Jerusalén celestial de Gal 4, 26; Heb 12, 22; Apoc 3, 12; 21, 2; *Test. Dan* 5, 12.

[66] Véase Mt 5, 18 comparado con Mc 13, 31.

Una comparación de la Iglesia primitiva con la comunidad de los discípulos puede ser aquí muy instructiva[67]. Hay dos diferencias notables entre los dos grupos (o mejor, entre los dos períodos en la historia del único grupo). Hay una diferencia 1) en la comprensión. Los discípulos de Jesús, sobre todo como se les representa en Marcos (que «aborrece a los Doce»), fallan por completo en la comprensión de su persona y su misión (Mc 8, 21. 33; 9, 32. 34; 10, 37), y la conclusión lógica de la narración, por lo que toca a ellos, es su negación y abandono. La comunidad posterior presenta un aspecto muy diferente. Estos hombres, que hace poco fueron dispersados como ovejas, no solo dan muestras de la máxima osadía en confesar a su Señor (ahora además con la deshonra de la crucifixión), sino que revelan también una notable penetración de inteligencia, tanto de su mesianidad como de su pasión y muerte. Aun cuando no se tenga en cuenta a Pablo, sus contemporáneos, en cuanto nos es posible rastrear su pensamiento, muestran una penetración completamente nueva y creativa en el sentido de la Escritura y en el plan de Dios en la historia de Israel.

La Iglesia manifiesta también otra diferencia 2) en el poder. Hemos mencionado ya la valentía sin precedentes que exhibieron los apóstoles y sus seguidores dando testimonio de la resurrección. Ese testimonio produjo sus resultados. No hay pruebas de un gran éxito por parte de los Doce en su viaje de misión durante el ministerio de Jesús; pero no tenemos necesidad de las cifras, ciertamente exageradas, de los Hechos para asegurar el rápido crecimiento de la Iglesia en sus primeros días.

De estas diferencias se deduce claramente que a los discípulos de Jesús les sucedió algo que tenía un significado absolutamente único; no solo un acontecimiento externo, como podía ser la muerte de Jesús, sino algo dentro de ellos mismos. El relato de Pentecostés en Hechos 2 puede ser históricamente, en su conjunto y en sus detalles, muy poco fiable; sin embargo, representa lo que tuvo que haber sucedido, un acontecimiento sin el cual se hace increíble la historia de la Iglesia primitiva. La diferencia entre los compañeros de Jesús (οἱ περὶ αὐτὸν σὺν τοῖς δώδεκα, Mc 4, 10) y la Iglesia era el don del Espíritu Santo, el bautismo de la comunidad con el poder y la inspiración divinos. En correspondencia con este acontecimiento está el hecho de que no hay indicación alguna de que el

---

[67] Y al mismo tiempo confirma nuestra idea de que la fundación de la Iglesia no pudo tener lugar antes de la crucifixión.

grupo más antiguo poseyese dones espirituales de ninguna clase[68], mientras que el más reciente nunca podía expresar adecuadamente su deuda al Espíritu y la dirección que recibía del mismo.

d) Si un acontecimiento de este género constituyó la «fundación» de la Iglesia; y si Jesús pensó en la Iglesia; debemos suponer que predijo el acontecimiento, y que profetizó el don del Espíritu, o al menos que tuvo en su mente el acontecimiento y el don, aunque no hablase de ellos. No hay testimonios de que esto fuese así. Es inútil apuntar a Mc 13, 11 y paralelos. Aparte del hecho de que hemos visto ya las razones para aceptar la opinión de que el *logion* original representado por este versículo no hablaba del Espíritu Santo, el pasaje solo habla de una ayuda espiritual con carácter excepcional y ocasional en circunstancias particulares, lo cual está muy lejos de lo que la Iglesia creía acerca del Espíritu. Ahora es cuando se ha planteado en su forma final y más aguda la cuestión de por qué en los Evangelios sinópticos son tan escasas las referencias al Espíritu.

---

[68] Exceptuando quizá el del exorcismo.

Capítulo X

¿POR QUÉ HABLAN LOS SINÓPTICOS TAN POCO DEL ESPÍRITU SANTO?

Acabamos de acentuar de nuevo la escasez de referencias al Espíritu de Dios en los Evangelios sinópticos. Hemos hecho también varias veces alusión al problema que este hecho plantea, y no podemos aplazar más el tratamiento de esta cuestión. ¿Por qué se habla tan poco del Espíritu en la vida del fundador de una religión, una de cuyas creencias más características era que sus miembros se convertían en poseedores, en un sentido único, del Espíritu de Dios? Si todo cristiano de Corinto podía reclamar para sí algún don espiritual, ¿por qué se dice tan pocas veces que tales dones fueron participados por Jesús y sus inmediatos seguidores? Si los apóstoles, en los Hechos, estaban dirigidos a cada paso por las inspiraciones del Espíritu, ¿por qué no fue dirigido también su Señor del mismo modo? Veremos cómo el examen de esta cuestión nos lleva al fondo del problema ulterior de la relación entre la primitiva creencia cristiana en el Espíritu, a la vez que experiencia del mismo, y la proclamación escatológica de Jesús. Esta nueva cuestión se puede proponer del modo siguiente. Un elemento característico (quizá el más característico) de la enseñanza de Jesús, que habló poco del Espíritu, era la declaración: «El reino de Dios está cerca» (Mc 1, 15; Mt 4, 17; 12, 28; Lc 11, 20; y otros muchos pasajes donde se indica lo mismo). Un elemento característico en la predicación de la Iglesia, en la que el reino de Dios aparece solo raras veces, era el ofrecimiento de la experiencia personal del Espíritu (Act 2, 38; Rom 8, 9; Gal 3, 2; Jn 14, 26; 1 Pet 4, 14; y otros muchos pasajes). Según esto, ¿en qué sentido se puede decir que la predicación de la Iglesia descansa sobre, o derivada de, la de Jesús?

En primer lugar, tenemos que examinar algunas soluciones que se han dado ya a nuestro problema.

1) E. F. Scott[1] llama la atención sobre el crecimiento en el judaísmo precristiano de la creencia en los demonios, ángeles y otros seres espirituales que surgieron (bajo influencia extranjera) cuando el antiguo Dios tribal de los Hebreos llegó a ser exaltado más y más en santidad, y cuando la esfera de su jurisdicción se extendió hasta abarcar todas las naciones. Se llegó a pensar que se abría un abismo tan grande entre Dios en el cielo y el hombre sobre la tierra que eran necesarios uno o más seres intermedios para cruzarlo. Scott dice que esta jerarquía de intermediarios espirituales le resultaba poco simpática a Jesús, quien trajo a los hombres la posibilidad de un trato directo con el Padre. En comparación con tal comunión inmediata, «una idea como la del Espíritu alejaba a Dios a distancia, o ponía un poder abstracto en su lugar»[2]. Flew critica con razón esta explicación: «Esto demostraría que Jesús era menos experto en el discernimiento espiritual que Pablo o centenares de santos más desconocidos»[3]. Además, parece (según los evangelistas) que Jesús aceptó sin vacilación la creencia corriente en los demonios (p. ej., Mc 3, 15; Lc 13, 32), espíritus (p. ej., Mc 5, 8; Lc 10, 20; Mt 12, 43 ss.) y ángeles (p. ej., Mc 8, 38; 12, 55), que era en su mayor parte un desarrollo del pensamiento judío posterior al cierre del período del A.T., y que, por tanto, sostuvo la misma opinión que los fariseos en contra de los saduceos; es muy poco probable que, creyendo por una parte en estos seres inferiores, hubiera podido tener aversión a hablar del Espíritu de Dios, que ocupa un lugar preeminente en el A.T., simplemente porque el Espíritu estaba entre Dios y el hombre.

2) Vincent Taylor[4] basa su argumento sobre el método morfocrítico. Muchos especialistas están hoy de acuerdo en que la tradición evangélica tomó su forma actual bajo el influjo de la situación propia de las comunidades cristianas a las que llegó el material de la tradición. Sabemos de muchas fuentes que estas comunidades estaban seguras de que poseían el Espíritu; sus miembros, en especial sus dirigentes, tenían conciencia de vivir día tras día bajo su guía. En consecuencia, no se veía la necesidad de andar repitiendo y de retener en la mente frases de Jesús sobre el Espíritu. Nadie ponía en discusión la presencia del Espíritu, y, por tanto, no era necesario probarlo con palabras de Jesús.

---

[1] *The Spirit in the NT*, 77-80.
[2] *Op. cit.*, 79.
[3] *Op. cit.*, 69.
[4] *The Holy Spirit* (Headingley Lectures, 1937), 53-5.

a) Supone que la controversia fue el factor más importante —casi el único— de formulación, en el manejo que la Iglesia primitiva tuvo del material de la tradición. Y porque no hubo ninguna controversia sobre esta materia, se encuentran tan pocas referencias al Espíritu en los Evangelios. Pero, por motivos de índole general, es al menos posible suponer que haya tenido lugar lo contrario; que un evangelista, al seleccionar su material, pueda haber elegido aquello con lo que estaba de acuerdo y omitir las materias controvertidas[5]. Además, fueron otros motivos, diferentes de los polémicos, los que prevalecieron en la selección del material evangélico. Dibelius, por ejemplo, subraya la importancia de la predicación; Bultmann acentúa la actividad didáctica de las comunidades, en especial su empeño en la instrucción ética (aunque le da también su valor al motivo polémico); Bertram apunta la importancia del culto cristiano, sobre todo en la formación del relato de la pasión; y se podrían mencionar otros muchos motivos de aplicación menos difundida. Podemos preguntarnos si, por ejemplo, no hubiera sido natural para un predicador de la Iglesia primitiva que predicase como Pedro lo hizo el día de Pentecostés e hiciese semejante ofrecimiento (Act 2, 33. 38), redondear con una palabra del mismo Señor. «Ha derramado esto que estáis viendo y oyendo»; ¿qué predicador no hubiera añadido, de haber podido hacerlo así, «como él mismo prometió»? El bautismo, lo mismo que la eucaristía, era un rito cristiano fundamental, íntimamente unido al don del Espíritu; es seguro que se hubieran conservado algunos dichos del Señor sobre esta materia[6].

b) Hubo controversia sobre el tema del Espíritu. Algunos pasajes en los Hechos (Act 18, 24-28; 19-7) indican las diferencias entre los grupos joánicos y los cristianos sobre la cuestión del bautismo; otros pasajes (p. ej., Act 2, 38 comparado con 8, 14-17) muestran que no había un acuerdo en la cuestión de si el Espíritu se daba solo por el bautismo o por la imposición de las manos.

En consecuencia, ya que, según parece, ha habido razones más que suficientes en la vida de la Iglesia primitiva para la conservación de las palabras sobre el Espíritu, no podemos decir que hemos encontrado todavía una explicación adecuada de su ausencia en los Evangelios[7].

---

[5] Cf. Lc 1, 1, si τὰ πεπληροφορημένα son «las cosas creídas con más seguridad».
[6] En este contexto no hay duda de que el *logion* de Juan, «Él os bautizará con el Espíritu Santo (y fuego)», Mc 1, 8 y paralelos, pertenece a la tradición.
[7] Taylor me ha permitido que diga que ha visto estos dos argumentos, y aprecia la fuerza de los mismos, y está convencido de que queda mucho más por decir.

3) Flew[8] tiene otra explicación: «Hay pocas palabras sobre el Espíritu, porque Jesús vio que era necesaria una inteligencia más rica y profunda del Espíritu que la que con su falta de penetración podían espigar del A.T. sus discípulos; y esta reinterpretación de la obra del Espíritu solo pudo realizarse durante su ministerio. Lo mismo sucedió con la idea de mesianidad. Rechazó los títulos que provenían de las falsas concepciones que el pueblo tenía de su misión; "ninguna concepción de la misma, en boga entre sus contemporáneos, correspondía a la suya. Es muy dudoso que haya usado alguna vez de sí mismo el término Cristo"[9]. Esta explicación del problema del secreto mesiánico sugiere una solución paralela al problema del silencio por lo que toca al Espíritu... Toda concepción veterotestamentaria del Espíritu debe necesariamente ser bautizada en la muerte de Cristo. El Calvario era la única entrada para Pentecostés».

Esta explicación tiene una gran importancia, sobre todo por dos razones: une la doctrina del Espíritu con la muerte de Cristo, y tiene en cuenta el secreto mesiánico. Sin embargo, no explica realmente por qué Jesús no instruyó a sus discípulos acerca del Espíritu Santo. Desde que en Cesarea de Filipo reveló a los Doce el secreto de su mesianidad, «comenzó a instruir a sus discípulos de que el Hijo del hombre tenía que padecer mucho» (Mc 8, 31). Jesús no solo profetizó repetidas veces su propia muerte (Mc 8, 31; 9, 12. 31; 10, 33 s.), y la interpretó (Mc 10, 42-45; 12, 1-12, y en la Última Cena), sino que dijo también claramente a sus discípulos que su fidelidad a un Mesías como él acarrearía sufrimientos también para ellos (Mc 8, 34; 10, 29-31; 10, 35-40). Si, pues, Jesús pudo comenzar a educar a sus discípulos en su propia concepción de la mesianidad, ¿por qué no debía haberles enseñado también el verdadero significado del Espíritu Santo? Flew dice[10]: «Cuán fácil era incluso para los seguidores elegidos por él el aferrarse a los elementos inferiores de la concepción veterotestamentaria del Espíritu de Dios, lo demuestran los Hechos de los Apóstoles. En un principio se carga el acento en lo extático, anormal y transitorio». Se puede argüir que ciertamente se podía haber evitado esta falsa concepción de la misión del Espíritu si Jesús hubiera dado a sus seguidores una instrucción sobre esta materia, aunque fuese tan ligera como la que les dio con respecto a su muerte. Estos dos hechos, de que Jesús no instruyó a sus discípulos sobre el futuro don del

---

[8] *Jesus and His Church*, 70 s.
[9] V. TAYLOR, *Jesus and His Sacrifice*, 20.
[10] *Op. cit.*, 70.

Espíritu y la incomprensión por parte de ellos de ese don cuando les fue dado, se compaginan entre sí; pero esto no da la explicación de por qué no se les dio con anterioridad tal instrucción. De hecho, el problema, más que resolverse, se intensifica.

En segundo lugar, la explicación que se da del secreto mesiánico no es suficiente. Pues aunque en el tiempo de que se trata en los Evangelios el Espíritu Santo no había sido dado y el tema podía evitarse sin dificultad, Jesús mismo estaba presente y los hombres estaban formulando, para bien o para mal, sus pensamientos sobre él. Muchos pensaban de él en términos mesiánicos, o como el Mesías o como un profeta que proclama la inminente llegada del Mesías; no puede haber ninguna otra explicación del gentío que le seguía entusiasta en Galilea y le aclamó en Jerusalén. Todo el ministerio de Jesús es encuadrado por los evangelistas dentro de un marco mesiánico. Además, la mesianidad solo se mantenía en secreto para las turbas (al menos según Mc 8, 29). A los discípulos, Jesús les exponía la doctrina del Mesías sufriente, o del Hijo del hombre. Es verdad que no entendieron su exposición en aquel momento, pero después de la crucifixión se debieron acordar de ello, pues ni siquiera la resurrección pudo haberles persuadido de que Jesús era el Mesías si nunca les hubiese sugerido previamente este hecho. Pero, según parece, no hubo una enseñanza correspondiente sobre el Espíritu Santo, como preparación para la inspiración de la Iglesia. Tal enseñanza no se dio ni siquiera a aquellos de quienes era de esperar que la recibiesen, el círculo íntimo de los discípulos[11].

Según esto, el problema de por qué hay apenas alguna enseñanza sobre el Espíritu, y de hecho muy pocas referencias al mismo, en los Evangelios sinópticos, queda sin resolver. Antes de abordarlo directamente vamos a hacer dos consideraciones preliminares.

1) Una observación general de los Evangelios sinópticos muestra que ordinariamente presentan la enseñanza teológica no con términos teológicos, sino con narraciones simbólicas o parábolas. No hay necesidad de ilustrar con detalles este hecho, ya de por sí evidente. En nuestros días se reconoce generalmente que, aunque, por ejemplo, la doctrina paulina de la justificación por la fe no se encuentra expresada con terminología

---

[11] En este estudio sobre los Evangelios sinópticos no podemos detenernos a considerar la posibilidad de que el Cuarto Evangelio conserve en los discursos de despedida doctrina auténtica de Jesús. Con todo, parece que es poco probable. Véase la nota en la p. 168.

científica en la enseñanza de Jesús, está presente no menos claramente en parábolas tales como la del fariseo y el publicano, el hijo pródigo y los siervos inútiles. En los Evangelios sinópticos hay poco que pueda servir como un paralelo preciso al tratamiento de la ley en Romanos, cc. 1-3 y 7; pero una controversia tras otra, el sermón de la montaña y muchos otros pasajes apuntan y describen la misma actitud. En la misma línea de este principio hemos encontrado ya numerosas huellas del hecho de que Jesús era un hombre «pneumático» al margen de las referencias a la palabra πνεῦμα.

Debemos tener continuamente presente esta cualidad gráfica de los Evangelios sinópticos al tratar el problema que tenemos planteado; pero esta cualidad no es una explicación suficiente del problema, pues ya hemos visto casos[12] en los que se han suprimido, no los usos de la palabra πνεῦμα, sino los rasgos «pneumáticos» del relato.

2) Es preciso mencionar aquí en particular un grupo de metáforas. H. Wheeler Robinson ha demostrado[13] que en el primitivo pensamiento semítico «se considera que las funciones psíquicas y éticas son exactamente tan propias de los órganos corporales como las fisiológicas»[14]. Esta creencia de que los órganos corporales tengan funciones psicológicas se puede ilustrar bien a partir del A.T. por lo que toca al pensamiento hebreo. Como ejemplo, Robinson cita el Sal 63, 2:

Mi *nefeš* (alma) tiene sed de ti,
Mi «carne» tiene ansia de ti,

«donde la "carne" tiene funciones psicológicas exactamente lo mismo que el *nefeš*»[15]. «Esta atribución de funciones psíquicas a unas partes del cuerpo que a nosotros nos parecen puramente fisiológicas no se limita a los órganos centrales; se efectúa también con respecto a los órganos periféricos, tales como ojo, oído, boca y manos»[16]. Esto quiere decir, naturalmente, que en muchos pasajes donde deberíamos leer «espíritu» o «mente» de hombre encontramos en su lugar una referencia a alguna parte de su cuerpo.

Como el pensamiento hebreo sobre Dios era antropomórfico, no nos

---

[12] Véase pp. 108 s., 138-42, 148 s.
[13] *Hebrew Psychology*, 353-82, in *The People and the Book*. ed. A. S. Peake.
[14] *Op. cit.*, 353.
[15] *Op. cit.*, 366.
[16] *Op. cit.*, 364 s.

sorprende encontrar esta clase de lenguaje aplicado también a Dios; con otras palabras, algunas veces no leemos «su Espíritu», sino (por ejemplo) «su mano o brazo». Esto ocurre con mucha frecuencia en el A.T.; con ello no se quiere decir que suceda lo mismo en los Evangelios sinópticos, pero vale la pena tener en cuenta este punto, aunque no sea más que como un ejemplo notable. La comparación de Lc 11, 20 con Mt 12, 28 muestra que las frases «dedo de Dios» y «Espíritu de Dios» podían ser equivalentes. Lc 1, 66 ciertamente se podía haber reescrito haciendo referencia al «Espíritu» en lugar de la «mano» del Señor, y tenemos que admitir la posibilidad de que en otros pasajes, donde un autor moderno, con una doctrina evolucionada sobre el Espíritu Santo, habría hablado del «Espíritu», el mismo pensamiento ha sido expresado de un modo muy diferente[17].

Hemos mencionado anteriormente el hecho de que la *bat qôl* o voz celestial llegó a ser considerada como un sustituto del Espíritu Santo. En los relatos del bautismo tenemos tanto la voz como el Espíritu; pero en la transfiguración solo la voz.

En nuestro intento de responder a la cuestión de por qué son tan escasas las referencias al Espíritu Santo en los Evangelios sinópticos, será necesario hacer a continuación un análisis de las referencias al Espíritu en el A.T. Como, en los Evangelios, el efecto del don del Espíritu es la mayoría de las veces el lenguaje inspirado, vamos a considerar este aspecto de la acción del Espíritu; será preciso también examinar la doctrina del A.T. sobre la profecía y los profetas[18].

1) *Pasajes del A.T. donde el Espíritu (rûaḥ - πνεῦμα) inspira el lenguaje y actividad proféticos*

Estos pasajes son pocos y no están distribuidos de un modo uniforme.

---

[17] Véase una nota sobre «Cristo como la mano de Dios», en J. R. Harris, *Origin of the Prologue to St John's Gospel*, 43-52. Véase también 3 *Enoc* 48, con el comentario de Odeberg: «La *mano derecha* o el *brazo derecho del Señor* representan la implantación del reino de Dios sobre la tierra, la liberación de Israel. Cuando la mano derecha está colocada detrás del Señor es un símbolo de que ha cesado su actividad para este fin. De aquí que la libertad de la mano derecha llegue a ser sinónimo de la liberación de Israel... Fue la mano derecha de Dios la que extendió los cielos y la tierra, y así tiene que ser su mano derecha la que efectúe el establecimiento final del reino de Dios sobre la tierra» (H. Odeberg, 3 *Enoc*, 139).

[18] Esto no constituye de ningún modo un estudio sistemático y completo de la doctrina del A.T., sino solo algunas observaciones sobre el mismo para un fin particular.

a) *En la Ley y libros históricos*

Num 24, 2. El Espíritu inspira el *māšāl* de Balaam. Se supone generalmente que los discursos proféticos atribuidos a Balaam pertenecen a un período muy antiguo, y que están realmente entre las partes más antiguas del A.T., y las palabras mismas de Balaam implican ciertamente inspiración e incluso éxtasis.

Así, 24, 4,

Oráculo del que escucha palabras de Dios,
Que contempla las visiones del Todopoderoso,
Postrado y con los ojos abiertos,

indica claramente una situación de trance o cierta clase de éxtasis, y del mismo modo la negativa de Balaam a pronunciar el oráculo que le había mandado Balac. Pero se observará que los oráculos mismos no contienen la palabra «Espíritu»; esta se encuentra solo en el marco del relato, que naturalmente no tiene por qué ser, y probablemente no es, anterior a la redacción del documento JE.

Num 11, 17. 25. 29; es otro fragmento de JE. Los vv. 26-29 en especial muestran la conexión entre el Espíritu y la profecía, aunque «profecía» aquí no significa necesariamente «lenguaje»; se trata evidentemente de un rasgo característico de este documento.

1 Sam 10, 5-13; 16, 13; 19, 20-24; cf. 2 Sam 23, 2; 1 Re 22, 24; 2 Re 2, 9. 15 s. Hay aquí una información considerable sobre las ideas primitivas tanto sobre el Espíritu como sobre la profecía. Inspiración, que es un fenómeno poco frecuente, significa posesión (cf. 1 Sam 10, 6: «El Espíritu del Señor descenderá poderosamente sobre ti, y profetizarás con ellos, y te convertirás en otro hombre»). Este profetizar lleva consigo una especie de trance algunas veces, producido, según parece, por la música; los profetas, en su mayor parte, aparecen juntos, formando grupos —los hijos de los profetas—; las palabras pronunciadas por un profeta inspirado no son, al parecer, tan importantes como el hecho de que está inspirado y actúa en estado de frenesí.

1 Cron 12, 18; 2 Cron 15, 1; 20, 14; 24, 20. Es digno de notarse que en estos libros mucho más tardíos se atiende bastante más al contenido del mensaje inspirado, y menos al modo como se comunica.

Nehem 9, 20. 30. Son evidentemente comentarios tardíos sobre la historia de Israel.

b) En los profetas escritores

Oseas 9, 7. Este versículo es bien conocido por su dificultad. ¿La persona descrita como «el profeta... el hombre que tiene el Espíritu»[19] es un verdadero profeta o es un falso profeta (como en Oseas 4, 5)? No es necesario para nosotros resolver esta cuestión. Lo importante es observar el trasfondo de la profecía, que es el del libro de Oseas en conjunto, a saber, la agricultura de Canaán y la religión agrícola, o sea, el culto a la fertilidad. Os 9, 1 muestra que se trata de las provisiones de trigo y vino, y de la clase de religión adoptada por el Israel infiel. Si el v. 7 se refiere al profeta del Señor, es el lamento contra la religión nacional de aquellos que han adoptado los cultos cananeos; si, por el contrario (como me inclino a creer, a la vista de otros pasajes que enseguida serán examinados), se refiere a los falsos profetas, tenemos que Oseas asocia ambos términos *nābî'* y *rûaḥ* con la religión indígena, contra la cual se enfrentan resueltamente todos los fieles de Israel. Es de suponer que Oseas no habría negado que también él poseía el Espíritu.

Miq 3, 8. Aquí también se contrasta la auténtica profecía con la inspiración que proviene de otra fuente. El vidente *(ḥôzē)* y el adivino *(qôsēm)* pretendían sin duda poseer el Espíritu, como lo poseía Miqueas (cf. 2, 11), y probablemente actuaban de un modo semejante. Miqueas señala dónde está la diferencia. Esta es, en parte, *ética* («Los profetas extravían a mi pueblo... y declaran una guerra santa a quien no les llena la boca», 3, 5), y, en parte, reside en el *contenido* de su mensaje (compárese 3, 5, «Cuando tienen algo que morder, anuncian la paz», con 3, 12, «Por vuestra culpa Sión será un campo arado, Jerusalén será una ruina, el monte del templo un cerro de breñas»). La diferencia *no* está en la inspiración, en el *rûaḥ*; aunque es fácil que en 3, 8 tenga un acento especial: «Estoy verdaderamente lleno de valor por el Espíritu del Señor» —de aquí el contenido ético del mensaje profético— «para anunciar sus crímenes a Jacob, sus pecados a Israel»[20].

Jeremías nunca atribuye su inspiración profética al Espíritu. La palabra *rûaḥ* aparece algunas veces en su libro, pero casi siempre con un signi-

---

[19] *Hannābî'... 'îš hārûaḥ.*
[20] Las palabras «por el Espíritu del Señor» *(et-rûaḥ YHWH)* no pertenecen propiamente a la estructura de la frase, y es probable que no formasen parte del texto original del versículo. Sin embargo, aun en el caso de que sean glosas, no pierden su importancia. La glosa era muy antigua (se encuentra ya en los LXX), y muestra lo que se pensaba de la fuerza ética de los profetas.

ficado puramente físico. Una vez se traduce por «Espíritu» en la VSS inglesa, en Jer 51, 11; pero este texto no tiene nada que ver con la profecía, y se encuentra en un pasaje que no se puede atribuir al mismo Jeremías. Una vez aparece asociada con los falsos profetas (5, 13), pero aquí solo significa viento, vaciedad.

La palabra *rûaḥ* se encuentra más de 50 veces en el libro de *Isaías*, pero solo dos veces, en las partes más tardías del libro, se refiere a la inspiración profética, en 59, 21 y 61, 1.

Ezequiel usa esta palabra frecuentemente en conexión con su propia profesión. En 11, 1 se dice que el Espíritu es directamente la causa de sus palabras; cf. también 2, 2; 3, 12. 14. 24; 11, 1. 24; 37, 1; 43, 5. En 13, 3 se dice de los falsos profetas que «siguen su propio espíritu».

En dos libros tardíos se habla del Espíritu como causa de la profecía. En *Zac 7, 12* el autor mira hacia atrás y habla de «las palabras que el Señor de los ejércitos mandaba por su Espíritu por medio de los antiguos profetas»; *Joel* (3, 1 s.) hablando del futuro, dice: «Derramaré mi Espíritu sobre toda carne; vuestros hijos e hijas profetizarán». Hay que observar que ninguno de estos dos profetas pretende estar él mismo en posesión del Espíritu.

A las referencias tomadas de los libros proféticos podemos añadir aquí *Job 32, 8*. El Espíritu de Dios en Elihu es el que le comunica inteligencia, y la inteligencia dirige sus palabras.

A la vista de estos datos podemos concluir *a)* que aunque se menciona frecuentemente al Espíritu en conexión con los antiguos (hijos de los) profetas[21], los profetas escritores describen muy raramente su inspiración como el resultado de la presencia del divino *rûaḥ*; Jeremías, el Proto- y Deútero-Isaías y Amós nunca lo hacen, y tampoco es la idea que está presente en los Salmos; y *b)* en algunos casos donde se considera el lenguaje inspirado por el Espíritu, hay cierta conexión con los «falsos» profetas, o se hace cierta alusión a ellos, o a la religión indígena del Canaán preisraelítico. El uso de la palabra «profeta» *(nābî')* ilustra estas afirmaciones.

2) *Nābî' en el A.T.*

La etimología de la palabra es muy oscura. Robertson Smith[22] miraba con cierta simpatía la opinión de que el nombre tenía un origen cananeo

---

[21] Y con los jueces, p. ej., Sansón, Gedeón.
[22] *Prophets of Israel* (1919), 390.

más que una forma originaria semítica. Lods[23] dice: «La palabra misma *nābî'* no parece que sea de origen hebreo». Estas declaraciones tienen una gran importancia, aunque debamos precavernos de apoyarnos demasiado en una etimología incierta. Pero esto no nos tiene que llevar a descuidar una cierta relación, o al menos semejanza, que existe entre los antiguos *nebî'îm* hebreos y lo que conocemos de la primitiva religión de Palestina, de la que existen tanto testimonios extrabíblicos como también bíblicos. «Una inspiración colectiva que se expresaba en danzas y gritos, aunque no era completamente desconocida de los semitas nómadas, era, sin embargo, poco común entre ellos, mientras que este tipo de experiencia religiosa fue fomentado por los cultos de Fenicia, Siria y Asia Menor, de donde los fenómenos de profecía orgiástica pudieron extenderse a Siria y Palestina. De aquí que con toda razón se puede suponer que las primitivas bandas de *nebî'îm* pudieron surgir entre los israelitas como resultado del contacto con los cananeos y como una imitación de los mismos. La furia sagrada de estos extáticos impresionó a los recién llegados como una manifestación más viva del poder divino, y por tanto Yahwé debía manifestarse del mismo modo que los Baales»[24]. Lods hace referencia a 1 Re 18, 19; Heliodoro, *Aethiopica*, 4, 16; Golenischeff Pap., *Revue de Théol.* (Montaubon), XXI, 22-23; Celso (en Orígenes, *Contra Celsum* 7, 9); *De Dea Syria*, 43. 50; Apuleyo, *Metamorph.* 8, 24-29; Floro, 3, 29 (2, 7).

Las actividades de los *nebî'îm (benê nebî'îm)* israelitas son demasiado conocidas para describirlas de nuevo aquí[25]. Este título parece que suplantó al término más antiguo *rô'ê* (1 Sam 9, 9)[26]. Estos eran unos extáticos, y su profecía iba acompañada con danzas y música, y es posible que fuese fomentada con bebidas excitantes. Parece que a veces se reunían formando comunidades, asociándose en algunos casos a los ejércitos nacionales.

El más antiguo de los llamados profetas, Amós, quería a toda costa distinguirse de los *nebî'îm* (Am 7, 14). Su patriotismo fanático[27], junto, quizá, con el transfondo amoral (o incluso inmoral) de la religión agrícola les hacía ciegos para los hechos éticos que, para Amós, estaban

---

[23] *Israel (ET)*, 445.
[24] LODS, *op. cit.*, 444 s.
[25] Véase W. R. SMITH, *Prophets of Israel*, cap. I y II; LODS, *Israel (ET)*, 442-48; GUILLAUME, *Prophecy and Divination*, Lectures I-IV; *et al.*
[26] ¿Fueron los cananeos los que desterraron el antiguo término semítico?
[27] Debido quizá a su relación con las operaciones militares.

clamando una fuerte denuncia. Ya hemos indicado que raramente habla el A.T. de un lenguaje inspirado por el Espíritu de Dios. El examen de la palabra *nābî'* da los siguientes resultados:

Amós: hemos visto cómo en 7, 14 Amós renuncia al título de *nābî'*, aunque no puede encontrar otro nombre para lo que él hace. En 2, 11 s. y 3, 7 s., el término se usa en sentido positivo.

Oseas: algunos pasajes relativos a los profetas son especialmente oscuros (4, 5; 9, 7. 8), pero en 6, 5; 12, 11 los profetas son profetas del Señor, y en 12, 14 Moisés es el profeta por medio del cual el Señor sacó a Israel de Egipto.

Isaías I (o sea, Is 1-39): la palabra *nābî'* se encuentra 7 veces; tres de ellas en los capítulos 37, 38 y 39, que están tomados de 2 Reyes, y por tanto no es preciso considerarlos. Para los cuatro casos restantes, tenemos: en 3, 2 nada malo se dice del profeta, pero no está con muy buena compañía, con el adivino; 9, 14 se considera comúnmente como glosa, aunque Skinner[28] sostiene que la estrofa quedaría incompleta sin él. En todo caso, el profeta en cuestión es un falso profeta[29]. En 28, 7 se habla de los falsos profetas; en 29, 10 las palabras *profetas* y *videntes* son glosas, pero incluso el texto glosado habla de profetas con los ojos tapados.

Miqueas: los tres usos de este término son igualmente negativos.

Nahum: no usa el término.

Habacuc: el término se usa dos veces, en 1, 1 y 3, 1, pasajes que son evidentemente redaccionales, y no representan las palabras del mismo Habacuc.

Sofonías: solo una referencia, 3, 4: «Sus profetas son personas ligeras y traicioneras».

Jeremías: el uso de la palabra *nābî'* se puede presentar de modo general siguiendo el análisis del texto realizado por Peake[30], y contando como auténticos los pasajes que atribuye a Jeremías y a Baruc. Los resultados son:

«Profeta» usado en sentido positivo: auténticos, 29; no auténticos, 10.
«Profeta» usado en sentido negativo: auténticos, 39; no auténticos, 10.
Casos dudosos: auténticos, 6; no auténticos, 0.

---

[28] Cambridge Bible, *Isaiah I-XXXIX*, 80.
[29] Este versículo ayuda también a interpretar 3, 2.
[30] Century Bible, *Jeremiah*.

¿Por qué hablan los sinópticos tan poco del Espíritu Santo?

La mayor parte de los usos «auténticos» de «profeta» (en sentido positivo) aparecen en la frase de Baruc, «Jeremías el profeta», tanto que se puede decir que en labios del mismo Jeremías la palabra *nābî'* tiene casi siempre una connotación negativa[31].

Isaías II (o sea, Is 40-55): no usa este término.
Ezequiel: el resultado del análisis es como sigue:

«Profeta» usado en sentido positivo: 5 veces.
«Profeta» usado en sentido negativo: 11 veces.
«Profeta» usado en sentido neutro: 1 vez.

Ageo: en 1, 1. 3. 12; 2, 1. 10 encontramos las palabras «Ageo el profeta», donde «profeta» tiene una connotación positiva, pero estos pasajes son redaccionales.
Zacarías 1-8: la palabra *nābî'* tiene siempre un sentido positivo (1, 1. 4. 5. 6. 7; 7, 3. 7. 12; 8, 9). Se refiere o a Zacarías o a los antiguos profetas.
Malaquías: una vez, 3, 23, de Elías, o sea, en sentido positivo.
Isaías III (o sea, Is 56-66): no se usa esta palabra.
Joel: no usa la palabra, pero merece anotarse que el verbo correspondiente aparece en sentido positivo en 3, 1.
Jonás: no se usa esta palabra.
Zacarías 9-14: en 13, 2. 4. 5 (los únicos casos en que se usa este término) tiene un sentido negativo, muy afín al de Amós 7, 14.
Daniel: en 9, 2. 6. 10 la palabra *nābî'* denota los profetas antiguos. Aparece de un modo muy extraño en 9, 24, pero ciertamente en sentido positivo.

De estos hechos, junto con los relatos antiguos que ponen de relieve la oposición entre los profetas del Señor y los de los Baales y la Ašerá (véase, p. ej., 1 Re 18, 19), se pueden sacar algunas conclusiones de cierta importancia[32]. La profecía en sus formas primitivas no tuvo probablemente un origen israelita. Esto se demuestra no solo por la aversión de muchos profetas a llamarse a sí mismos con el nombre de *nābî'*, sino también por la existencia ininterrumpida de profetas de otros cultos. Dónde haya surgido por primera vez el nombre y la práctica de la pro-

---

[31] Se puede llamar la atención especialmente sobre 2, 8; 23, 13 s., donde los profetas profetizan por Baal.
[32] Véase la cita de Lods, *Israel*, 444 s., más arriba.

fecía es una cuestión muy difícil, que, por fortuna, no es necesario que tratemos de responder[33]. Israel, probablemente muy poco después de su establecimiento en Canaán, adoptó la práctica del profetismo, y, al parecer, existían dos órdenes de profetas uno al lado de otro. Las noticias más antiguas sobre los profetas hebreos del A.T. son las que presentan una afinidad más estrecha con las descripciones de los profetas extranjeros. Ambos grupos vivían en cuadrillas, eran extáticos y practicaban acciones salvajes así como el lenguaje inspirado[34]. Posteriormente, sin embargo, surgieron nuevos profetas que, aunque siguieron manteniendo muchas de las características de los antiguos *nebî'îm*, se diferenciaban de ellos tan radicalmente en su mensaje que hicieron todo lo posible para separarse de ellos. Amós y Oseas a modo de prueba hicieron uso del término *nābî'*, pero después de su época parece que llegó a hacerse sospechoso, hasta que se volvió a su uso en un período mucho más tardío, cuando la religión hebrea adquirió un carácter tan marcadamente ético que ya no había motivo alguno para temer el retorno a los usos antiguos.

El paralelismo entre los fenómenos que acabamos de observar en conexión con la palabra *nābî'* y el uso (o desuso) del término *rûaḥ* es claro. Los profetas en muchos aspectos se asemejaban a los antiguos *nebî'îm*; con todo, ellos mismos se consideraban distintos de estos; los profetas manifestaban todos los fenómenos de la inspiración, pero evita-

[33] Véase ALFRED JEPSEN, *Nabi, soziologische Studien zur alttestamentlichen Literatur und Religionsgeschichte*. En 246 s. hace el resumen siguiente: «Con la comprensión de la naturaleza de la profecía *(Nabitum)*, sin embargo, no hemos resuelto todavía el problema de su origen. Difícilmente puede haber sido un fenómeno propio de todas las razas cuya lengua original era semítica, ya que los israelitas no la conocieron en su período precananeo, y no hay motivo alguno para que haya desaparecido precisamente entre ellos. De este modo, quizá tengamos que ver en la profecía *(Nabitum)* una peculiaridad de los habitantes semitas preisraelitas de la tierra. Se podía pensar también en el resurgimiento de fenómenos presemíticos anteriores; se supone que en Grecia sucedió algo parecido (el resurgir de ideas pregriegas en el período clásico). Además, es posible que fuesen unas tribus del Asia Menor o del Norte de Siria (los subareos), que hicieron invasión junto con los Hyksos, las que introdujeron estos mediadores de la revelación en Palestina. Finalmente, se puede concebir que un movimiento místico extático, como el que encontramos más tarde en Frigia, Tracia y Grecia, entrase en Siria con los grupos arios, y que se adaptase allí a la idea semítica de Dios, sustituyendo la unión natural con Dios en el éxtasis por el estar poseídos por Dios y el Espíritu».

[34] Es importante notar que en 1 Re 22, 1-18 Miqueas dice que el espíritu (un espíritu engañoso, pero con todo espíritu del Señor) ha hablado por medio de los falsos profetas (que oficialmente son profetas del Señor, pero están en fuerte contraste con Miqueas); pero no dice que él habla por el espíritu.

ban el uso del término «Espíritu». «Del hecho de que Amós repudió toda relación con los degenerados profetas profesionales de su época de ningún modo se sigue que no se considerase a sí mismo como perteneciente a la serie de hombres inspirados por medio de los cuales Yahwé había dado a conocer en tiempos pasados su presencia en la vida de Israel; tampoco hay razón alguna para suponer que consideraba el modo de su inspiración como esencialmente diferente del de ellos; el verbo que usa para designar su propia actividad profética *(hinnābē')* en 7, 15, era el que ordinariamente se aplicaba a los *nebî'îm*... El hecho de que los grandes profetas aventajaron con mucho a sus predecesores en la aprehensión de la verdad religiosa no es razón para negar la realidad del elemento extático en su experiencia, o para explicarla como una mera acomodación retórica a los modos tradicionales de expresión»[35]. La profecía hebrea nunca perdió esta «doble polaridad»; quedó la misma tendencia a la visión y el éxtasis, e igualmente la misma reserva para hablar de ella y para apoyarse en ella. Los escritores del Deuteronomio no podían pensar en una distinción entre verdaderos y falsos profetas del Señor, excepto que solo las profecías de los primeros se cumplían (Dt 18, 22). Con esto quedan cortados ambos caminos. Lo cual significa que los verdaderos profetas no se podían distinguir porque eran más sobrios ni más frenéticos que sus rivales. La única vindicación de la verdad era la historia, o, más propiamente, Dios en la historia[36].

Hemos señalado que la existencia (y quizás el nombre) de los *nebî'îm* no tiene un origen judío. Volz[37] hace una indicación parecida con respecto a *rûaḥ*. Originariamente, según él, *rûaḥ* y el Señor estaban en oposición el uno contra el otro; «en su origen este demonio *Rûaḥ* no tiene nada que ver con Yahwé»[38]. En esto, *rûaḥ* se distingue de la mano del Señor, que necesariamente tiene una conexión más íntima con su persona. Esta separación de *rûaḥ* con respecto a Dios prevalece en el judaísmo tardío. En el uso rabínico *hārûaḥ* es el demonio; en Josefo, *Ant.* 6, 8, 2 (166) la enfermedad de Saúl se atribuye a los δαιμόνια. Para

---

[35] SKINNER, *Prophecy and Religion*, 4 n. Cf. *ibid.*, 220, «Visiones y audiciones, misteriosos impulsos interiores para el lenguaje y la acción, forman siempre parte de la experiencia del profeta».

[36] Y, en tiempos posteriores, la voluntad de Dios ya revelada. «¡Por la Torá y por el testimonio! Sin duda, es así como deberían hablar los hombres» (Is 8, 20, aceptando una enmienda en la segunda parte corrompida de este versículo).

[37] *Der Geist Gottes*, 1910.

[38] *Op. cit.*, 5.

explicar la falta del término «Espíritu» en los grandes profetas preexílicos, Volz dice[39]: «Se puede, por tanto, decir que los profetas no tenían necesidad del *rûaḥ* porque tenían a Yahwé, lo rechazaron porque era extraño a ellos y a su Yahwé. Es significativo que cuando hablan de sí mismos, en lugar de *rûaḥ* usan de vez en cuando la expresión "la mano de Yahwé" para describir el trato misterioso y espiritual que Yahwé tiene con ellos; la expresión denota el ser atraídos *(Hineingezogenwerden)* hasta el interior de Yahwé, y el estar estrechados *(Gebundenheit)* a él, y aquí, como en las leyendas de Elías y Eliseo, resulta que es más espiritual y tiene una relación más íntima con Yahwé que el *rûaḥ*». El uso más frecuente de la palabra *rûaḥ* por parte de Ezequiel se debe a su mayor interés por el culto y por la esperanza mesiánica.

Según Volz, se puede apreciar la misma reserva sobre la experiencia extática en el judaísmo tardío, y en esto parece que tiene razón. En verdad que los escritores rabínicos atribuyen con mucha frecuencia la obra de los profetas a la inspiración del Espíritu Santo; pero no dicen que el Espíritu estuviese todavía activo en su propia época, sino más bien lo contrario: el Espíritu se había retirado[40].

Hasta aquí podemos estar de acuerdo con las observaciones de Volz, aunque la conjetura de que *rûaḥ* originariamente era un ser demoníaco diferente del Señor queda solo en conjetura. Sus conclusiones con respecto a los Evangelios sinópticos son más inciertas. Dice[41]: «Mantengo que el uso relativamente raro de "Pneuma" en Mateo y Marcos, al describir a Jesús, no se debe simplemente a la casualidad. Los dos evangelistas describen realmente a Jesús como un hombre de Dios, espiritual *(pneumatischen)*, del mismo modo que las leyendas habían descrito a Moisés, Elías y a otros. Los relatos de los milagros son la expresión popular de la creencia de que en él los hombres se encontraban ante un mensajero de una esfera sobrenatural, y afirman el hecho de que Jesús tenía muchos rasgos llamativos, y que obró muchas cosas prodigiosas. Pero, para los Evangelios, más importancia que estos milagros tiene el hecho interior de que con Jesús había aparecido uno que poseía la realidad plena de Dios y de la santidad de amor perfecto». El número mayor

---

[39] *Op. cit.*, 68.
[40] Volz cita (*op. cit.*, 143), *b. Sanh.* 11a; *Sota* 48b; *Qohel. R.* 12, 7 (106a); para la sustitución de *bat qôl* en vez del Espíritu Santo (*op. cit.*, 186), *b. Sanh.* 11a; *b. Sota* 48b; *j. Sota* 23d.
[41] *Op. cit.*, 197.

de veces que aparece la palabra «Espíritu» en Lucas se debe a influjo helenístico: «Hay que suponer más bien que hubo un fuerte influjo griego de Asia Menor»[42]. Volz no deja aquí un margen suficiente para los intereses y creencias mesiánicas de la Iglesia primitiva. Ni tampoco acentúa lo suficiente el hecho de que los profetas tanto del A.T. como del N.T. tenían visiones y experiencias extáticas, aunque no diese una gran importancia a ellas. Pablo y Juan (o sea, el autor de 1 Jn) tuvieron que establecer unos criterios para distinguir a los profetas. «Nadie, hablando en el Espíritu de Dios, puede decir: "Anatema sea Jesús"; y nadie puede decir: "Jesús es el Señor", sino en el Espíritu Santo» (1 Cor 12, 3). «Podéis conocer el Espíritu de Dios por esto: todo espíritu que confiese que Jesucristo ha venido en carne es de Dios; pero todo espíritu que no confiese a Jesús, no es de Dios» (1 Jn 4, 2 s.)[43]. Pablo pasaba de mala gana a sus «visiones y revelaciones del Señor» (2 Cor 12, 1); pero las tuvo, y habló en lenguas «más que todos vosotros» (1 Cor 14, 18).

Las explicaciones que se han dado de la reticencia profética con respecto al nombre de *nābî'* y a la palabra *rûaḥ* no se pueden aplicar directamente para resolver el problema de por qué los Evangelios sinópticos hablan tan poco del Espíritu. La situación es completamente diferente. Persistían, sin duda, todavía en aquel tiempo, huellas de los antiguos cultos, como de hecho existen hoy[44], pero Jesús se movía dentro del círculo cerrado del judaísmo, que no llegaban a romper los profetas de los Baales, ni molestar las danzas frenéticas y expresiones salvajes de los derviches cananeos. Sin embargo, en su actitud para con el Espíritu y la inspiración, debió de heredar la misma «polaridad» que hemos observado en el caso de los profetas. Los Evangelios, como hemos visto[45], presentan una tensión entre la creencia de que los fenómenos espirituales son signos válidos del reino de Dios y de la mesianidad de Jesús y la convicción de que no hay que andar buscando tales signos, y que el verdadero creyente no necesita darles mucha importancia.

¿Qué relación tiene esta tensión con las convicciones teológicas sobre el Mesías y el reino de Dios con las que los evangelistas formularon su obra, y que, según ellos, determinaron el ministerio del mismo Jesús? Es-

---

[42] *Op. cit.*, 198.
[43] Este criterio propuesto por Pablo y Juan es de hecho el mismo criterio histórico que se prescribe en el Deuteronomio; para los profetas del A.T. la historia decisiva está en el futuro; para los del N.T., está en el pasado.
[44] Véase S. I. Curtiss, *Primitive Semitic Religion Today*.
[45] Pp. 108 s., 132-42, 146-49, 174-78.

te es el punto hacia el que ha estado dirigido todo nuestro estudio, y para cuya solución hemos observado ya varias indicaciones. Ahora tenemos que combinarlas, y dar la respuesta que esté a nuestro alcance. Este problema se planteó últimamente[46] al exponer la cuestión de las profecías de Jesús sobre la Iglesia, y es indispensable que venga considerado encuadrándolo dentro de otro problema más profundo: el de la relación entre el evangelio escatológico de Jesús y el evangelio espiritual de Pablo y de la Iglesia[47].

I. EL ESPÍRITU CONSIDERADO EN TÉRMINOS ESCATOLÓGICOS

a) Las referencias al Espíritu en los Evangelios sinópticos son, como hemos visto, pocas; pero muestran continuamente un trasfondo veterotestamentario del que raras veces se separan. La terminología del A.T. domina la mayor parte de los pasajes que hemos examinado. La escena que abre el ministerio de Jesús, su bautismo, tiene como rasgo esencial la bajada del Espíritu; y todo el conjunto es considerado como el cumplimiento de la Escritura, como indica la voz del cielo[48]. Otros pasajes ponen de manifiesto su dependencia de Is 42, 1; 61, 1 como fuentes fundamentales, mientras que la creencia de que el Mesías estaría dotado del Espíritu aparece también (o se deducía de) Is 11, 2 (cf. 28, 6), y estaba bastante difundido en el judaísmo tardío[49]. Así mismo, la expectación de una posesión general del Espíritu en los últimos días aparece testimoniada con bastante amplitud[50]; de este modo, la idea de una comunidad portadora del Espíritu tenía también el carácter de cumplimiento.

b) Como hemos dicho hace poco, en el mismo A.T. el Espíritu era objeto de profecía, y venía descrito en pasajes que los lectores posteriores podían con facilidad interpretarlos escatológicamente, o sea, como apocalípticos. El Espíritu de ningún modo es desconocido entre jueces, reyes y profetas; pero surgió una expectación de que sería comunicado en grado preeminente en los últimos días.

---

[46] P. 205-06.
[47] Pp. 179 s., 207 s.
[48] La variante Occidental en Lucas muestra la total asimilación del *logion* del A.T. (Sal 2, 7), y ello revela claramente el modo como fue entendido este episodio.
[49] Véase 1 *Enoc* 49, 3; 62, 2; *Test. Lev.* 18, 7; *Test. Jud.* 24, 2; *Psal. Sal.* 17, 37; 18, 7.
[50] Joel 3, 1 s.; Num 11, 29 y otras referencias de la Escritura constituían la base de muchos pasajes de la literatura judía tardía.

c) El marco del ministerio de Jesús está provisto de unos acontecimientos descritos en lenguaje escatológico, y que a la vez implican la acción del Espíritu. Al comienzo se encuentra el nacimiento de Jesús (según Mateo y Lucas), o el bautismo (según Marcos). En ambos acontecimientos la acción del Espíritu es central, y hemos visto las razones para creer[51] que su importancia reside en la inauguración de un nuevo acto de creación por parte de Dios y el amanecer de la era mesiánica. Como punto decisivo entre el ministerio de Jesús y la vida de la Iglesia tenemos el acontecimiento fijado por Lucas en el día de Pentecostés, la dotación decisiva de los creyentes con el don del Espíritu Santo. Este acontecimiento y este don se concebían escatológicamente. En los mismos Hechos, la experiencia de Pentecostés se narra claramente como el cumplimiento de la profecía de Joel 3, 1 ss.; de este modo se convierte en el precursor inmediato del grande y notable día del Señor. También para Pablo, el don del Espíritu significaba tanto la realización de la escatología como su reafirmación; todo esto es lo que quiere dar a entender con el uso del término ἀρραβών: la posesión actual del Espíritu quiere decir que se ha conseguido ya parte de la bienaventuranza futura, e igualmente que parte permanece todavía en el futuro, sin llegar aún a poseerla.

II. JESÚS Y EL REINO DE DIOS

Así pues, solo se comprende debidamente al Espíritu cuando se lo concibe como un factor en el marco escatológico de los Evangelios. Será, por tanto, necesario delinear ese marco y extraer brevemente la enseñanza escatológica de los Evangelios, y examinar en especial el uso que se hace de los términos «Mesías» y «reino de Dios».

a) Ante todo, hay que señalar que Jesús usó estas palabras de un modo que era al mismo tiempo original y creativo. En sus labios tomaban un significado nuevo y más profundo que el que habían tenido anteriormente. El término «Mesías», realmente, lo usó muy poco, si es que lo usó alguna vez. En las dos ocasiones (en Cesarea de Filipo y ante el Sumo Sacerdote) en que parece haberlo aceptado, fue glosado inmediatamente con el título por el que mostraba una clara preferencia, «Hijo del hombre». Sin embargo, «Hijo del hombre» no es, en sí misma, una expresión cuyo

---

[51] Pp. 39-48, 78.

significado se pueda agotar combinando Dan 7 con las *Parábolas de Enoc*, o con cualquier otro procedimiento simple. También aquí podemos descubrir la actividad de una mente creadora. En Daniel, el «Hijo del hombre» representa al pueblo de los santos del Altísimo; en boca de Jesús, «el Hijo del hombre» es una persona[52]. En *Enoc*, el «Hijo del hombre» es una figura gloriosa para quien el sufrimiento es una experiencia completamente extraña. El sufrimiento y la muerte ocupan, por el contrario, un lugar prominente en los dichos de Jesús sobre el Hijo del hombre. Cuando Jesús hablaba de sí mismo, aunque usaba el lenguaje tradicional, no estaba dominado por él. La misma observación es válida para el uso que hace de la expresión «reino de Dios». No es difícil encontrar en los libros rabínicos y apocalípticos paralelos a muchas palabras de Jesús sobre el «reino»; pero ciertamente él es original en la conexión que establece entre el reino y su misma persona, y en tratarlo como algo ya existente.

Como Jesús empleó su terminología de un modo tan inaudito, será necesario para nosotros, no tanto prestar atención a su trasfondo como considerar lo que Jesús mismo dijo sobre el Mesías y el reino, en cuanto eso se pueda percibir a través del medio refringente de la tradición; pues no cabe duda de que muchas de sus palabras no fueron entendidas, y en consecuencia sufrieron una deformación en el decurso de su transmisión.

b) Jesús creyó que él era el Mesías (aunque un Mesías de una clase que nadie hubiera jamás esperado); y los evangelistas tenían esta misma idea. Con todo se negó a dar a conocer su condición[53]. En el período de su ministerio, todavía no había llegado para él el momento de manifestarla públicamente. Además, pesaba sobre él la obligación, no solo del secreto, sino también del sufrimiento. No había ninguna escapatoria del camino de la cruz. Las profecías de la pasión son las notas dominantes en el evangelio más antiguo[54], y aunque probablemente hayan sido comple-

---

[52] Para una crítica de la interpretación que da T. W. Manson del título como si tuviese un alcance colectivo, véase FLEW, *op. cit.*, 75; JOHNSTON, *op. cit.*, 55, n. 5.
[53] Véase más arriba, pp. 175-78.
[54] Mc 8, 31; 9, 12; 9, 31; 10, 33; 12, 8 y otros pasajes. Cf. BURKITT, *Christian Beginnings*, 29: «Lo que creo leer en los documentos, lo que Marcos acentúa por encima de todo en la mente de Jesús, no es la elección de este o aquel epíteto o título como el más apropiado, sino el irresistible sentido de vocación. Y esto se fue perfilando en la convicción de que el Dios de Israel, que le había llamado Hijo en un sentido especial no participado por otros, le había destinado de ese modo a realizar (o al menos acelerar) el final del actual estado de cosas, presentándose en cierto modo como sacrificio o rescate por los elegidos. En Mc 10, 45 se condensa esto en un *logion* singular, pero está implícito en todas partes.

tadas en los detalles, parece muy poco probable que sean por completo un producto de la comunidad. Constituyen la parte más original del tratamiento creativo de la esperanza mesiánica al que nos hemos referido, y llevan la marca de una mente creadora. Jesús cumple su vocación mesiánica por medio del sufrimiento; en efecto, el sufrimiento es su vocación. Pero el sufrimiento no iba a ser el final. Cada una de las tres grandes profecías de la pasión en Marcos[55] está acompañada de una predicción de la resurrección. Se ajustan fielmente a la fe y experiencia pascual de la Iglesia; y hay que preguntarse por qué, si Jesús habló tan explícitamente de su resurrección, sus discípulos no esperaron después de su muerte el acontecimiento que necesariamente tenían que haber esperado. Pero ellos no esperaron; la crucifixión resultó un *shock* que no solo hirió al pastor, sino que dispersó a las ovejas. ¿Cómo explicar que el sufrimiento de Jesús, que él predijo, constituyese un golpe mortal para la fe de los discípulos? Parte de la respuesta a esta cuestión está, sin duda, en que, a pesar de las predicciones de Jesús sobre su pasión, sus seguidores ni lo comprendieron del todo ni lo creyeron (Mc 8, 32, *et al.*). Pero esto solo es parte de la respuesta, pues por poco que la hubiesen comprendido y creído, sus palabras debieron haber resonado en sus oídos cuando tuvo lugar realmente la crucifixión. Su desmoralización se explica en el caso de que estuvieran decepcionados. Bien o mal, parece que entendieron a Jesús cuando predijo una vindicación divina de sí mismo que iba a sobrevenir inmediatamente después de su pasión. Y si nos preguntamos sobre la forma que tomó su esperanza, la respuesta más probable es que esperaban una manifestación gloriosa del Mesías inmediatamente después de su humillación. Pero no estaban preparados para un intervalo de dos o tres días, seguido de las apariciones del resucitado.

Podemos suponer, pues, que Jesús predijo su pasión y muerte, y que estas serían seguidas de un acto divino de vindicación, donde no estableció una diferencia entre la resurrección y la parusía. Bastaba con decir que el Mesías, que había aparecido primero en debilidad y de incógnito, sería universalmente reconocido en su gloria. Jesús no habla nunca de un modo explícito de un intervalo entre su resurrección y su retorno, ni profetiza un período intermedio durante el cual él está en la gloria con Dios. Las profecías específicas de la resurrección «después de tres días» (Mc) o «al tercer día» (Mt y Lc) se basan probablemente en dichos que

---

[55] 8, 31; 9, 31; 10, 33.

hacen referencia a Oseas 6, 2, donde el profeta habla de una restauración general más que de una resurrección como tal. Si Mc 13, 32 es auténtico, Jesús mismo se negó a dar una fecha del tiempo de su vindicación; pero sus seguidores esperaban probablemente que tendría lugar inmediatamente después de su muerte.

Los Evangelios no se proponen dar una explicación de por qué era necesario que se realizase este proceso: por qué era necesario que Cristo padeciese y entrase así en su gloria. Era la voluntad de Dios; y como tal, suponía Marcos, tenía que haber estado escrito en alguna parte del A.T., aunque él mismo no supiera dónde[56]. Sin embargo, Mateo y Lucas podían proporcionar los testimonios, y pronto estuvo bien documentada la afirmación de que «Cristo murió por nuestros pecados, según las Escrituras» (1 Cor 15, 3).

c) La enseñanza de Jesús sobre el reino de Dios corre paralela a su doctrina del Mesías. Esto es lo que debíamos esperar, tanto por analogía como también por la razón más convincente de que la presencia del Mesías constituye el señorío de Dios (sin negar que este pueda constituirse por otros medios). Donde está el Mesías, representante de Dios, allí está el reino; y tal como es el Mesías, así es el reino.

En conformidad con esto, encontramos en los Evangelios la afirmación clara de que el reino de Dios ha llegado; y esta afirmación aparece siempre (excepto Mt 3, 2) en labios de Jesús y de sus discípulos. La llegada del reino está testimoniada no solo por medio de unas palabras especiales[57], sino también porque repetidamente se da por supuesto que los hombres que vivían en compañía de Jesús están testimoniando el cumplimiento del A.T. y gozando de la promesa de Dios: «Dichosos vuestros ojos por lo que ven» — lo que los profetas solo habían vislumbrado.

El reino está aquí; pero los hombres no lo conocen. Son ciegos, que piden a Jesús un signo, con una falta total de discernimiento para ver los evidentes signos de los tiempos. La razón de esto está en que el reino es un reino oculto, todavía no visible con su fuerza incontestable, lo mismo que Jesús es un Mesías oculto y perseguido. Este hecho aparece puesto de relieve de modo muy notable en algunas parábolas. El reino es como la levadura, *oculta* en una masa de harina; es como la semilla que está *escondida* y se pudre cuando se la cubre con la oscura tierra. En este estadio

---

[56] Cf. Mc 9, 12 y las alusiones al A.T. en el relato de la pasión.
[57] Tales como ἤγγικεν, ἔφθασεν, cuya interpretación queda todavía abierta a la discusión.

puede ser tratado violentamente por sus adversarios (Mt 11, 11. 12; Lc 16, 16), del mismo modo que el Mesías no solo vive una vida oscura sino que tiene que morir una muerte de sufrimiento en la persecución (en el Cuarto Evangelio la metáfora de la semilla se saca del contexto del reino y se aplica al Mesías; cf. Jn 12, 24. Véase también 1 Cor 15, 36 ss.). Por otra parte, el reino participa no solo de la oscuridad del Mesías, sino también de su vindicación. A los discípulos se les ordena que oren, «Venga tu reino» (Mt 6, 10; Lc 11, 2), o sea, pedir para que llegue el día en que el reino esté presente, no de un modo oscuro como ahora, sino con un poder manifiesto. Este objeto de esperanza se expresa en el contraste parabólico entre la pequeña semilla y el árbol grande, y se afirma claramente en Mc 9, 1: «En verdad os digo, hay algunos de los aquí presentes que no gustarán la muerte hasta que vean venir el reino de Dios con poder».

Está implícito que el reino de Dios, durante el ministerio de Jesús, no estaba presente *con poder.* La vindicación del Mesías y la manifestación del reino en toda su majestad se consideraban sin duda como un acontecimiento complejo[58].

Toda la enseñanza de Jesús sobre sí mismo como Mesías, y sobre el reino de Dios, se divide en dos partes: «Ahora» y «Después». «Ahora» significa la realización proléptica de lo que en otras partes aparece como esperanza del futuro (sea cual fuere el modo en que aparezca), una existencia oculta del Mesías, despojado de su gloria, y una manifestación de la soberanía de Dios sujeta a un encubrimiento y limitación similares; «Después» significa la completa vindicación divina y la revelación del agente del señorío de Dios entre los hombres, y del señorío mismo. De nuevo, sugerimos que, aunque Jesús pudo no haber comunicado el conocimiento de cuándo tendría lugar esta vindicación, sus discípulos tuvieron la impresión de que seguiría inmediatamente a su pasión.

III. Mesías, reino y Espíritu[59]

Ahora podemos comprender muchos de los hechos que hemos observado en nuestro examen de las referencias al Espíritu Santo en los Evangelios sinópticos.

---

[58] Véase más adelante, pp. 226-28.
[59] Véase la nota de la p. 179-80.

a) Para los evangelistas eran de la máxima importancia las creencias que acabamos de examinar (o sus versiones de esas creencias). La fe se fundaba en la mesianidad, la misión divina y la condición de Jesús de Nazaret. De aquí que, en comparación con la presencia real del Ungido del Señor y la actuación de los poderes del reino de Dios, los fenómenos comunes de inspiración profética o de otro género eran insignificantes e irrelevantes[60]. Los escritores del N.T. no se conforman nunca solo con alinear a Jesús con los profetas del A.T., por muy fuerte que sea su semejanza con ellos en muchos aspectos, y distinguen claramente entre él y los demás exorcistas o taumaturgos de su tiempo. El mundo antiguo contenía tantos hombres «espirituales» como quería, y la Iglesia no tenía ningún motivo para describir a Jesús como uno de ellos; una tal descripción no hubiera atraído la atención y ciertamente no hubiera ayudado a suscitar la fe en él. Por otra parte, hubiera estado fácilmente expuesta al peligro de falsas interpretaciones con serias consecuencias.

b) En este punto, Jesús está directamente dentro de la tradición profética. Pues, como hemos visto, muchos de los grandes profetas del A.T. evitaban tanto el término *nābî'* como la pretensión de ser hombres inspirados por el Espíritu, con el fin de eludir falsas interpretaciones y de que se les confundiese con los *nebî'îm* extáticos pero amorales. Los profetas continuamente están llamando a su pueblo a una obediencia que era el resultado de la naturaleza radical de la fe; es decir, esta no se basa en los signos ni en un ciego legalismo, sino en un compromiso consciente y decisivo de uno mismo con Dios[61]. La misma actitud estaba vigente, al menos hasta un cierto punto, en el judaísmo tardío, como lo muestra un interesante pasaje en *b. Baba Mezia* 59b. «En cierta ocasión, R. Eliezer echó mano de todos los argumentos posibles para justificar su opinión, pero los rabbíes no la aceptaban. Dijo él: "Si tengo razón, que se traslade este algarrobo cien yardas de su sitio". Y el algarrobo se trasladó... Dijeron ellos: "No es posible sacar prueba alguna de un árbol". Entonces dijo: "Que lo demuestre el canal". Y el agua del canal comenzó a correr al revés. Dijeron ellos: "El agua no puede probar nada". Entonces dijo: "Que lo demuestren las paredes de esta Casa de Estudio". Las paredes

---

[60] Véase más adelante, p. 108.
[61] Los profetas, como es sabido, hablan de «signos»; pero generalmente no son como los que se le pedían a Jesús, y él rechazaba. *Mahēr-šālāl-ḥāš-bāz* (Is 8, 1-4. 18) no era una demostración infalible de nada, ni la representación gráfica que hizo Ezequiel del asedio de Jerusalén era una prueba de lo que iba a suceder.

de la casa se torcieron hacia el interior, como si fuesen a derrumbarse. R. Joshua reprendió a las paredes y les dijo: "Si los sabios discuten sobre la Halakáh, ¿qué tiene que ver eso con vosotras?". Así, en honor de R. Joshua, las paredes no se derrumbaron, pero, en honor de R. Eliezer, no volvieron a ponerse derechas. Entonces, R. Eliezer dijo: "Si tengo razón, que lo demuestren los cielos". Entonces dijo una voz del cielo: "¿Qué tenéis contra R. Eliezer? La Halakáh está siempre con él". Entonces R. Joshua se levantó y dijo: "No está en el cielo" (Dt 30, 12). ¿Qué es lo que quería decir con eso? R. Jeremías dijo: "La ley nos fue dada desde el Sinaí. No prestamos atención alguna a una voz del cielo. Pues ya desde el Sinaí la ley dijo: 'Por mayoría lo decidiréis' (Ex 23, 2)"»[62]. En comparación con la voluntad de Dios revelada, los milagros no tienen autoridad alguna, ni siquiera una voz del cielo, una *bat qôl*, por íntima que fuese su relación con el Espíritu Santo[63]. No pueden admitirse ni los milagros ni el sentimiento religioso para distraer la atención de la acción de Dios en la historia. Es a esto a lo que apuntan los profetas, vaciándose en lo posible de toda importancia personal. En consecuencia, era de esperar que Jesús, quien se consideró a sí mismo como el acto divino hacia el que los profetas habían dirigido su testimonio, se negase a disminuir el significado de este hecho divino, dando importancia a su propia inspiración, sea para el lenguaje profético, sea para las obras milagrosas. Un indicio notable de esta actitud es que se negase a dar razón de su «autoridad» cuando se lo pedían.

c) Debía evitarse también un énfasis directo sobre el Espíritu, porque Jesús estaba guardando en secreto su mesianidad; el haber pretendido un grado preeminente de Espíritu hubiera significado el hacer una confesión abierta de mesianidad, si, como parece ser el caso, existía una creencia general de que el Mesías iba a ser el portador del Espíritu de Dios. Esto ya quedó anotado anteriormente[64], y no hay necesidad de repetirlo. Pero no se trataba solo de guardar un secreto. Jesús obraba bajo la necesidad de una coacción divina[65]. Carencia de gloria y una copa de sufrimiento fueron su vocación mesiánica, y una parte de su pobreza fue la ausencia de todos los signos del Espíritu de Dios. Hubieran sido incompatibles con la función de un Mesías humillado. El relato de la tentación se encuentra en un punto

---

[62] Traducción de Montefiore y Loewe, *A Rabbinic Anthology*, 340 s.
[63] Véase pp. 46 s.
[64] Pp. 176 s.
[65] δεῖ, Mc 8, 31; Lc 24, 26.

decisivo de la narración evangélica. Inmediatamente antes del mismo, el Espíritu desciende del cielo sobre el Elegido, como estaba anunciado (Is 42, 1); es el Espíritu el que conduce a Jesús al desierto para la tentación. Allí tiene lugar la tentación, un conflicto cuyo tema es el sentido de la mesianidad. Jesús regresa de la victoria con la convicción de que el camino del Elegido de Dios es el camino de la humildad y la debilidad, y desde aquel momento las referencias al Espíritu son realmente muy pocas. Incluso sus milagros, aunque no sea difícil detectar en ellos las marcas de una taumaturgia «pneumática», no son signos evidentes, sino que tienen significado e importancia solo para los elegidos, no para aquellos que están fuera[66].

d) El señorío de Dios, si con eso se quiere significar la plenitud de la esperanza profética y apocalíptica del plan de Dios consumado para el mundo, lleva consigo el don del Espíritu, no solo para el Mesías, sino también para toda la comunidad mesiánica, el pueblo salvado por Dios. Sin embargo, como hemos visto, en los Evangelios sinópticos hay de hecho pocas o ninguna indicación de que algún otro, fuera de Jesús, haya participado del nuevo don del Espíritu. Jesús, el reino y el Espíritu aparecen juntos en el *logion* de Mt 12, 28: «Si yo expulso los demonios con el Espíritu (probablemente una buena interpretación de la variante más primitiva "dedo") de Dios, señal de que el reino de Dios ha llegado a vosotros»; pero no hay nada que establezca una relación semejante entre los discípulos, el reino y el Espíritu, aunque pudiera haberse esperado. Sucede esto, al parecer, porque el reino, aunque presente, no estaba en la plenitud de su poder; también él, como el Mesías, estaba escondido y sujeto a una coacción. Por tanto, el Espíritu era posesión exclusiva de Jesús, y en él estaba velado; por consiguiente, hablando en rigor, antes de la muerte de Cristo no existía la Iglesia. El don general del Espíritu pertenece al tiempo de la vindicación y manifestación del Mesías y del reino mesiánico[67].

IV. El Espíritu y Pentecostés

a) ¿En qué iba a consistir esta vindicación, en la opinión del mismo Jesús? No podemos hacer ningún tentativo de respuesta a esta cuestión

---

[66] Michaelis *(op. cit.)* da una interpretación semejante, que, sin embargo, tiene la notable diferencia de considerar a Jesús como *Messias designatus*, no como el Mesías oculto.

[67] Cf. Büchsel, *Geist Gottes*, cap. IX.

sin una considerable incertidumbre. Hemos sugerido ya que Jesús no diferenció los acontecimientos posteriores a su pasión como de hecho se distinguieron en la historia. La Iglesia nos ha dejado una relación de lo que tuvo lugar, confusa realmente en cuanto a los detalles, pero en la que se destacan algunos acontecimientos como si formasen un marco. Jesús resucitó de entre los muertos; sus seguidores no tenían en absoluto duda alguna de que le habían visto vivo. Dónde tuvieron lugar las apariciones y cuál fue su naturaleza son cuestiones a las que el historiador no puede dar ninguna respuesta segura; pero tiene que afirmar con seguridad que hubo apariciones. No mucho después (según Jn 20, 22 s. en el curso de una de las apariciones), la Iglesia recibió el don del Espíritu. No podemos estar seguros de cuándo sucedió esto, o si ocurrió solo en una ocasión. Pueden haberse conservado dos relatos de «Pentecostés» en los mismos Hechos[68]. Pero de nuevo no debemos vacilar en afirmar que tuvo lugar realmente algún acontecimiento de este género. Dos elementos de la vindicación pertenecían así al pasado[69]; la comunidad creyente esperaba la tercera, la parusía de Jesús desde el cielo, la manifestación de su gloria en el poder del reino.

Este marco de la fe de la Iglesia está muy claro[70]; pero se derivaba probablemente de la lógica de los hechos más que de la enseñanza de Jesús, en la que, sin embargo, por medio de una relectura parece que se incluyó esta sucesión de acontecimientos. Jesús mismo no predijo más que un acto divino de vindicación.

b) Si esto es verdad, resulta fácil de comprender por qué Jesús no predijo el don del Espíritu a la Iglesia. No tenía motivo alguno para obrar así. El período de la humillación y oscuridad del Mesías y su pueblo iba a continuar hasta su clímax, hasta el día de la glorificación final. En el primer período, el don general del Espíritu no era conveniente; habría divulgado el secreto de la mesianidad de Jesús y no estaba aún al alcance del reino, que no había llegado todavía ἐν δυναμει. En el último período no bastaba con mencionar un rasgo significativo de la esperanza mesiánica. Si el Mesías iba a venir sobre las nubes del cielo, ¿qué objeto tenía el decir que poseía el don del Espíritu? Si sus seguidores eran

---

[68] Act 2, 1-4; 4, 31. Cf. HARNACK, *Acts of the Apostles*, 175-89.

[69] Hemos omitido la ascensión y la entronización celestial del Señor, porque estas eran esencialmente objeto de fe, no de experiencia, esas no podían percibirse del mismo modo que los fenómenos de las apariciones del resucitado.

[70] Véase C. H. DODD, *The Apostolic Preaching*.

«como los ángeles de Dios», ¿qué necesidad había de acentuar que no eran inferiores a los profetas?

De este modo, el pensamiento escatológico de Jesús, en la medida en que puede ser conocido, da una explicación de su silencio con respecto al Espíritu. En el tiempo de su ministerio no podía hablar de su plena inspiración, ni revelarla de un modo inequívoco, porque eso hubiera significado traicionar el secreto mesiánico. No confirió el Espíritu a sus seguidores, porque ese don era una señal del reino de Dios plenamente realizado, y no tenía cabida en la esfera del reino en germen que correspondía a su mesianidad velada. No profetizó la existencia de una comunidad llena del Espíritu, porque no previó un intervalo entre el período de la humillación y el de la glorificación completa y final. No distinguió entre su resurrección y su parusía, y por tanto no había espacio para un acontecimiento intermedio, como era Pentecostés[71].

c) Nuestra cuestión primaria ya ha tenido respuesta. Hay otra que se ha planteado de vez en cuando, y a la que podemos volver de nuevo: ¿cuál es la relación entre la religión de la Iglesia, o sea, entre la experiencia de la salvación personal, y el evangelio escatológico de Jesús? Es evidente que no estamos en condiciones para ocuparnos de lleno de este problema, pues esto requiere no solo un tratamiento completo de la escatología del N.T., sino también un examen de la fe y experiencia religiosa del N.T. en su conjunto. Con todo, podemos indicar aquí algunas líneas de pensamiento.

El curso real de los acontecimientos motivó inevitablemente la creencia de que el Espíritu estaba operante en la *Ecclesia*. La resurrección de Jesús hizo de los discípulos una comunidad mesiánica, un fenómeno para el que no había en absoluto precedentes ni en la historia ni en la especulación. Sin embargo, aunque parte de la salvación prometida había tenido cumplimiento, su consumación fue aplazada. Antes de que la historia llegase a su fin, debía tener lugar la parusía y aparecer el reino en poder y gloria. Había que dar una solución a esta situación. Pero sería completamente erróneo el encontrar el origen de la doctrina del Espíritu en un proceso de reflexión; la Iglesia no hubiera tenido doctrina alguna sobre el Espíritu si no hubiera poseído antes una experiencia del Espíritu.

---

[71] Sin duda, si le hubieran preguntado, Jesús habría dicho que, en la manifestación final de la gloria de Dios es cuando tendría lugar la efusión del Espíritu; pero había otras cosas más importantes que podían decirse de aquel tiempo, y en todo caso Jesús no tenía la costumbre de pintar unos cuadros acabados de los últimos días.

Pero una vez que tuvo tal experiencia, podía esta conceptualizarse, y al parecer se realizó de hecho como sigue. La comunidad mesiánica debía estar en posesión de todas las bendiciones mesiánicas, a excepción de aquellas que eran inseparables de la consumación final, la gloria divina de la parusía y la completa victoria del Mesías. Así, la muerte y el pecado todavía no habían sido vencidos; los cristianos seguían todavía pecando y muriendo. Pero, por otra parte, se podía decir, por ejemplo, que la Iglesia gozaba de la plena bendición del perdón y de la reconciliación con Dios. Este era un don que se podía recibir en las condiciones de vida en este mundo. Naturalmente, lo que sucedió no fue que los teólogos resolvieron primero esto, y que luego creyeron que habían sido perdonados; sino, por el contrario, sabiendo los creyentes que habían sido perdonados y que estaban viviendo en amistad con Dios, partiendo de este hecho, comenzaron a dar una explicación de lo que sabían que había tenido lugar. De un modo semejante, otra de las bendiciones mesiánicas que se podía dar y recibir en las condiciones ordinarias de la vida humana era el Espíritu Santo. También aquí el don del Espíritu vino en primer lugar, y después la conceptualización; pero el lugar de la experiencia en el pensamiento escatológico de la Iglesia solo podía determniarse del modo que se ha sugerido. Eran las primicias (según la expresión paulina), una primera entrega de la bienaventuranza final[72].

La fe de la Iglesia de que era la comunidad inspirada por el Espíritu, el nuevo Israel creado por el Mesías, se basaba, por tanto, no directamente en las palabras expresas de Jesús, ni en una posible e ilusoria excitación religiosa; se fundaba en el hecho de Jesús, en su vida, muerte y resurrección, considerado como acontecimiento decisivo en el programa escatológico. Si era intención de Dios bendecir a su pueblo con una comunicación nueva y sin precedentes del Espíritu Santo, el intervalo inesperado entre la resurrección y la parusía era el tiempo para que tuviera lugar este don. Tal era la respuesta a la cuestión que, aunque en un principio no fue ciertamente formulada con tanta claridad, pronto debió de haberse planteado, «¿A qué se debe que vayas a revelarte nada más que a nosotros y no al mundo?» (Jn 14, 22). Pablo y Juan emplearon toda su energía en la tarea de la comprensión y exposición de quién era este pueblo que vivía entre la muerte y la resurrección y la parusía de Jesús. Un testimonio de su profundo conocimiento es que en la realización

---

[72] Cf. el «antes de» en Joel 3, 4.

de su tarea usaron y desarrollaron libremente la doctrina del Espíritu, aunque había tan poco apoyo visible en la tradición de las palabras de Jesús que autorizara tal enseñanza.

d) Estamos ya en condiciones de comprender la trayectoria de la tradición sinóptica en cuanto al uso que hace del concepto de Espíritu, y de explicarlo de un modo más satisfactorio que Windisch. Jesús mismo pensó que su poder de hacer milagros y su propia condición y misión divinas eran una anticipación del futuro; aquí y allí su gloria futura como Mesías y el poder del reino brillaron a través del velo de su humillación y oscuridad presente. Sin embargo, la Iglesia, como era natural, consideró este mismo poder y condición como fruto del Espíritu de Dios que reposó sobre el Mesías[73]. De aquí se originó inevitablemente la tendencia a cambiar el centro de gravedad de la enseñanza escatológica de Jesús, acomodándola al punto de vista de la comunidad postpascual, y al mismo tiempo introducir en sus palabras la enseñanza sobre el Espíritu, sea por la creación de nuevos *logia*, sea por la modificación de los *logia* ya existentes. El resultado de todo esto fue que se describió al mismo Señor como un hombre «espiritual». Pero este proceso fue retardado por la convicción, a la vez histórica y teológica, de que «no había todavía Espíritu; porque Jesús no había sido aún glorificado» (Jn 7, 39); esta es la última palabra que se puede decir sobre el Espíritu Santo en los Evangelios sinópticos. La descripción de su obra en la Iglesia, que vive todavía «entre los tiempos», es tema para otro estudio.

---

[73] Estas dos concepciones contienen igualmente la fe fundamental de que por Cristo se hizo presente en el mundo la alteridad transcendente de Dios; con otras palabras, ambas conducen en último término, cuando son comprendidas y expuestas teológicamente, a la doctrina de la Encarnación.

ÍNDICE

I REFERENCIAS BÍBLICAS

a) Antiguo Testamento

Génesis		*Éxodo*		24, 2	184, 214
1	49	2, 22	29		
1, 2	41, 45, 46,	4, 11 s.	196	*Deuteronomio*	
	47, 166	14, 31	117	5, 29	179
1, 3. 6. 14	132	15, 25	82	8, 2	82, 86
1, 4	97	16	196	9, 9	85
2, 1	29	16, 4	82	9, 10	102
2, 4	39	17, 2	86	13, 4	82
2, 7	42, 46	18, 15	102	18, 15 ss.	162
3, 23	108	20, 20	82	18, 15-18	143
5, 1	39	23, 2	227, 231	18, 18	162
6	47	28, 3	196	18, 22	221
6, 1 ss.	32	31, 2s.	46, 166	30, 12	231
6, 3	166	31, 3. 6	196	32, 11	42, 44
6, 4	33	31, 18	102	33, 8	86
6, 17	42	34, 28	85	33, 29	203
7, 15. 22	42	35, 31. 35	196		
15, 12	33	36, 1-2	196	*Jueces*	
17, 15-22	27	40, 29	33	2, 22	82
18, 9-15	27			3, 1 ss.	82
21, 1 ss.	31, 32	*Levítico*		3, 1. 4	82
21, 1-7	27	18, 7	224	6, 12	101
22, 1	81, 86	26, 6	96	9, 38	196
25, 25	29			13, 1 ss.	31, 32
28, 11	33	*Números*		13, 2-25	27
29, 31	29, 31	11, 17. 25. 29	214		
30, 2. 22	31	11, 25. 29	184	*1 Samuel*	
32, 8	42	11, 29	179, 224	1	27
38, 24-25	30	14, 22	86	1, 9	217

1, 19 ss.	27	Judit		Proverbios	
10, 1. 6. 10	74	12, 7		8	43
10, 5-13	214	59		8, 22 ss.	43
10, 6. 10	184	16, 14	43	28, 13	58
16, 13	74, 214	24, 2	224		
16, 14 s.	89			Cantar de los Cantares	
16, 14-23	88	Macabeos		1, 1	162
16, 23	88	5, 27	84		
18, 10	149			Sabiduría	
19, 20, 24	214	Job		7, 22 ss.	43, 46
		4, 1	153	15, 11	43
2 Samuel		6, 4	89		
7, 14	73	27, 3	42	Isaías	
23, 2	214	32, 8	42, 216	1, 4	72
		33, 4	42	1, 16	58
1 Reyes		33, 6	42	1, 21	84
18, 19	219			3, 2	218
19, 5	85	Salmos		4, 4	58, 62
19, 8	85	1, 52	40	4, 13	154
19, 16	74	1, 68	40	6, 1-13	77
22, 1-18	220	2, 7	64, 72, 73,	6, 10 s.	162
22, 24	214		224	7	38
		2, 29 ss.	40	7, 14	27, 30
2 Reyes		14, 7	179	7, 15	29
1, 2	56	17, 37	224	8, 1-4. 18	230
2, 9. 15	56	17, 42	75	9, 14	218
2, 9. 15 ss.	214	18, 7	75, 224	11, 1 s.	73
13, 15-19	59	26, 2		11, 2	44, 64, 72,
15, 14	59	86			196, 224
17, 16	117	32, 6	46	11, 6	84
22, 31. 32.		33, 6	42, 43	13, 13	117
33, 48	101	36, 10	96	14, 12	103
23, 5	101	45, 8	73	21, 4	59
29	121	51, 4. 9	58	25, 8	96
		51, 13	162	26, 8	224
1 Crónicas		53, 7	179	28, 7	218
12, 18	214	63, 2	212	29, 10	218
29, 11	117	78, 25	85	29, 18 ss.	113
		78, 41. 56	86	34, 16	196
2 Crónicas		91, 11-13	84	35, 5 ss.	113, 114
15, 1	214	92, 1	96	37, 38. 39	217
20, 14	214	95, 9	86	40, 5	196
24, 20	214	99, 11	172	40, 55	219
		104, 30	42	42, 1	72, 151, 224,
Nehemías		106, 14	86		231
9, 20. 30	214	110, 1	161	44, 2	72
		145, 11 ss.	117	44, 3	179
Tobías		147, 7	46	44, 3 ss.	44,
6, 4-8, 3	89	147, 18	42	49, 24	101
				53, 4	136
				53, 12	101

58, 14	196	13, 3	216	*Amós*	
59, 21	217	16, 1-14	203	2, 11 s.	217
61, 1	72, 74, 113,	24, 27	196	3, 7	217
	116, 121, 135,	29, 21	196	7, 14	217
	152, 153, 217,	32, 7 s.	117	7, 15	221
	224	34, 25	84	8, 9	117
61, 1 s.	176	36, 25	58, 62		
63, 7	156	36, 27	179	*Miqueas*	
63, 7-14	156	37, 1	216	2, 11	214
63, 9	157	37, 1-14	43	3, 5	214
63, 10	157	37, 14	44, 179	3, 8	214
63, 14 (LXX)	158	39, 29	179	3, 12	214
63, 20 (LXX)	158	43, 5	216	4, 4	196
64, 11 (TM)	158			5, 2	29
64, 11	157	*Daniel*			
		2	101	*Habacuc*	
Jeremías		2, 23	196	1, 1	218
1, 5-19	77	3, 100 (LXX)	123	3, 1	218
1, 9	196	7	226		
3, 4	29	8, 10	117	*Sofonías*	
4, 14	58	9, 2. 6. 10	219	3, 4	218
5, 13	216	9, 4	101		
19	59			*Ageo*	
27, 34	101	*Oseas*		1, 1. 3. 12	219
32, 6-15	59	2, 1. 10 ss. 14	139	2, 1. 10	219
39, 18	101	4, 5	214, 217		
51, 11	216	6, 2	228	*Zacarías*	
		6, 5	217	1, 1. 4. 5. 6. 7	219
Lamentaciones		9, 1	214	1, 8	219
3, 60 s.	172	9, 7	146, 214	7, 12	162, 216
		9, 7. 8	217	9, 14	219
Ezequiel		12, 11	217	12, 10	179
1	77			13, 14	56
2	77	*Joel*			
2, 2	184, 216	2, 10	117	*Malaquías*	
3, 4	102	3, 1	184, 216,	1, 3	56
3, 12. 14. 24	216		219, 224, 225	1, 23 s.	56
3, 27	196	3, 1 ss.	122, 179	2, 23 s.	56
4, 1-3	59	3, 4	235	3, 1	56, 184
9, 4-11	62	4, 15	117	4, 4 s. (LXX)	56
11, 1. 24	216				

b) Nuevo Testamento

Mateo		10, 28	123	17, 19	105, 193
1	23	11, 2-6	129, 135, 176	17, 20	105
1, 16	23	11, 3	57	19, 5	162
1, 18	30, 44	11, 5	152	21, 11. 46	143
1, 18. 20	23, 31	11, 9	56, 148	21, 15	133
1, 22 ss.	162	11, 9 s.	184	21, 20	133
2, 15	162	11, 10	56	21, 21	105
3, 2	228	11, 11. 12	228	22, 29	119
3, 7-10	187	11, 12	118	22, 32	162
3, 7-10. 12	56	11, 12-14	184, 186	23, 37-39	147
3, 10. 12	188	11, 14	56	24, 29	117
3, 11	57, 186	11, 20-24	136, 141	24, 30	118
3, 12	188	11, 25	153	25, 15	115
3, 14 s.	63	11, 27	129	26, 53	85, 140, 171
3, 16	158	12, 11	193	26, 64	116
3, 17	72	12, 18	151, 152	27, 51 s.	108
4, 1-11	80, 139	12, 19. 20.		28, 18	129
4, 7	86	16. -15	152	28, 19	154, 197
4, 11	85	12, 22 ss.	129	28, 19 s.	173, 191
4, 12	153	12, 23	93		
4, 17	207	12, 24-32	97	Marcos	
4, 18-22	132	12, 27	89	1, 2 s.	56
5, 3	199, 200	12, 27 y par	100, 101,	1, 4	63
5, 18	204		102, 103	1, 6	184
6, 10	228	12, 28	100, 101,	1, 8	57, 187
6, 13	117		102, 103,	1, 9-11	174
7, 11	189		134, 142,	1, 10	65
7, 22	93, 106,		195, 213, 232	1, 11	72
	116, 140	12, 31	158	1, 12 s.	80
8, 5-13	129, 132, 137	12, 31 s.	101	1, 12. 13	83
8, 9	124	12, 32	198	1, 14	153
8, 17	136	12, 38 ss.	139	1, 15	207
8, 27	133	12, 43	208	1, 16-22	132
9, 6	123, 128	12, 43-45 y par	103	1, 21-27	112
9, 8	123, 129, 133	13, 16 ss.	136	1, 22	124, 125,
9, 9	132	13, 54	116		126, 128, 146
9, 27-31	130, 132	13, 57	147	1, 22. 27	146
9, 33	93, 133	13, 58	116, 140	1, 24	92, 176
9, 34	133	14, 2	116, 118	1, 25	92, 94
10	195	14, 33	133, 137	1, 27	102, 123,
10, 1-42	189, 191	15, 4	162		124, 126, 128,
10, 7	191	15, 30 ss.	130		133
10, 13	192	15, 31	133	1, 27 s.	93
10, 16	70	16, 1-4	139	1, 30-34	112
10, 18	191, 194	16, 5-12	137	1, 32-34	136
10, 19 s.	194, 197	16, 14	143	1, 34	176
10, 20	191, 193	16, 17	172	1, 40-45	112, 130, 132
10, 23	194	16, 17-16	146	2, 1-12	112, 132
10, 25	133, 192	17, 13	184	2, 7	128

ÍNDICE

2, 8	172	6, 5	116, 140	9, 40	199		
2, 10	128, 132	6, 7	123, 124, 191	10, 26	190		
2, 12	123, 133	6, 7. 12 s.	104	10, 29. 31	210		
2, 13 ss.	132	6, 7-13	189	10, 35-40	210		
3, 1-6	132	6, 12	191	10, 37	205		
3, 6	133	6, 13	131	10, 38	187		
3, 11	92	6, 14	116, 118, 120	10, 38 s.	174		
3, 11 y par	184	6, 14-16	133	10, 42-45	210		
3, 11 s.	92	6, 16	143	10, 45	203, 227		
3, 12	92, 94	6, 17-20	56	11, 12-14	132		
3, 13-19	132	6, 51 ss.	133, 134	11, 21	133, 190		
3, 15	104, 123, 124, 189, 191, 208	6, 52	137, 141	11, 22 s.	105		
		7, 18	190	11, 27-33	124, 126, 127		
		7, 24-30	140				
3, 20	97	7, 24-30 y par	104	12, 1-12	210		
3, 20 ss.	97	7, 27	136, 137	12, 24	119		
3, 20-30	93, 104	7, 32-37	114	12, 28	207		
3, 21	157	7, 34	93, 132	12, 36	161		
3, 21 ss.	133	7, 37	133	13	117, 195		
3, 21-30	146	8, 11 ss.	139	13, 3 s.	190		
3, 22	192	8, 14-21	133, 137, 141	13, 11	193, 197, 206		
3, 22-27	97			13, 22	141, 142		
3, 23-30	134	8, 15	137	13, 25	117		
3, 24	100	8, 17-21	123	13, 26	117, 122		
3, 24-26	99	8, 21. 33	205	13, 27	85		
3, 27	99, 100, 102, 103	8, 22-26	130	13, 31	204		
		8, 27-29	146, 149	13, 32	228		
3, 28	158	8, 28	143	13, 34	123		
3, 28 s.	97	8, 29	176, 211	14, 32-42	140		
3, 28-30	156	8, 31	177, 210, 142	14, 32-44	107		
3, 30	156	8, 32	227	14, 61 s.	176		
4, 4	133	8, 32 s.	83	15, 22 y par	108		
4, 10	206	8, 33	106	15, 32	141		
4, 11 s.	142	8, 34	210	15, 33. 37 y par	108		
4, 11 ss.	136	8, 38	85, 208	16, 12	137		
4, 35-41	129-132	9, 1	118, 122, 123, 228	16, 17	106		
4, 39	92 s.			16, 17-20	173		
4, 41	133	9, 10	52	16, 17 s. 20	197		
5, 2-5	92	9, 11-13	56	26, 53	107		
5, 7	92, 176	9, 11. 28	190				
5, 8	93, 208	9, 12	228	*Lucas*			
5, 9	171	9, 12. 31	210	1, 1	209		
5, 13	93	9, 17 s.	92	1, 2	23, 25, 32, 35, 40, 185, 186		
5, 15	93, 133	9, 25	92 s.				
5, 17	133	9, 28 s. y par	105				
5, 18	93	9, 29	105				
5, 30	120	9, 32	205	1, 15	32		
5, 41	132	9, 38	192, 193, 198	1, 15. 17	183, 185		
5, 42	133	9, 38 s.	106	1, 17	61, 121, 153		
6, 2	116	9, 38-40	93, 105	1, 18 s.	121, 141		
6, 4	147	9, 39	116	1, 26	24		

1, 34	24	7, 18 ss.	129	13, 10-17	92, 131, 132
1, 35	23, 27,	7, 18-23	176	13, 10-97	91
	32, 33, 38,	7, 22	152	13, 17	56
	118, 121	7, 26	148	13, 28-30	137
1, 38	33	7, 26 s.	184	13, 31-33	138
1, 41	33, 183, 185	7, 28	184	13, 32	208
1, 66	213	7, 39	143	13, 33	147
1, 67	183, 185	8, 25	133	13, 34 s.	147
1, 76	184	8, 46	120, 153	16, 16	118, 184,
1, 80	185	9, 1	120, 123		186, 228
2, 5	24	9, 1-5	189	16, 31	139, 141
2, 11	35	9, 2	191	17, 6	105
2, 25	27, 183	9, 8	143	19, 17	123
2, 25. 27	33	9, 9	140	19, 37	116
2, 36-38	183	9, 18-20	146	20, 20	123
3, 7-9	187	9, 19	143	21, 14	193, 196
3, 9. 17	188	9, 35	72	21, 14 s.	195
3, 16	187, 188	9, 49	105, 198	21, 26	117
3, 17	188	9, 55	168	21, 27	118
3, 21	158	10, 1-16	189	22, 3	107
3, 22	72	10, 5	192	22, 31	108
4, 1	153	10, 9	191	22, 43	107
4, 1-13	80, 140	10, 12, 15	141	22, 47-53	131
4, 2	81	10, 13	116	22, 53	108, 118, 123
4, 6	118, 123,	10, 13-16	136	22, 69	116
	124, 129	10, 14-23	97	23, 7	123
4, 12	86	10, 17	93, 105,	23, 8-12	140
4, 13	107		106, 109, 192	24, 19	143
4, 14	153	10, 18	172	24, 26	231
4, 18 s.	152	10, 19	118, 123	24, 36-52	173
4, 18 ss.	121, 135,	10, 20	141, 208	24, 47 s.	191
	141	10, 21	145, 153	24, 49	121, 187, 197
4, 23	141	10, 22	129		
4, 24	147	10, 23 s.	136	*Juan*	
4, 30	172	11, 2	228	1, 32-34	64
4, 36	120, 123,	11, 11-16	92	1, 46	125
	133, 153	11, 14	129	2, 12	80
5, 1-11	77, 132	11, 19	89	4, 19	143
5, 8	133	11, 20	101, 102,	5, 27	129
5, 17	121, 153, 171		103, 134,	6, 14	143
5, 24	128		207, 213	6, 26	140
5, 26	133	11, 23	97	7, 39	185, 236
5, 27 ss.	133	11, 29	139	7, 40	143
6, 12-16	133	11, 30	139	7, 41	125
6, 19	120, 153	12, 1	137	7, 52	125, 143
6, 46	106	12, 5	123	9, 17	143
7, 1-10	129, 132, 137	12, 10	98, 158, 198	10, 18	129
7, 8	124	12, 11	123, 193	14, 22	235
7, 11-17	131, 132	12, 11 s.	197	14, 26	207
7, 11-19	132, 133	12, 26	141	17, 2	129
7, 16	133, 143	12, 50	174	20, 22 s.	17, 233

ÍNDICE

Hechos		19, 7	209	*1 Tesalonicenses*	
1, 5	187	19, 11 ss.	120	5, 19	16
2	180	19, 13	93	8, 4	160
2, 14	15, 235	19, 21	16		
2, 3	187	20, 22 s.	16	*1 Timoteo*	
2, 4	185	28, 25	161	4, 1 s.	199
2, 33	173				
2, 33, 38	209	*Romanos*		*2 Timoteo*	
2, 38	180, 207, 209	1-3	211	3, 16	161
2, 47	185	7	211		
3, 22 s.	143	8, 9	207	*Hebreos*	
4, 8, 31	193	8, 38 s.	171	2, 2 s.	158
4, 24 s.	185	14, 17	199	6, 4-6	159
4, 26 s.	74			10, 26 s.	160
4, 31	235	*1 Corintios*		12, 22	204
5, 15	120	2, 8	107		
6, 3	15, 153	12, 1 ss.	161	*Santiago*	
6, 5	15, 153	12, 3	223	4, 7	81, 84
6, 8	153	12, 14	79		
6, 10	196	14, 18	223	*1 Pedro*	
7, 37	143	14, 26	185	4, 14	199, 207
7, 51	160	15, 3	228	5, 9	86
7, 55	153	15, 36 ss.	229		
8, 14-17	209			*2 Pedro*	
8, 18-24	199	*2 Corintios*		1, 21	161
9, 1-9	77	12, 1	223	2, 9	86
9, 17	15, 185	12, 9	123		
10, 19 s.,				*1 Juan*	
44-47	15	*Gálatas*		4, 1 ss.	199
10, 38	74, 121,	1, 1	127	4, 1-6	161
	153	3, 2	16, 207	4, 2	223
11, 6	186	4, 26	204	5, 16 s.	160
11, 12. 15 s.	15				
11, 24	153	*Efesios*		*Apocalipsis*	
13, 2. 4	15	1, 19 ss.	123	1, 90-20	77
13, 9	185	4, 30	160	3, 10	86
13, 33	66	5, 19	185	3, 12	204
15, 28	16	6, 12	171	7, 1	93
16, 6 s.	16	15, 1	132	11, 15	87
18, 24-28	209			16, 15	145
19	106	*Colosenses*		20, 7	118
19, 1-7	187	3, 16	185	21, 2	204
				21, 10	87

c) Escritos Judíos

Asunción de Moisés
10, 1. 3 — 95
10, 5 — 117

2 Baruc
21, 4 — 43
29, 8 — 86
32, 1 — 117
76, 3 — 87

Cánticos de Rabba
8 — 184

1 Enoc
16, 1 — 171
49, 3 — 74, 224
52, 4 — 74
55, 4 — 95
60, 11 ss. — 93
62, 2 — 74, 159

4 Esdras
5, 4 ss. — 117
6, 26 — 56
7, 27 — 114
13, 50 — 114

Éxodo de Rabba
10 — 102

Filón
De Cherubim
40, 52 — 29 ss., 46
De Vita Mosis
2, 40 — 166
Heres
126, 234 — 66
162 s., 234 — 67
Quis Rerum Divinarum

Fragmento Sadoquita
2, 10 — 179

Josefo
Antiquitates
2 — 11, 54
6, 8, 2 (166) — 222, 89
6, 11, 2 (211) — 89
8, 2, 5 (45-48) — 89

18, 1, 5 (18-22) — 54
18, 3, 4 (65-80) — 26
18, 5, 2 (116-118) — 52
18, 5, 2 (117) — 61

Jubileos
2, 2 — 93

2 Macabeos
1, 24 — 101

Midrash
Midr. Ps.
14, 6 (57b) — 179
Midr. Qoh
7, 2 (32b) — 153

Mishnah
Eduyoth
5, 2 — 59
Pesahim
8, 8 — 59
Sotah
9, 15 — 185

Oráculos Sibilinos
4, 165 — 59

Pesiqta Rabathi
36 (161a) — 96
36 (162a) — 87

Salmos de Salomón
5, 4 — 101

Talmud (Babilonio)
Berakhoth
3a — 72
Hagiga
12b — 86
15a — 69
Sanedrín
11a — 71, 162
43a, 107b — 193
97a — 65
Shabbath
67a — 93
104b — 89
Sotah

47a — 193
Yoma
21b — 184

Talmud (Jerusalén)
Sotah
9, 12 — 72
Tanhuma
54, 4 — 113
83b — 86

Targums
Cánticos
2, 12 — 69
Lamentaciones
3, 38 — 71

Testamentos de los doce Patriarcas
Rubén
6, 10-12 — 94
Simeón
6, 6 — 114
Leví
18, 2-14 — 75
18, 7b — 77
18, 11 s. — 94
Judá
24, 2 ss. — 76, 179
25, 3 — 95
Dan
5, 10 s. — 95
Neftalí
8, 4 — 84
Isacar
7, 7 — 84
Zabulón
9, 8 — 95, 114
Benjamín
5, 2 — 84

Tosefta
Hullin
2, 22 s. (502) — 93
Ta'anith
1, 8 — 58
Sotah
13, 2 — 71, 162

d) Escritores Griegos y Latinos

Apuleyo	*Heliodoro*	22c ... 164
Metamorphoses	Aethiopica	Menón
8, 24-29 ... 217	4, 16 ... 217	99c, d ... 164
Cornutus	*Luciano*	*Plutarco*
De Natura Deorum	Philopseudes	De Audiendis Poetis 165
17, 30 ... 165	10, 12 ... 93	De Iside et Osiride
	16 ... 91 s., 131	36 ... 38
Epicteto		Numa
Dissertationes	*Nepole*	4, 4 ... 37
2, 9. 19 ss. ... 59	Alcibiades	Quaestiones Conviviales
	1, 2 ... 196	8, 1, 2 ... 26
Filóstrato		
Vita Apollonii	*Pausanias*	
3, 38 ... 92	Descriptio Graeciae	*Salustio*
4, 20 ... 93	2, 64, 4 ... 30	III ... 165
		Suetonio
Floro	*Platón*	Augustus
3, 29 (2, 7) ... 217	Apología	94 ... 25

e) Literatura cristiana

Agustín, San	Egloga de Poen.	45 s. ... 92
De Consensu Evangelista-	Hom.	50 (47) ... 66
rum	XXXV ... 102	75-77 ... 92
2, 26 ... 188		
De Spiritu et littera	*Didaché*	*Ireneo*
28 ... 102	8, 2 ... 117	Adv. Haereses
	11, 7 ... 160	1, 13, 3 ... 34
Bernabé (Epístola de)	11, 8 ... 123	3, 18, 1 ... 152
19, 2 ... 199		3, 19, 3 ... 152
	Eusebio	4, 37, 1 ... 152
Cipriano	Praeparatio Evangelica	
Testimonia	4, 31 (21) ... 152	*Jerónimo*
2, 10 ... 152	Demonstratio Evangelica	Epístola
	3, 1, 1 ... 152	46 ... 108
2 Clemente	4, 15, 30 ... 152	
4, 2 ... 106	4, 17, 13 ... 152	*Justino*
	5, 2, 6 ... 152	Dial. c. Tryph.
Clemente de Alejandría		8, 49 ... 56, 77
Eclogae Propheticae	*Hechos de Santiago*	88 ... 187
25 ... 188	50 ... 67	103 ... 83
Crisóstomo	*Hechos de Tomás*	*Orígenes*
De Poen. Hom. I, 2 ... 102	31-33 ... 92	C. Celsum

7, 9	217	2, 12	80	III, 410		159
In Matth.		Piscis Sophia				
126	108	120	68	*Tertuliano*		
Hom. in Jer.				De Bapt.		
15, 4	80	*Teognosto de Alejandría*		10		188
In Joh.		Routh. Rel. Sac.				

II ESCRITORES MODERNOS

Abelson, J.,	184, 185	Daube, D.,	126, 145	Jepsen, A.,	220
Abrahams, I.,	69-71, 89, 119	Deissmann, A.,	93	Jeremías, J.,	84
		Dibelius, M.,	186, 209	Johnston, G.,	200, 202-204
Albertz, M.,	99, 106	Dieterich, A.,	90, 188		
		Dodd, C. H.,	46, 101, 143, 201, 233	Jülicher, A.,	104
Bacher, W.,	75				
Bacon, B. W.,	151			Klausner, J.,	53
Bertram, G.,	209	Du Bose, W. P.,	85	Klostermann, E.,	64, 84, 87, 196
Billerbeck, P.,	44				
Boobyer, G. H.,	172	Easton, B. S.	196	Knox, W. L.,	173
Boussel, W.,	153	Eisler, R.,	61, 70		
Brandt, W.,	58, 59			Lake, K.,	143, 154
Büchsel, F.,	70, 156, 197, 232	Fascher, E.,	147	Leisegang, H.,	18, 19, 30-35, 65-68, 73, 186, 197, 199
		Flew, R. N.,	200, 201, 202, 204, 208, 210, 226		
Bultmann, R.,	9, 34, 77, 81, 92, 93, 99, 103, 104, 112, 113, 114, 131, 145, 188, 191, 200, 209				
				Lietzmann, H.,	60
		Gloege, G.,	202	Lods, A.,	217, 219
		Graetz, H.,	126	Loewe, H. M. J.,	118, 231
		Guillaume, A.,	217		
		Gunkel, H.,	47, 65, 73	Machen, J. G.,	29
Burney, C. F.,	144, 195	Harnack, A.,	67, 83, 106, 145	Manson, T. W.,	100, 102, 226
Calvin, J.,	161				
Campbell, J. Y.,	101	Harris, J. R.,	152, 213	Marsh, H. G.,	61
Case, S. J.,	17	Héring, J.,	176	McNeile, A. H.,	116, 125, 192
Charles, R. H.,	72, 83	Hoskyns, E. C.,	113, 138		
Conybeare, F. C.,	154			Meyer, E.,	25
Creed, J. M.,	93, 101	Inge, W. R.,	204	Michael, J. H.,	139
Curtiss, S. I.,	31, 223			Michaelis, W.,	17, 176, 232
		Jackson, F. J. F.,	143, 154		
Dalman, G.,	108, 116	James, M. R.,	67, 101	Milligan, G.,	93

Montefiore, C. G., 82	Reitzeenstein, R.,	Strack, H. L., 44
Moore, G. F., 162	Richardson, A., 114, 115, 116	Streeter, B. H., 80, 130
Moulton, J. H., 93, 115, 116, 125	Riehm, E., 192	Taylor, V., 16, 208, 210
	Robinson, H. W., 212	Telfer, W., 70
Norden, E., 30, 37, 38	Robinson, J. A., 72	Torczyner, H., 83
	Rohde, E., 92	Torrey, C. C., 120
Odeberg, T., 213	Ryle, H. E., 101	Turner, C. H., 128
Oepke, A., 53, 57, 59		
Oesterley, W. O. E., 90, 185	Schlatter, A., 192, 196	Walker, T., 30, 35-37
	Schliemann, H., 65	Weinel, H., 196, 197
Ohnefalsch – Richter, M., 65	Schürer, E., 64	Weiss, J., 90, 103, 153
	Schweitzer, A., 62, 176 s., 194 s.	Wellhausen, J., 83, 106, 158, 188, 190
Otto, R., 107, 147, 149, 169, 170, 171	Scott, C. A. A., 204	Windisch, H., 17-19, 102, 145, 155, 174, 190, 236
	Scott, E. F., 208	
Pallis, S. A., 53	Selwyn, E. G., 51	
Peake, A. S., 212, 218	Skinner, J., 218	
	Smith, W. R., 89, 216	Wrede, W. 177

SINOPSIS DEL CONTENIDO

Dispuesto para que sirva
de índice de materias

1. INTRODUCCIÓN

2. *La concepción de Jesús por el Espíritu Santo*

Introducción: el texto de Lc 1-2; Mt 1 (pp. 23 s.). Paralelos que se aducen para los relatos del N.T.: mitos paganos (pp. 25 s.); nacimientos milagrosos en el A.T. (pp. 27 s.); Filón (pp. 28 s.). Tres explicaciones de la parte que desempeña el Espíritu en los relatos del nacimiento: Leisegang sobre Mt (pp. 30 s.) y sobre Lc (pp. 31 s.); hipótesis de Walker de un relato de concepción no milagrosa (pp. 35 s.); el uso que hace Norden de Plutarco (pp. 37 s.). Concepción por el Espíritu Santo: el Espíritu actúa de un modo *creativo* (pp. 40 s.). El Espíritu en cuanto creativo en el A.T. (pp. 41-43), pero solo en la primera creación y en la «nueva creación» (pp. 43 s.); esta idea no la tomó el judaísmo palestinense (p. 44), sino el helenístico (pp. 46 s.); la presencia del Espíritu en los relatos del N.T. se debe a motivos mesiánicos más que míticos o místicos (pp. 47 s.); pero el entorno helenístico ha introducido también otros rasgos (p. 48).

3. *El bautismo de Jesús*

Nuestra exposición de la Concepción sugiere que el Bautismo no es susceptible de una explicación meramente psicológica (p. 51). El bautismo de Juan: en Josefo (pp. 52-55), en el N.T. (pp. 56-60); lustraciones judías (p. 58), simbolismo profético (pp. 16 s.), bautismo de los prosélitos (pp. 59 s.); un sacramento escatológico (pp. 62 s.). Jesús y Juan (pp. 63 s.). La bajada del Espíritu en forma de paloma: fuentes helenísticas (pp. 65-69); judaísmo helenístico (p. 68); judaísmo palestinense (p. 69 s.). La voz del cielo: *bat qól* (pp. 70 s.); las palabras pronunciadas: el Siervo y el Espíritu (pp. 71 s.); el Hijo y el Espíritu en conexión con el concepto de mesianidad (pp. 73-77). Carácter mesiánico del Bautismo (pp. 77 s.).

4. El conflicto con los malos espíritus: tentación y exorcismo

El conflicto entre el bien y el mal expresado teológica y psicológicamente en la tentación y en los exorcismos (p. 79).

La tentación: explicación psicológica, legendaria o apologética (pp. 80 s.). Los detalles de los relatos de la tentación (pp. 81-84); las tentaciones en Q (pp. 84 s.). Relación de las tentaciones con la mesianidad y el secreto mesiánico (pp. 85 s.).

Los exorcismos: los demonios y exorcismos en el pensamiento y práctica judíos (pp. 88 s.), y en el mundo pagano (pp. 91 s.). Los relatos evangélicos, sus paralelos en otras literaturas (pp. 91-97), y su construcción característica (p. 97). Los demonios en la era mesiánica (pp. 97-100). La acusación de Beelzebul (pp. 100-102); exorcismo y magia (pp. 104 s.), y el reino de Dios (p. 104), y el Espíritu (pp. 103). Exorcismos y la caída de Satán desde el cielo (pp. 105 s). Otros pasajes relevantes (pp. 105-109). La pasión como conflicto con los malos espíritus (107-109). El significado mesiánico de los exorcismos (p. 109).

5. Jesús como taumaturgo: los términos δύναμις y ἐχουσία.

Jesús aparece como una persona «pneumática» (p. 111). Las narraciones de milagros y su relación con la mesianidad y el secreto mesiánico (pp. 112-114). δύναμις: como milagro (pp. 115 s.), como perífrasis de Dios (p. 116), en las doxologías (pp. 117 s.), como un ser celestial (pp. 117 s.), como un poder escatológico (pp. 118-120), como un poder milagroso (pp. 120 s.), como el poder del Espíritu (pp. 121 s.). δύναμις como característica de Jesús (pp. 122 s.). εξουσία: equivalente a δύναμις (pp.

124), como autoridad (p. 125), como *rešût* (pp. 125-127), como autoridad divina (p. 128). Los relatos de milagros en los sinópticos: acciones (p. 130), palabras (pp. 131 s.). Los comentarios de los espectadores indican una impresión sobrenatural (pp. 132 s.). Las palabras de Jesús sobre los milagros: a) los que hablan de los milagros como signos del reino de Dios (pp. 134-138); b) aquellos en los que se rechazan los signos (pp. 138-141). Relación de esta antinomia con el secreto mesiánico y la doctrina sobre el Espíritu (pp. 140 ss.).

6. Jesús como profeta

Comparación de Jesús con los profetas del A.T. (pp. 160 s.). Ideas helenísticas de profecía (pp. 146 s.). Jesús no habló de sí mismo como profeta (p. 147). En la literatura rabínica el Espíritu es de modo preeminente Espíritu de profecía (pp. 148 s.). Así, el rechazo de este título por Jesús forma parte del silencio de los sinópticos con respecto al Espíritu (pp. 147-149).

7. Otros pasajes

El Siervo isaiano y el Espíritu (p. 151). La fórmula bautismal mateana (pp. 154 ss.). La blasfemia contra el Espíritu Santo (pp. 155 ss.). «David dijo en el Espíritu Santo» (pp. 156 s.). Escritura inspirada: judaísmo y A.T. (pp.162 s.); tradiciones griegas (pp. 162 ss.); Filón y la Escritura (pp. 166 s.). La postura de los escritores del N.T. (p. 167).

8. Jesús y el Espíritu

El tipo «carismático» o «pneumático» (pp. 169 s.); el lugar que ocupa Jesús en esta categoría (pp. 170 s.). Los evangelistas muestran poco interés por este rasgo de su narración (pp. 174 s.), porque el interés de ellos es más bien cristológico (pp. 175 s.). En especial presentan a Jesús como Mesías, aunque oculto y sujeto al sufrimiento (pp. 176 s.). Los milagros y otras indicaciones «pneumáticas» eran prueba de la mesianidad, aunque no evidentes (pp. 177 s.). Así se explica el silencio de los evangelios, como también con el fin de guardar el secreto mesiánico (p. 178 s.). La

Iglesia posterior, sin embargo, no siguió manteniendo ese silencio; ¿estaba justificado su acento sobre la experiencia y la doctrina del Espíritu Santo? (pp. 179 s.).

9. *El Espíritu y la Iglesia*

Los profetas inspirados por el Espíritu en los relatos lucanos de la infancia forman una «isla» del A.T. (pp. 183 s.). Juan el Bautista (p. 185 s.). «Él os bautizará con el Espíritu Santo» (pp. 187 s.). La exhortación misional (pp. 190-192). La forma original de la promesa de asistencia en tiempo de persecución (pp. 193-195). Las palabras de los relatos pascuales (pp. 197 s.). Otros pasajes que suponen una comunidad llena del Espíritu (pp. 198 ss.).

Jesús y la Iglesia: argumentos de Flew y Johnston (pp. 200-203). La muerte de Cristo, fundamental para la fundación de la Iglesia (p. 203); pero está también implícito un suceso como el de Pentecostés (pp. 204 s). Con todo, Jesús, según parece, no habló de tal acontecimiento (p. 206).

10. *¿Por qué hablan los sinópticos tan poco del Espíritu Santo?*

La concentración de Jesús y de la Iglesia sobre el reino y el Espíritu respectivamente (p. 207). Respuestas a nuestra cuestión por E. F. Scott (pp. 208 s.), V. Taylor (pp. 208 s.), y R. N. Flew (pp. 210 s.). En los evangelios sinópticos, la teología está contenida en los relatos y en las parábolas (pp. 211 s.); compárense los antropomorfismos del A.T. (pp. 212 s.). El uso del Espíritu en el A.T. es importante: los grandes profetas raras veces atribuyen su obra al Espíritu (pp. 213 ss.), y son reticentes en el uso de la palabra «profeta» (p. 216). En los evangelios sinópticos se considera al Espíritu en términos escatológicos (p. 224). Las creencias escatológicas de los evangelistas (pp. 224 ss.) tenían para ellos mayor importancia que los fenómenos «espirituales» (pp. 226 s.). La extensión del don del Espíritu a la comunidad correspondía a la esperada vindicación del Mesías crucificado (pp. 228 s.); y de hecho la vindicación consistió en esto, y no en la parusía (pp. 228 ss.).